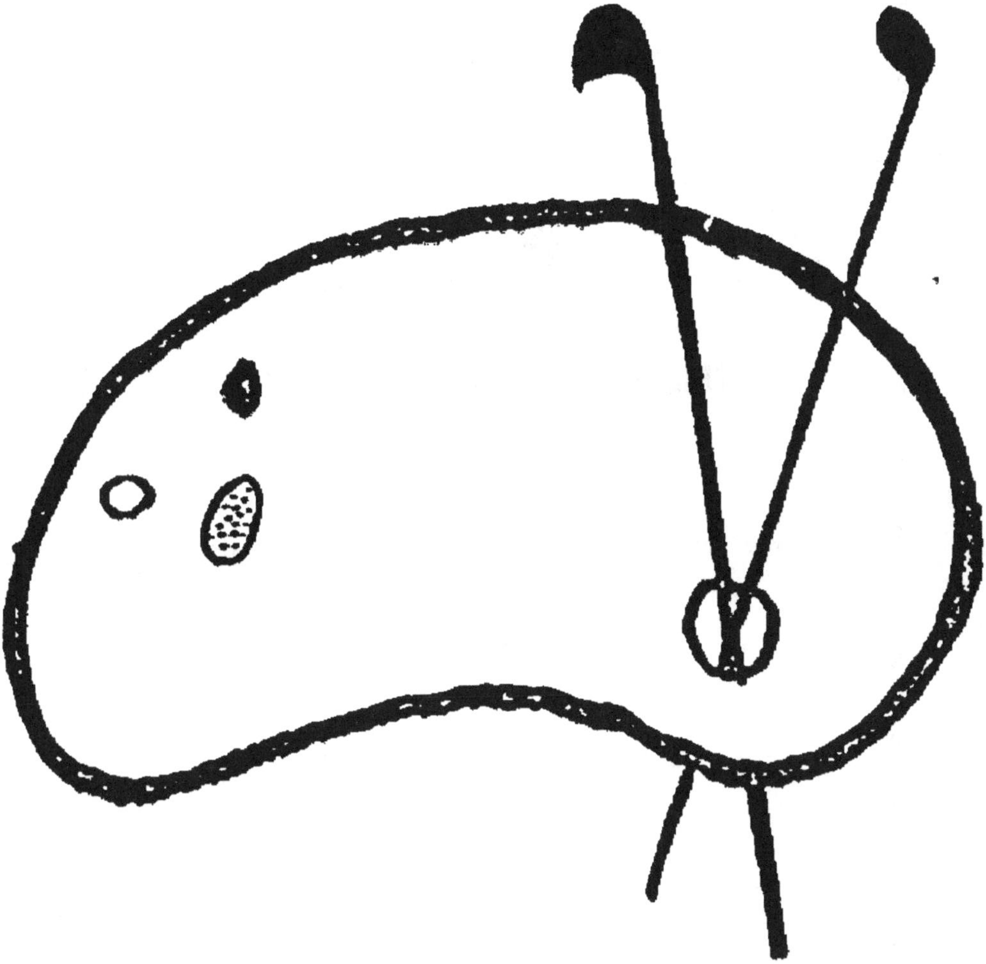

COUVERTURE SUPERIEURE ET INFERIEURE
EN COULEUR

ESSAI HISTORIQUE
SUR LE
VIVARAIS

PENDANT LA GUERRE DE CENT ANS

(1337-1453)

Avec les portraits des cardinaux PASTEUR
et Jean DE BROGNY

Par A. MAZON

TOURNON
IMPRIMERIE ET LITHOGRAPHIE J. PARNIN
—
1890

OUVRAGES DU MÊME AUTEUR

FORMANT SÉRIE :

Voyage aux pays volcaniques du Vivarais, 1878.
Voyage autour de Valgorge, 1879.
Voyage autour de Privas, 1882.
Voyage dans le midi de l'Ardèche, 1884.
Voyage le long de la rivière d'Ardèche, 1885.
Voyage au pays helvien, 1885.
Voyage au Bourg-Saint-Andéol, 1886.
Voyage autour de Crussol, 1888.

On peut se procurer ces volumes à l'Imprimerie Centrale à Privas. On y trouve encore :

Notice sur la vie et les œuvres d'Achille Gamon et de Christophle de Gamon, d'Annonay, 1885.
Quelques notes sur la Commanderie des Antonins à Aubenas au XVe siècle, 1888.
Les Muletiers du Vivarais et du Velay, 1888.
Un Roman à Vals, 1875.
Le premier Amour d'un vieux Grognard, 1886.
Notice sur Jean Tardin et Jules Rousset, de Tournon, 1888
Le P. Grasset, chroniqueur célestin du XVIIIe siècle, 1889.

SOUS PRESSE :

Voyage humoristique, politique et philosophique au Mont Pilat.

POUR PARAÎTRE PROCHAINEMENT :

Voyage au pays des huguenots du Vivarais.
Le Vivarais dans les vieux Cartulaires.
Histoire de Soulavie.

LK
3793

OUVRAGE TIRÉ A DEUX CENTS EXEMPLAIRES
NUMÉROTÉS.

N°

ESSAI HISTORIQUE

SUR LE

VIVARAIS

PENDANT LA GUERRE DE CENT ANS

(1337-1453)

Par A. MAZON

TOURNON

IMPRIMERIE ET LITHOGRAPHIE J. PARNIN

1889

AVANT-PROPOS

Nous avons réuni dans cet opuscule tout ce que nos recherches nous ont fait découvrir sur notre pays pendant cette triste période de l'histoire de France. Bien que les documents qui s'y rapportent soient devenus assez rares par suite des sauvages destructions accomplies depuis lors deux fois dans nos contrées, pendant les guerres religieuses et sous la Révolution, nous croyons qu'ils sont encore plus nombreux qu'on ne le croit généralement. Aussi, loin d'avoir la prétention de donner aujourd'hui une étude complète, ne présentons-nous ces quelques pages au public que comme un noyau de nature à faciliter la découverte de faits nouveaux et à encourager ceux qui voudront comme nous approfondir notre vieille histoire locale.

ESSAI HISTORIQUE SUR LE VIVARAIS

PENDANT LA GUERRE DE CENT ANS

(1337-1453)

LES DÉBUTS D'UNE GRANDE GUERRE

On sait que la fameuse guerre de Cent Ans, occasionnée par les rivalités d'Edouard III et de Philippe de Valois, commença en 1337, à l'occasion des affaires de Flandre. Le 21 août de cette année, Edouard III déclarait la guerre à la France, ou plutôt, disait-il, « contre Philippe de Valois qui se prétend roi de France. » Le 7 octobre, il revendiquait solennellement son droit sur la couronne de France.

La première période de cette guerre fut marquée par des échecs continuels pour les Français, qui en étaient restés à la tactique féodale, sans s'apercevoir des progrès militaires accomplis de l'autre côté du détroit — situation identique à celle qui a amené, de notre temps, les grandes victoires de l'Allemagne.

En 1340, les Anglais détruisirent la flotte française à l'Ecluse.

Les Flamands, qui avaient reconnu Edouard comme roi de France, virent leur pays ravagé par la guerre.

Après leur défaite à Saint-Omer et l'échec d'Edouard devant Tournay, il y eut une trêve de six mois.

L'année d'après, la guerre de succession de Bretagne entre Charles de Blois, neveu du roi de France, et le comte de Montfort, soutenu par les Anglais, vint donner un nouvel aliment à la lutte.

Une nouvelle trêve fut conclue en 1343, mais les malfaiteurs, qui ne manquent jamais dans les Etats troublés, ne firent pas relâche. Une bande de brigands qui se disaient de la Société de la Folie, avait pris, cette année là, pour théâtre de ses exploits, les confins du Velay et du Vivarais. Le fait résulte d'une lettre de Pierre de Palu, sénéchal de Beaucaire, en date du 13 septembre, qui ordonne au trésorier royal de Nîmes de payer 35 livres tournois pour les dépenses de Pierre de Rougemont et de ses hommes chargés de poursuivre ces malfaiteurs du côté de Pradelles et de Villefort. Le trésorier est encore invité à payer cent sols pour entretenir des espions en vue de se rendre plus facilement maître des brigands (1).

En 1345, on se battit surtout dans l'ancien royaume d'Aquitaine. Parmi les seigneurs vivarois qui combattaient alors dans les rangs français avec le sénéchal de Beaucaire, nous voyons cités Pons de Montlaur et son fils Gui, ainsi que Guillaume de Ledra, bailli du Vivarais.

En 1346, l'élite de la noblesse française, aussi brave que mal dirigée, périt à Crécy et, l'année suivante,

(1) Bibliothèque Nationale — Piéces originales t. 2188, dossier Palu.

Calais fut obligé de se rendre aux Anglais. La fameuse peste de 1348 suspendit un instant les hostilités.

La peste de 1348 fit tant de ravages à Viviers que la plupart des maisons et les faubourgs furent inhabités pendant quelques années. Des troupes de voleurs s'étant retirées dans les maisons des faubourgs et faisant un mal infini dans tout le voisinage, le Parlement de Toulouse ordonna de démolir ces faubourgs (1). Ne faut-il pas voir là un prélude des bandes armées qui devaient plus tard se transformer en véritables corps militaires, parcourant le royaume et le traitant en pays conquis ?

Quelques échos de cette première période dans le haut Vivarais nous ont été conservés par le manuscrit du P. Grasset (2). Nous y voyons qu'au commencement de 1341, « toute la noblesse du pays, sous la conduite du seigneur Guillet de Montchal, bailli d'Annonay, fut obligée de suivre le seigneur d'Annonay, Guillaume (3) de Roussillon, dans les armées de Bretagne, où le comte d'Auvergne fut tué avec plusieurs

---

(1) COLUMBI — *De rebus gestis episcoporum vivariensium.* DE BANNE. Mémoires inédits.

(2) Le P. Grasset, religieux célestin de Colombier-le-Cardinal, a laissé un gros manuscrit in-folio consacré à l'histoire des cardinaux Bertrand et Colombier et à celle du monastère des Célestins de Colombier. Ce précieux volume, qui comprend plus de 800 pages, appartenait au docteur Desgrand et fait partie de la bibliothèque de sa fille, Mᵐᵉ Louis Bechetoille, de Japperenard (Roiffieux).

(3) Il y a ici une erreur manifeste du chroniqueur, comme cela résulte, du reste, de la suite de ses récits. Le seigneur d'Annonay était alors Aymar de Roussillon, et non pas son frère Guillaume. Peut-être Guillaume avait-il une part dans la seigneurie d'Annonay.

autres grands seigneurs, ce qui obligea Jean Veyre, neveu du cardinal Colombier, à se retirer pour quelque peu de temps dans la ville d'Avignon et suivre la cour du pape avec les seigneurs prélats, ses oncles. »

Peu après, vers 1343, le cardinal de Colombier ménagea à Aymar de Roussillon, seigneur d'Annonay, une réconciliation avec le dauphin Humbert, qui était fort irrité contre Aymar, parceque celui-ci, manquant à ses devoirs de vassal pour les terres qu'il avait en Dauphiné, n'avait pas assisté son suzerain dans la récente guerre contre le comte de Savoie. C'est en reconnaissance de ce service qu'Aymar érigea le château de Colombier en toute justice et seigneurie, en faveur de Jean Veyre, ne se réservant que la foi et l'hommage. Le P. Grasset donne le texte latin de cet acte qui est muni des huit sceaux du seigneur d'Annonay, d'Artaud et de Guillaume, ses frères ; d'Alix de Poitiers, leur mère ; d'Aymar d'Anjou, bailli d'Annonay ; des armes de France, de la curie de Vienne, et du prince dauphin.

Jean Veyre prit alors le nom de Jean de Colombier.

Le 13 février 1343, Guillaume (1) de Roussillon, sur la place des Chevaliers, à Annonay, lui remit la bannière, « le faisant ainsi chevalier banneret, ce qui excita la jalousie des autres seigneurs, mais la présence des deux cardinaux, Bertrand et Colombier, apaisa tout. »

Le 12 mars suivant, « toute la compagnie desdits gens d'armes partit d'Annonay, en très-bon ordre,

(1) Aymar de Roussillon,

pour se rendre dans le corps de l'armée de Chastillon, proche de Nantes. Après divers sièges de ville pendant deux campagnes, le roi rappela le duc de Normandie pour défendre cette province, laquelle l'Anglais ravageait avec beaucoup de cruauté, et le seigneur Jean de Colombier, ayant servi en tous les notables sièges et considérables rencontres, demanda se venir rafraichir dans ses terres et y prendre quartier d'hiver. » Mais, rappelé à l'armée en 1346 et blessé » « dans une surprise qui précéda la grande bataille (1), il se retira à Avignon et y mourut, le 15 septembre, à l'âge de 26 ans.

La sœur de Jean de Colombier, Catherine Veyre, avait épousé Jean de Langeac en 1343. Mais, dit le P. Grasset, « les grandes guerres qu'estoient dans la France obligèrent ce jeune gentilhomme de prendre parti, en qualité de chevalier-banneret, sous le prince dauphin d'Auvergne, et, dans une rencontre en Limosin, après avoir donné des preuves de son courage, il mourut au mois d'octobre de l'année 1348. »

Notre chroniqueur mentionne un autre neveu du cardinal, nommé Pierre de Colombier, qui vint mourir de la fièvre à Avignon en 1342, après avoir servi en Guyenne contre les Anglais, puis en 1340 en Flandre et enfin en 1341 en Bretagne.

Cette contribution glorieuse d'une seule famille aux guerres nationales de cette époque fait assez présumer la part qu'y prit généralement la noblesse du Vivarais.

(1) Il s'agit évidemment de la bataille de Crécy qui eut lieu le 26 août.

LES GUERRES PRIVÉES ENTRE SEIGNEURS

Philippe de Valois meurt le 22 août 1350. Son fils Jean, duc de Normandie, lui succède. Des lettres de rémission, données par ce roi à Reims le 27 septembre 1350, sont caractéristiques du désordre qui régnait alors dans le royaume, par suite des haines et rivalités des seigneurs. Il en résulte que trois ans auparavant, la région de Lamastre avait été le théâtre d'une de ces guerres de château à château dont les malheureuses populations eurent si souvent à souffrir. Géraud, seigneur de Crussol, Briand, seigneur de Beauchastel et Gérenton de Solignac, chevalier, avaient attaqué Jausserand, seigneur de Saint-Didier, que les lettres royales qualifient « notre cher et fidèle », avaient envahi les terres de Jausserand, lui faisant publiquement la guerre et lui causant beaucoup de dommages. Le seigneur de Saint-Didier, pour résister, convoqua ses amis, nobles et non nobles, tant de ses terres que de l'empire (c'est-à-dire de l'autre côté du Rhône), et, après délibération, ceux-ci envahirent, de leur côté, à main armée, la terre de Gérenton de Solignac, et, arrivant à une maison d'Albert de Solignac, son oncle, appelée Montrond et placée sous la sauvegarde spéciale du roi, brisèrent les portes où étaient placardés les panonceaux royaux, détruisirent et pillèrent cette maison et d'autres bâtiments. Une autre fois, les partisans de Saint-Didier combattant leurs adversaires et leurs fauteurs du castrum de Lamastre, qui étaient venus les attaquer sur ce point, les poursuivirent jusques sur le territoire du mandement de Retourtour, dépendant de Briand, et firent plusieurs fois des chevauchées contre leurs adversaires, « sur notre royaume, après et malgré les inhibitions de notre bailli du Vivarais et de notre juge du bailliage, *ce qu'ils croyaient licite tant par l'usage de notre patrie que par la coutume des nobles de cette terre.* » Le bailli de Vivarais et de Valentinois procéda alors judiciairement contre le seigneur de Saint-Didier et quelques-uns de ses adhérents, et, comme ils ne se présentèrent pas devant la cour de Boucieu, il prononça contre eux des amendes et déclara leurs biens confisqués. Le seigneur de Saint-Didier s'adressa alors à la clémence royale et comme, dans toute cette affaire, il n'y avait eu, disent les lettres royales, personne de tué, mutilé ou maltraité, le roi, en considération de son « cher et fidèle ami, le cardinal d'Arras » et de son « cher et fidèle cousin, le roi de Navarre, » qui le supplièrent instamment de faire grâce, ordonna d'annuler toute la procédure (1).

Le cardinal évêque d'Arras, que nous voyons intervenir en faveur du seigneur de Saint-Didier, n'est autre que le cardinal de Colombier, neveu du cardinal Bertrand, et comme lui en grand crédit, tant à la cour

(1) Archives nationales **JJ. 80 n. 66.** *Histoire du Languedoc,* nouvelle édition, page 1054.

pontificale d'Avignon, qu'à la cour du roi de France, à cause des grandes négociations diplomatiques auxquelles il fut si souvent mêlé. La famille de Saint-Didier, originaire du Velay, n'a possédé que peu de temps la baronnie de Lamastre. Jausserand, dont il est ici question, avait épousé Tiburge, l'héritière des premiers seigneurs connus qui portaient le nom de Capdeuil. Son fils, Testard, n'eut qu'une fille qui, par son mariage en 1379, porta les baronnies de Saint-Didier et de Lamastre dans la maison de Joyeuse. Ce Testard était devenu le neveu par alliance du cardinal de Colombier, en épousant Philippa de Colombier, dame de Saint-Agrève et de la Bâtie-d'Andaure. Aussi le voit-on, dans les récits du P. Grasset, accompagner constamment le cardinal dans ses diverses missions en Europe. Il était mort avant 1372, car Philippa qualifiée veuve, se maria alors avec Rodolphe de Saint-Geoire, du diocèse de Valence.

Les lettres royales montrent aussi les relations amicales qui existaient entre la famille de Colombier et le roi de Navarre, celui qui a mérité le nom de Charles le Mauvais. On verra plus loin que le rôle joué par ce dernier ne fut pas sans avoir un contre-coup dans les événements du haut Vivarais.

Quant à la facilité avec laquelle s'effectuaient les guerres civiles, sans que l'autorité royale osât intervenir, il n'y a pas lieu de s'en étonner si l'on songe qu'elles avaient été en quelque sorte autorisées par plusieurs ordonnances royales. Les nobles de diverses provinces les comprenaient parmi les anciennes coutumes et libertés locales dont ils réclamaient le maintien. Quelques uns soutenaient même que Saint-Louis avait formellement reconnu le droit des guerres privées. Une ordonnance de Louis le Hutin, du 1ᵉʳ avril 1315, est particulièrement édifiante à cet égard. Les nobles du duché de Bourgogne, des évêchés de Langres, d'Autun et du comté de Forez, déclarent que c'est leur droit et leur devoir « d'user des armes quand leur plaira et de guerroyer et contregagier. »

Le roi répond : « Nous leur octroyons les armes et la guerre en la manière qu'ils en ont usé et accoutumé anciennement »

Dans une autre ordonnance du même temps, relative au bailliage d'Amiens, Louis le Hutin dit qu'il chargera deux personnes d'examiner les registres de St-Louis et de voir si le roi doit permettre les guerres privées. Il déclare, du reste, s'en remettre d'avance à la décision qui sera trouvée dans les registres. La vérité est que tous les rois de France depuis Charlemagne ont essayé d'empêcher ces guerres intérieures, mais qu'ils étaient obligés d'user de ménagements à l'égard d'une coutume profondément passée dans les mœurs et que les nobles regardaient comme partie intégrante de leurs privilèges. C'est ainsi que St-Louis établit, du moins, que ces guerres ne pourraient avoir lieu sans une trêve préalable de quarante jours. Ses successeurs immédiats les interdirent seulement pendant le temps où ils avaient eux-mêmes à soutenir la guerre contre l'étranger, afin que les querelles privées n'empêchassent par leurs vassaux de prendre part à la défense du pays. Ce ton modeste des défenses royales dura jusqu'à Charles V qui parla haut et ferme et mit fin à un des plus fâcheux héritages du passé féodal.

LES DEUX SEIGNEURS DE ROUSSILLON ET LA DESTRUCTION DU CHATEAU DE PEYRAUD

Une autre guerre civile avait lieu, vers la même époque, non loin de là, cette fois entre un seigneur et une municipalité puissante. Le héros de l'aventure était un membre de la famille de Roussillon, qui dominait dans le haut Vivarais, mais il trouva dans la ville de Lyon un adversaire capable de lui infliger un juste châtiment.

Il y avait, en ce temps là, dans la contrée, deux Aymard de Roussillon, que Poncer, l'abbé Filhol et autres ont généralement confondu : l'un, seigneur d'Annonay, Riverie, Dargoire, Châteauneuf, etc., et l'autre, seigneur de Peyraud, Anjou, Nervieu et Foris.

L'historien du Dauphiné, Chorier, raconte une scène violente qui eut lieu, en 1346, entre ces deux personnages, dans une assemblée tenue à Vienne pour régler une question de juridiction. Ces deux seigneurs s'emportèrent l'un contre l'autre et, après s'être injuriés, mirent l'épée à la main, mais le gouverneur et les autres personnes présentes les séparèrent. Le seigneur d'Anjou, ayant été l'agresseur, fut arrêté et envoyé à Moras où il resta quelques jours.

Chorier raconte aussi, mais sans en indiquer l'origine, le différend survenu entre Aymar d'Anjou et la ville de Lyon, qui eut pour résultat la destruction du château de Peyraud.

Un document authentique, publié par M. Guigues, dans son récent ouvrage : *Les Tard-Venus en Lyonnais, Forez et Beaujolais* (1), est venu combler cette lacune. Il en résulte que cet Aymar avait combattu à Crécy, qu'il avait été fait prisonnier par les Anglais, mais qu'après avoir été mis en liberté, il s'était emparé, à son tour, de la personne d'un Anglais dont il espérait tirer rançon. Or, quand il traversa la ville de Lyon, ce prisonnier lui fut enlevé par les habitants. Vivement irrité, il déclara la guerre aux Lyonnais et s'empara de plusieurs bourgeois de Lyon, notamment d'Aymar de Villeneuve et Bernard de Varey, qui appartenaient aux familles consulaires de cette grande cité. Il aurait poussé la cruauté jusqu'à faire arracher au premier une dent. Le roi Jean, qui pour lors se trouvait à Avignon et à qui les Lyonnais allèrent se plaindre immédiatement, fut si outré de la conduite d'Aymar,

---

(1) Lettres de rémission accordées par Charles régent à Aymar de Roussillon, seigneur d'Anjou et de Peyraud, en juillet 1358. Ce document se trouve aux Archives Nationales (JJ. 86 n. 51.)

qu'il ordonna aussitôt de raser le château de Peyraud et deux maisons fortes que le coupable possédait au delà du Rhône (le château de Nervieu en Forez et la maison forte de Foris près de Montbrison.) Chorier ajoute que le château d'Anjou, qui appartenait à Aymar, risqua fort d'avoir le même sort, mais que le Dauphin jugea à propos de différer.

Un vieux compte en langue vulgaire, trouvé dans les Archives municipales de Lyon, par M. Vachez, un des écrivains les plus distingués de la *Revue du Lyonnais*, et publié par lui dans ce recueil, nous permet de compléter par bon nombre de nouveaux détails ce curieux épisode du moyen-âge.

Ce compte n'est autre que le détail des dépenses que firent les Lyonnais pour mettre à exécution l'arrêt royal rendu contre leur ennemi, c'est-à-dire pour opérer la démolition des trois châteaux de Peyraud, Nervieu et Foris.

C'est le 13 décembre 1350, qu'une expédition, sous les ordres du bailli de Boucieu-le-Roi, se rendit de Lyon à Peyraud. Outre la suite du bailli, qui se composait de quatre hommes d'armes et de vingt sergents à cheval, une troupe de trente cavaliers armés partit de Lyon pour lui servir d'escorte et, parmi les délégués de la ville de Lyon chargés de surveiller les opérations, se trouvaient précisément les deux victimes du seigneur d'Anjou, Aymar de Villeneuve et Bernard de Varey. Par précaution et de crainte d'une attaque à main armée du seigneur d'Anjou ou de ses amis, l'expédition fut encore renforcée par 25 arbalétriers pris à gages à Condrieu et 48 sergents d'armes venus de Tournon. Quant aux charpentiers, maçons, goujats et autres ouvriers requis, au nombre de 50 environ, on les embarqua sur deux bateaux à Lyon, qui descendirent le Rhône jusqu'à Peyraud. Enfin quatre bêtes de somme portèrent de Condrieu tous les outils nécessaires pour les travaux de démolition.

Sept journées entières furent consacrées à l'œuvre de la destruction de Peyraud et les dépenses s'élevèrent à la somme de 25 livres tournois, ce qui représentait une valeur qu'on peut évaluer à 22.000 francs d'aujourd'hui.

Les Lyonnais allèrent ensuite démolir, avec le même appareil militaire, sous la direction du bailli de Mâcon en Forez, le château de Nervieu et la maison forte de Foris, ce qui prit encore huit journées.

Aymar, qu'on n'avait pas pu arrêter, se présenta, pour se justifier, devant le conseil de la noblesse réuni à Vienne, sous la présidence de l'archevêque, Henri de Villars. Mais la plupart des juges lui étaient favorables, et on se contenta d'exiger de lui qu'il se présenterait à réquisition, en lui demandant une caution ad hoc. Le doyen de l'église de Vienne et plusieurs seigneurs s'obligèrent, solidairement, pour garantir qu'il se présenterait. Après quoi, Aymar fut remis, non pas seulement en pleine liberté, mais encore en possession de tous ses biens. « Il n'avait rien à désirer au delà, car, s'étant accommodé, par la faveur de l'archevêque, avec la ville de Lyon et les particuliers qu'il avait offensés, il ne fut plus question de cette affaire. » Chorier, qui rapporte ces faits, ajoute sentencieusement : « Les grands ou ceux qui ont de grands amis ont rarement de mauvaises affaires. » (1)

Le P. Grasset nous apprend qu'Aymar d'Anjou fut compromis peu après dans l'affaire de l'assassinat du connétable Charles d'Espagne, comme complice du roi de Navarre. Le Roi déclara tous ses biens confisqués et unis à la couronne, et les donna ensuite au cardinal de Colombier, qui prit possession du château de Thorrenc, le 29 juillet 1354, et de Peyraud au mois d'août 1356. Mais, comme le seigneur d'Anjou « estoit si puissant qu'il estoit difficile de posséder contre son gré, le cardinal, estant d'ailleurs son intime ami, ils firent en 1359 un accord, par lequel le cardinal lui rendit Peyraud, et d'Anjou lui quitta tous ses droits et prétentions sur Thorrenc. »

Le château de Peyraud, détruit par les Lyonnais, ne fut reconstruit qu'en 1381 par Guillaume du Fay qui avait fait l'acquisition de cette seigneurie. Il fut de nouveau détruit, en 1574, par deux chefs ligueurs, Christophe Mitte de Chevrières et Claude d'Urfé, parceque le seigneur de Peyraud avait embrassé la cause protestante. Une circonstance qui montre bien la légèreté avec laquelle M. de Valgorge traitait les questions historiques, c'est qu'il a confondu ces deux évènements, malgré la distance de près de deux siècles qui les sépare.

Le château actuel de Peyraud date seulement des premières années du règne de Henri IV.

(1) *Histoire du Dauphiné*, t. 2, pages 344 et 358.

LE SIRE D'ANNONAY

Revenons à l'autre Aymar de Roussillon, le seigneur d'Annonay. L'histoire de celui-ci ressort très-complète d'une série de faits authentiques, que nous avons recueillis, soit dans le manuscrit du P. Grasset, soit dans l'*Inventaire des titres de la maison ducale de Bourbon* (1), et d'où se détache en pleine lumière la physionomie peu sympathique de ce personnage.

Aymar de Roussillon, fils d'Alix de Poitiers et d'Artaud de Roussillon, était seigneur d'Annonay dès 1317. Son frère Guillaume, que le P. Grasset, et Poncer à sa suite, désignent à tort comme seigneur d'Annonay, fut chanoine-comte de Lyon, abbé de Saint-Félix de Valence, puis évêque de cette ville et administrateur de l'archevêché de Vienne, vacant en 1318. Après la mort de son père, il réclama la huitième partie de l'héritage, tandis qu'Aymar, l'aîné, prétendait que son père n'avait assigné à Guillaume que 500 livres de rente. En vertu d'un accord conclu, le 11 février 1317, à Annonay, Guillaume obtint le château et mandement d'Ay et 140 livres de rente annuelle sur le château de Roussillon. Il mourut en 1371.

(1) Le premier volume de ce précieux travail a été publié en 1868 par M. Huillard-Bréholle, et le deuxième en 1875 par M. Lecoy de la Marche.

L'acte de 1317 mentionne six autres enfants d'Artaud et d'Alix, savoir :

Béatrix, qui épousa Aymar de Bressieu, le 17 décembre 1304 ;

Polie, mariée en février 1312 à Aymon de Bocsozel, seigneur de Maubec près de Bourgoin ;

Jean, prieur de Quintenas, puis abbé de St-Claude de 1328 à 1358, année de sa mort ;

Marguerite, mariée en 1332 à Aymon de Viriville, morte sans enfants ; son testament est indiqué dans l'inventaire des titres des Dauphins du Viennois, à la date de 1340 ;

Artaud, seigneur de l'Aubépin en Lyonnais et de Miribel en Forez (château situé sur la commune de Pérignou), qui épousa Béatrix de Lavieu, dont il eut deux filles et testa le 23 novembre 1354 ;

Albert, dont on ne dit rien.

Alix de Poitiers, leur mère, figure parmi les témoins de l'acte.

Aymar épousa en 1318 Jeanne, fille du comte de Forez, dont la dot fut de 9.000 livres. Le pape dut accorder une dispense aux époux qui étaient parents au degré prohibé. (Elle mourut sans enfants en 1333.)

Aymar de Roussillon paraît avoir commencé ses méfaits de bonne heure, car dès 1327 (le 19 décembre) un arrêt du Parlement de Paris, en vertu d'une grâce spéciale du Roi, autorise Aymar, sire de Roussillon, à être entendu par procureur en ses raisons et défenses, au sujet d'un procès criminel qui lui était intenté sur le fait de la mort de Pierre Fort, et pour d'autres excès à lui imputés.

Peu après, Aymar fait envahir et piller le château de Thorrenc, appartenant à Briand de Lavieu, chevalier, par une bande sous les ordres de Hugues Mauvoisin et Hugues Guichard, chevaliers. Nous devons ajouter qu'il fut absous de cette accusation, par un arrêt du Parlement, en date du 21 novembre 1332.

A la date du 1er juin 1337, se trouve le mariage d'un Hugonet de Monteil, damoiseau, avec Béatrix, *fille naturelle* d'Aymar, seigneur de Roussillon et de noble demoiselle Margueronne Mistral.

En mai 1338, Aymar épouse Béatrix, fille de Gérard de Roussillon, seigneur d'Anjou. La dot est de 10.000 florins.

En 1340 (19 avril), le roi Philippe VI mande à son bailli du Vivarais et du Valentinois de ne point empêcher Alix de Poitiers, dame d'Annonay, de lever sur ses sujets les peines pécuniaires qu'ils ont encourues pour avoir refusé de se rendre, sous les ordres d'Aymar de Roussillon, fils de ladite dame, au siège que le bailli de Mâcon avait mis devant le château de Saint-Clair *(Sti-Clari)* occupé par les rebelles.

L'*Inventaire des titres de la maison ducale de Bourbon* signale, à la date du 21 mai 1350, un traité de mariage entre Alix, fille d'Aymar, et Humbert, fils du seigneur de Thoire et de Villars. Aymar donne à sa fille la terre de Riverie, et l'époux reçoit de son père les baronnies de Thoire et Villars. Alix devait être fort jeune puisque sa mère s'était mariée seulement en 1338. Il s'agit donc probablement d'un simple contrat avec ajournement de la consommation du mariage à quelque années plus tard.

C'est ici que se place le crime capital des Roussillon d'Annonay et d'Anjou. « En 1352, dit le P. Grasset, ces seigneurs s'attachèrent au parti des rois d'Angleterre et de Navarre, si opiniatrement, contre le Roy de France, qu'en l'année 1353, leurs seigneuries furent confisquées, celle d'Annonay donnée à dame Alix de Poitiers, leur mère, pour son apanage, et celles de Péraud et Thorrenc au cardinal de Colombier. Neantmoins ces seigneurs estant bien puissants et bien alliés, leur ligue estoit si forte qu'ils possédoient, contre la volonté du Roy, Viviers, Aubenas, Annonay et plusieurs autres places fortes, dans lesquelles ces seigneurs faisoient des concussions et extorsions pour avoir de l'argent. »

L'apparition d'Aubenas et Viviers, comme dépendant des Roussillon au XIV° siècle, est ici fort inattendue autant qu'invraisemblable, et, s'il ne s'agit pas de simples prétentions successorales, est trop en contradiction avec ce qu'on sait de l'histoire de ces deux villes, pour qu'on puisse y voir autre chose qu'une erreur du chroniqueur célestin, trompé, soit par une tradition sans fondement trop légèrement acceptée, soit par une lecture fautive des pièces qu'il avait en mains. Mais le fait principal, c'est-à-dire la complicité des Roussillon avec les Anglais et les Navarrais, n'est pas douteux, car il est prouvé par de nombreux documents irrécusables.

L'impunité dont les Roussillon purent jouir malgré

leur trahison, et la terreur qu'ils inspiraient dans leur voisinage, s'expliquent aisément par les embarras de la royauté, qui avait alors bien autre chose à faire qu'à s'occuper des faits et gestes de deux petits hobereaux de province.

Le 8 janvier 1354, Charles de Navarre faisait assassiner le connétable Charles d'Espagne à Laigle près d'Evreux. Le roi Jean était fort désireux de venger la perte de son favori, mais les dangers extérieurs qui le menaçaient lui faisaient une nécessité de se prêter à une transaction, afin d'empêcher, s'il était possible, la faction navarraise de servir d'avant-garde à l'Angleterre. Le personnage chargé de la négociation fut précisément Guillaume de Colombier, évêque de Soissons, le frère du cardinal. Ce prélat s'efforça d'amener le roi de Navarre à venir demander pardon au roi de France. Charles s'exécuta, quoique de mauvaise grâce ; Jean fit semblant d'oublier et l'on comprend que les Roussillon aient dû bénéficier de cette indulgence forcée.

L'acte suivant, cité par Huillard-Bréholle, n'est pas sans doute sans quelque relation avec cet incident :

En 1355 (le 15 décembre), le lieutenant du sénéchal de Beaucaire, sur l'appel interjeté par Aymard de Roussillon, sire d'Annonay, d'une sentence du bailli de Vivarais qui le condamnait à payer 10,000 livres tournois, déclarait qu'il y avait eu mal jugé et donnait acte au procureur du Roi de son appel.

L'ANARCHIE FISCALE AU XIVᵉ SIÈCLE

Nous voici à l'une des époques les plus critiques de notre histoire.

Le roi Jean, qui avait succédé à son père en 1350, ne fut ni meilleur capitaine ni plus sage politique, et, n'ayant pas su comprendre les causes de la défaite de Crécy, conduisit (en 1356) son armée à une défaite encore plus terrible près de Poitiers. On nous a appris dans les écoles à appeler ce monarque Jean le Bon : il serait plus juste de l'appeler Jean l'Imbécile, ce qui n'ôte rien, d'ailleurs, à la loyauté de son caractère et à ses autres qualités chevaleresques.

La rançon du roi Jean et les nécessités de la défense du pays obligèrent le régent à imposer aux populations de nouvelles charges, d'autant plus lourdement ressenties que la sécurité faisait davantage défaut à toutes les branches de la production nationale, ce qui en ralentissait singulièrement l'activité. Le fisc royal rencontrait, d'ailleurs, d'incessants obstacles dans les privilèges accordés aux provinces et aux seigneurs. On en jugera par les quelques faits que nous fournit à cet égard l'histoire de notre province.

La partie du Vivarais dépendant des comtes de Valentinois était exemptée des contributions que levait le roi de France pour subvenir aux frais de la guerre contre ses ennemis. Cette faveur, formellement stipulée (1) dans des lettres royales de 1348, confirmées en 1366 et 1411, avait été probablement la contrepartie de la suzeraineté reconnue au roi de France, héritier des comtes de Toulouse, par la maison de Poitiers, pour ses possessions de la rive droite du Rhône.

Les habitants de Tournon se jugèrent sans doute compris dans cette mesure, car une ordonnance royale du 29 avril 1351 prescrivait une enquête sur l'exemption de tout subside de guerre « dont prétendent jouir les habitants de Tournon » (2).

Le 22 janvier 1355, le roi Jean faisait défense au sénéchal de Beaucaire d'exiger aucune imposition des hommes de l'évêque de Valence (à la suite d'une plainte de ce dernier motivée par des impositions levées à Soion.) Cet ordre fut exécuté par Jean de Montsalvy, chevalier, bailli royal du Vivarais et du Valentinois » (3).

Mais le document le plus instructif sur le désordre économique et l'anarchie fiscale de cette époque se trouve dans une enquête qui eut lieu en 1358, devant le sénéchal de Beaucaire, et dont on peut voir les pièces aux archives du département de l'Ardèche. Le roi Jean avait ordonné l'établissement d'un impôt de capage et de fouage (capitation par feux) pour le subside des gens de guerre. Or, les nobles du Vivarais et du Velay réclamèrent. Le dossier de l'affaire composé de

---

(1) *Mémoire de la Chambre des comptes de Grenoble*, publié en 1887 par M. Prudhomme.
(2) *Histoire du Languedoc*, nouvelle édition t. x col. 1070.
(3) Idem t. x col. 1106.

108 feuillets en parchemin se trouve ainsi résumé par le sommaire suivant écrit au dos du volume in 4° qui le contient :

« Sommaire de ce qu'est contenu en l'enqueste cy attachée.

« Il appert par icelle qu'en l'année MCCCLVIII le roy Jean pour lors regnant, pour subvenir aux dépenses et frais qu'il luy convenoit faire pour l'entretien de gens de guerre, auroit voulu faire une imposition sur les manans et habitans du pays de Languedoc et les fraire contribuer et payer pour les capage et fouage certaines sommes de deniers non toutesfois exprimés en ladicte enqueste et information.

« En laquelle contribution et imposition s'opposèrent, par devant l'illustrissime seigneur, le comte de Poitiers, fils du Roy, lieutenant-général au pays de Languedoc, les seigneurs de Saint-Didier, de Polignac, de Montlor, seigneur de Sabran, le seigneur de Joyeuse, les seigneurs de Godet, de Saint-Vidal et autres seigneurs, disans leurs dicts subjets ne pouvoir estre taillables au Roy pour raison dudict fougaige et capaige daultans que leurs dicts subjets leur estoient taillables à mercy et volonté.

« Si bien que pour preuver comme leurs dicts subjets leurs estoient taillables à volonté, ils obtinrent commission de la cour... au senechal de Nismes.

« Où le sieur de Saint-Didier fist assigner tesmoings et fist son enqueste et preuva son intention, et oultre ce, pour fortification, produit les transactions que ses subjets de Saint-Didier, de Dunyeres, de Rieutort, de la Prax, Saint-Romain et autres mandemens luy avoient faictes jurées en la présente enqueste.

« Et ne parle pas que les aultres seigneurs cy-devant nommés fissent aulcune enqueste ny qu'ayent produit aulcuns tiltres. »

En effet, ainsi que nous avons pu le constater, le sieur Jausserand de Saint-Didier, dont nous avons eu déjà l'occasion de parler dans un précédent chapitre, est seul produisant à l'enquête, en son nom et au nom du seigneur Testard (*Testardi*), son fils, et de dame Philippa, épouse de ce dernier.

En présence de Guillaume de Ledra, juge mage en la sénéchaussée de Beaucaire et Nimes, et d'Armand du Castel, députés pour le sénéchal Hugues Adhémar, chevalier, seigneur de Garde, comparait M⁰ Nicolas de Roassas, avec la procuration du seigneur de Saint-Didier.

M⁰ Nicolas cite en témoignage :

Guillaume de Charensiac damoiseau, de St-Didier ;

Barthélemy du Vernet, de Saint-Didier ;

Mathieu Bouvier, de la Bâtie-d'Andaure, homme noble de dame Philippa, épouse du seigneur Testard ;

Bertrand Mantelin, damoiseau ;

Guigon Mondanon, de Saint-Félicien ;

Guillaume Rey, de Macheville ;

Etienne de Pont, dit de Condamine, damoiseau, de Boucieu ;

Marcel de Faye ;

Jean Colombi, Jean Dubrau, Gamon Guichard, François de Chabanne, Jean de Boschet, Pierre Bufayre, Guillaume Blachebayle et autres ;

A l'effet de prouver :

Qu'ils sont eux et tous autres des fiefs et mandemens du seigneur de St-Didier, Lapte, Dunières etc., tailhables dudit seigneur de Saint-Didier ;

Que ledit seigneur est en possession depuis 20, 30 et 40 ans, et au delà, de temps immémorial, des droits dont il s'agit ;

Que telle est la commune renommée dans tous les mandemens précités.

L'enquête commença le 18 août 1858 à Boucieu. Il suffira de rapporter une déposition pour avoir une idée de toutes les autres.

Barthélemy du Vernet, homme du seigneur de St-Didier, âgé de 50 ans ou environ, a vu le seigneur de Saint-Didier et son père Alexandre qui constamment *tailliabant et taillias fleri faciebant per se et suos officiales* aux hommes et aux femmes du castrum de Saint-Didier et de Lapte (*Velay*) et de *Rivotorto* (Rioutort). Le mandement de Lapte est pour majeure partie de l'évêque du Puy ; le déposant ignore le nom et le nombre des hommes qui sont dudit seigneur de Saint-Didier dans ce mandement.

Il dit que le seigneur de Saint-Didier a moyenne, haute et basse justice *et vidit ut dixit plures homines justitiari et tradi morti et aliquos fustigari.*

Il n'a jamais vu ni entendu dire que les hommes du seigneur de Saint-Didier aient payé *subsidia fogalgia seu subventiones seu capagia* pour cause des guerres royales aux gens du roi ;

Mais les seigneurs de Saint-Didier *faciebant fleri*

aliquod taillium magnum seu modicum pro ut eis placebat pro concordando cum gentibus regiis.

Telles sont et *vox et fama*. On lui demande ce qu'est *fama*. Il répond *vocem et famam esse id quod per plures communiter dictum, est.*

Il déclare n'être ni familier, ni officier, ni domestique du seigneur de Saint-Didier. Il n'est mû par crainte, ni haine ni intérêt, etc.

Il en est de même des autres dépositions.

Suivent les états des hommes taillables du seigneur de Saint-Didier pour les mandements de Saint-Didier (*Sti-Desiderii*), Rochefort pour partie *(Ruppefortis)*, Lapte (*Velay*), Dunière supérieur (*Dunerii superioris*), Monestier *(Mustri)*, la Bâtie-d'Andaure et Saint-Agrève (*Sti-Agripiani*) pour partie, Saint-Romain et tous autres *castra et mandamenta* dudit seigneur de Saint-Didier. Extrait de l'original par Pierre Alhaud notaire; contresigné par Guillaume Pelissier, clerc, lieutenant au bailhage du haut Vivarez.

Dans un tableau des feux de la province de Languedoc, extrait des registres de la sénéchaussée de Nîmes, on trouve, pour le bailliage du Vivarais, que le total des anciens feux était 15,522 et le total des nouveaux 7,731. Ces chiffres doivent se rapporter seulement au bas Vivarais, car ils sont suivis de la note suivante : *Du bailhage de Boucieu, rien, parcequ'ils sont taillables à la volonté des barons.*

Pour ne pas s'exagérer la portée de l'opposition des seigneurs du Vivarais et du Velay, il est essentiel d'observer qu'ils étaient littéralement dans leur droit en maintenant contre le fisc royal un privilège établi à leur profit. Leurs sujets leur étant taillables à volonté ne pouvaient, d'après eux, l'être également au roi. D'autre part, les mots *pro concordando cum gentibus regiis*, qui se trouvent dans la déposition de Vernet, font présumer que, si le seigneur avait le droit d'imposer des tailles à sa volonté, le fisc royal n'en intervenait pas moins pour provoquer ces charges, dont le produit lui revenait au moins en partie de seconde main, et il semble, d'ailleurs, impossible qu'il pût en être autrement dans les circonstances critiques où se trouvait le royaume. Tout en maintenant en principe les privilèges des seigneurs et en ménageant ainsi leur amour propre, la royauté obéissait, d'autre part, à d'inéluctables nécessités en cherchant à reprendre d'une main, sous la forme de dons gratuits ou autrement, ce qu'elle abandonnait de l'autre. Les faits suivants, qui se rapportent à une époque postérieure, nous paraissent confirmer cette manière de voir:

En 1368, le duc d'Anjou, lieutenant du roi en Languedoc, ordonnait que les sujets des barons et nobles des bailliages de Velay, Vivarais, Gevaudan et Valentinois contribueraient au payement du subside d'un franc d'or par feu qui lui avait été accordé par les communautés des sénéchaussées de Toulouse, Carcassonne et Beaucaire.

En 1370, le duc d'Anjou imposait aux nobles de Languedoc un subside de trois francs d'or par feu ; mais, quatre jours après, il défendait, par d'autres lettres, de contraindre, « pour certaines raisons », au payement de ce subside les barons et les nobles leurs vassaux des bailliages du Velay, du Vivarais et du Valentinois. Pourquoi cette reculade, qui sans doute dut se produire aussi pour l'ordonnance de 1368 ? On se l'explique aisément en voyant ce qui se passa à la suite d'une mesure du même genre prise en 1375. Cette fois, les sujets taillables des barons et seigneurs du Vivarais, du Velay et du Valentinois furent expressément mis en dehors de la *réparation des feux* (nouvelle répartition des feux qui impliquait une taxe d'un franc d'or par feu) parcequ'ils étaient exempts de fouages et de subsides ; mais, en recevant la confirmation royale de leurs privilèges au mois d'octobre suivant, lesdits seigneurs et barons firent au duc d'Anjou un *don gratuit* de 10,000 francs d'or (1).

Comme l'exception appelle l'exception, il se trouva naturellement dans le bas Vivarais des gens qui voulurent profiter des privilèges du haut Vivarais. En 1359, les nobles et les anoblis de Viviers prétendirent que leur qualité de noble les dispensait de contribuer au payement des tailles imposées à cette ville et à son mandement et refusèrent en conséquence de payer leur quote-part. Le syndic de l'université (communauté) de Viviers, laquelle aurait eu par suite à payer une plus lourde charge, porta plainte à Jean, comte de Poitiers, fils du roi, à qui était confié depuis deux ans le gouvernement du Languedoc. Le comte de Poitiers, par une lettre datée de Toulouse, le 18 janvier 1359,

---

(1) *Histoire du Languedoc*, t. 4 pages 345 et 357.

ordonna au sénéchal de Beaucaire de contraindre ces nobles et anoblis de payer l'impôt avec les termes arriérés (1).

Comme trait de mœurs d'un autre genre, en voici un qui caractérise les sévérités judiciaires d'alors. En 1357, à Annonay, le juge criminel condamnait un faux témoin à parcourir la ville en chemise blanche constellée de langues rouges, à rester trois heures attaché au pilori de la ville et finalement à avoir la langue coupée (2).

LES TAILLABLES ET CORVÉABLES A MERCI
DU PRIEUR DE MACHEVILLE

Les privilèges accordés aux seigneurs du comté de Valentinois à la part du royaume encourageaient naturellement tous les possesseurs de fiefs dans cette région à obtenir de leurs vassaux, de gré ou de force, les déclarations de taillabilité et de corvéabilité qui devaient les mettre à l'abri des tailles royales. Il se peut donc que, vu l'énormité des subsides demandés pour l'entretien des gens de guerre, les seigneurs n'aient pas eu beaucoup de peine alors à obtenir des hommes

(1) *Histoire du Languedoc* t. 4 Preuves p. 254.
(2) *Histoire de Bertrand Duguesclin et de son siècle*, par Siméon Luce.

établis sur leurs terres des transactions qui mettaient ceux-ci sous leur complète dépendance. On peut voir un résultat de ces fausses situations dans quelques unes des pièces d'un procès que les habitants de Macheville (Lamastre) eurent à soutenir, au XVIIe siècle, contre les Jésuites du Puy, devenus seigneurs de l'endroit par l'union du prieuré à leur collège.

Il résulte de ces pièces qu'en 1343, Raymond de Serres, damoiseau, bayle du prieuré de Macheville, se présentait, le 20 août, à la cour royale de Boucieu et exhibait à Pierre Salicard, lieutenant du bailli, une ordonnance royale, datée de Sainte-Colombe près Vienne, le 14 août de la même année, par laquelle Philippe de Valois ordonnait de surseoir à la perception du subside de 20 sols par feu, à raison du droit de fouage sur les hommes du prieuré de Macheville, ces hommes étant taillables au prieur *de alto et basso*, et enjoignait même, si on avait levé quelque chose sur eux, de le restituer.

Quelques jours après, le 8 septembre, Raymond de Saint-Germain, prieur de Macheville, requérait le lieutenant du bailli de vérifier les actes ci-après :

1° Une reconnaissance, datée de l'an 1300 le vendredi après la fête de Saint-Grégoire, par laquelle 14 habitants de Macheville se déclaraient hommes liges du prieur d'alors, Aymard de Bouzols, et taillables et corvéables à sa volonté ;

2° Une reconnaissance semblable faite en 1301 par cinq autres habitants de Macheville ;

3° Une troisième reconnaissance du même genre

faite aussi en 1301 par un autre habitant de Macheville ;

4° Un procès-verbal du notaire Guy de Saint-Loup, assisté d'un autre notaire, constatant qu'il avait extrait ces reconnaissances des minutes de M⁶ Bertrand des Abriges, après la mort de ce dernier, d'après la commission qui lui en avait été donnée par noble Guillaume de *Sancto-Gusto*, lieutenant du sénéchal de Beaucaire, — procès verbal légalisé par M⁶ Humbert Léon, gardien du sceau royal au bailliage du Puy ;

5° Une enquête ou audition de quatre témoins sur le sujet des précédentes reconnaissances, témoins produits par Humbert Léon.

Salicard, le lieutenant de Boucieu, considérant ces pièces comme suffisamment probantes, ordonnait l'exécution de l'ordonnance royale qui lui était exhibée.

Or, les Jésuites du Puy, comme prieurs de Macheville, demandaient vers 1660, en vertu des pièces ci-dessus, à tous les habitants de Macheville de reconnaître en corps de communauté le droit de taille et de corvée stipulé dans la reconnaissance de 1300, soutenant que cette reconnaissance suffisait pour établir leur droit, tant à cause des privilèges de l'Eglise, que de celui de justice haute, moyenne et basse qui ne leur était pas contesté par les habitants, alléguant enfin que leur droit était confirmé par l'enquête effectuée en 1343 devant le lieutenant au bailliage de Boucieu.

A cela, les habitants répondaient :

Que des extraits d'actes, dressés par deux notaires encore vivants, sans autorité de justice et sans que les habitants eussent été appelés en corps ni en particulier, n'étaient pas recevables en justice ;

Que l'œuvre de ces notaires présentait, d'ailleurs, de graves lacunes et défauts ainsi que l'enquête présidée par Salicard ; que les prétendues reconnaissances n'avaient jamais eu d'effet, car les habitants n'avaient jamais payé au prieur aucunes tailles ni fourni aucunes corvées, ayant toujours vécu libres de leurs personnes, « et quand même, avant lesdites reconnaissances, ils auroient été asservis à ces prétendus droits, ce que non, ayant joui de leur liberté pendant 360 ans qu'il y a depuis, ils l'auroient acquise par le laps de 40 ans qui suffisent pour la prescription de ce droit qui est odieux comme contraire à la loi du christianisme qui abhorre la servitude » ;

Que les droits réclamés ne résultaient « d'aucune délibération, convention ni traité fait avec les consuls ou syndics de la communauté, mais simplement de l'extrait d'un extrait d'autre extrait de vingt pauvres ignorants qu'on suppose avoir reconnu le droit dont il s'agit, non pas *simul et una voce*, mais en trois bandes séparées et en divers temps, quoique dans un même acte, lequel ne peut au plus avoir effet que contre les personnes y nommées et non pas contre les autres habitants qui sont au nombre de plus de 80 ou 100, etc. »

Les raisons des habitants, fort bien résumées dans un *factum raisonné*, furent l'objet d'une délibération du conseil, (sans doute une chambre du Parlement de Toulouse), datée du 13 juillet 1663 et signée Parizot,

Chassan et Cabassut, qui leur donna complétement raison contre les Jésuites. Mais l'affaire se prolongea et de nouveaux actes furent produits à l'appui des prétentions des Jésuites. M. de Requi, avocat au Parlement de Toulouse, chercha à réfuter le factum raisonné dans une consultation datée du 26 janvier 1664. Finalement une nouvelle délibération, du 29 janvier 1666, signée La Garrigue, donna encore une fois et sans doute définitivement raison aux habitants (1).

En dehors des terres vivaroises du comte de Valentinois, correspondant à la partie de l'évêché de Valence située sur la rive droite du Rhône, le Vivarais eut à payer directement sa part des tailles royales pour subvenir aux guerres du temps. Un acte du commencement du XVe siècle, que nous relevons dans les registres de Geneis, notaire d'Aubenas, donne une idée des formes employées pour la perception de cet impôt.

Le 20 février 1405, quelques nobles et autres personnages se réunissaient à Aubenas, à l'auberge du Lion, au nom des barons et autres nobles « ayant terre et hommes taillables dans la patrie vivaroise », pour entendre les comptes de François Raffard d'Aubenas, chargé par eux « de lever sur leurs hommes taillables le subside royal ordonné cette année là par sa majesté royale dans le royaume de France et tout le Languedoc, à l'effet de résister aux forces d'Henri de Lancastre se disant roi d'Angleterre. »

Les personnages présents étaient :

(1) Nous devons la connaissance des actes de cette procédure à l'obligeance de M. Jules Sonier de Lubac, de Vernoux.

Nobles hommes : Pierre du Bois, bailli de magnifique et puissant homme, le seigneur de Roche, tant pour son maître que pour le seigneur de la Voulte :

Jean Maurel, bailli du baron de Montlaur, tant pour magnifiques et puissants hommes, le seigneur de Montlaur et le seigneur vicomte de Polignac, et aussi comme commissionné dans la province de Vivarais pour les affaires communes, tailles à lever aussi bien pour ses maîtres que pour les autres barons ayant dans ladite province des hommes taillables ;

Pons Guizon de Joyeuse, pour le seigneur de Joyeuse et sa terre ;

Le seigneur de Beaumont et le seigneur de Saint-Remèze.

Raffard rendit compte de ses recettes et de ses dépenses. Il fut constaté qu'il avait levé pour ladite taille, mille deux livres et dix-huit deniers tournois, savoir 820 livres et 10 sols du premier terme et neuf fois 21 livres 11 sols 6 deniers du second terme.

Il avait payé, de la part des seigneurs, pour le subside royal :

1° A Jean Blanc, receveur dudit subside, 760 livres 10 sols ;

Item pour autres dépenses, y compris son salaire, 33 livres 16 sols ;

Item il avait remis, dans les arrérages de sa levée du premier terme, ensemble avec les noms des lieux qui la devaient, 126 livres et quelques sols.

Le total s'élevait à 9 fois cent et 21 livres 5 sols 3 deniers. Restait 80 livres 16 sols 6 deniers que Raffard s'engageait à verser à simple réquisition.

Le jour suivant, Raffard apportait ses quittances signées par Jean Blanc, receveur royal.

Tout le monde, en ce temps là, comme en celui-ci, ne rendait pas ses comptes aussi fidèlement que Raffard, et les actes du temps mentionnent fréquemment des collecteurs improbes qui, d'ailleurs, lorsque leur faute était découverte, étaient punis d'une façon tout-à-fait conforme aux mœurs de l'époque, c'est-à-dire rondement jugés et pendus.

LES COMPAGNIES

Jusqu'à la défaite de Poitiers (1356), l'état intérieur du royaume, au moins dans les provinces où la guerre ne sévissait pas, était resté relativement calme et satisfaisant. Mais alors, autant par suite des impôts énormes qu'il fallut lever pour subvenir aux frais de la guerre et à la rançon du roi Jean, que par le fait des Anglais, le trouble fut général et le pays tout entier devint la proie des gens de guerre ou la victime des agents fiscaux.

De véritables corps anglais, c'est-à-dire soldés par le roi d'Angleterre, mais composés de toutes sortes d'aventuriers étrangers, surtout de Gascons, Brabançons et Flamands, ravagèrent l'ouest et le centre de la France et pénétrèrent jusqu'en Auvergne. Peu à peu bon nombre de ces corps opérèrent pour leur propre compte, surtout après la paix de Brétigny (1360), et n'obéirent qu'à leur intérêt ou à leurs caprices tyranniques. C'est ce qu'on appela les *compagnies*, et, il faut bien l'avouer, les troupes royales en ce temps-là n'étaient guère moins pillardes et moins incommodes pour les populations, surtout pour celles des campagnes plus exposées à leurs déprédations.

Pour comprendre que de pareils excès aient pu se perpétuer si longtemps, il est essentiel de se rappeler l'esprit du temps qui différait du tout au tout de l'esprit moderne dans sa façon de juger les gens de guerre. La profession des armes était alors en honneur, même sous ses formes les moins recommandables. C'est par elle qu'on devenait noble et riche. Les compagnies représentaient des forces organisées, momentanément sans emploi, et par suite obligées de vivre aux dépens du pays, mais qui pouvaient être appelées demain à le défendre. On redoutait les aventuriers qui les composaient, mais on ne les méprisait pas. On voyait en eux des espèces de conquérants et non des brigands, ou plutôt, par l'effet de la confusion morale d'alors, le brigandage n'inspirait pas la même horreur qu'aujourd'hui. D'ailleurs, la plupart de ces bandes étaient commandées par de véritables hommes de guerre, ordinairement des cadets ou batards de grandes familles françaises ou étrangères, et, au milieu des plus affreuses exactions, gardaient encore une certaine disipline. Le guerre était une véritable industrie et en quelque sorte admise comme telle; c'est pourquoi, dans les combats on cherchait bien moins à tuer les hommes d'armes qu'à les faire prisonniers, pour en tirer de fortes rançons. Ajoutons enfin que les compagnies, formées à la tactique anglaise, fort supérieure à la nôtre, constituaient des forces redoutables que les seigneurs, toujours en guerre entre eux, étaient fort aises d'employer, en qualité de troupes auxiliaires, quand ils n'avaient pas à les combattre. Le pouvoir royal lui-même ne dédaignait pas de recourir aux compagnies, quand des circonstances critiques l'obligeaint à faire flèche de tout bois, et surtout quand il pouvait les payer.

En 1357, un des plus célèbres chefs de compagnies, Arnaud de Cervole, dit l'Archiprêtre, parcequ'il était titulaire, quoique laïque, du bénéfice de l'archiprêtré de Vélines en Périgord, se mit à la tête de plusieurs bandes pour aller rançonner la Provence. Comme Cervole avait vaillamment combattu à Poitiers dans les rangs de l'armée royale, son historien, M. Chérest, suppose, à tort ou à raison, qu'il était secrètement d'accord avec le pouvoir royal et qu'il voulut débarrasser le centre de la France des soudards qui l'exploitaient pour les conduire en *pays d'empire*, — ce qui était alors le cas de la Provence — préludant ainsi à ce que fit plus tard Duguesclin en conduisant les compagnies en Espagne. Cervole, dans tous les cas, fit son expédition comme l'allié des maisons de Baux et de Duras contre la maison d'Anjou, ou mieux comme le champion des seigneurs provençaux contre le roi de Naples.

Les compagnies, réunies sous ses ordres, passèrent le Rhône, le 13 juillet, du consentement du sire de Roussillon, le fameux Aymar, seigneur d'Annonay, qui venait de prendre femme pour la troisième fois, en épousant Etiennette de Baux, et dont nous aurons à reparler par la suite. L'archiprêtre échoua devant Aix en mars 1358. Il quitta la Provence vers la fin de cette année pour revenir dans le Nord aider le Régent contre les Anglais, et il paraît être resté pendant tout le reste de sa carrière l'ami de la monarchie française et l'instrument plus ou moins avoué de Charles V.

En 1358, des bandes se formèrent partout, avec ou sans le concours des Anglais, et les populations paisibles eurent à supporter, plus que jamais, le double fléau d'une fiscalité et d'un brigandage extraordinaires. Elles n'étaient pas assez mûres pour savoir y résister. La Jacquerie fut un acte de désespoir, et la tentative de bourgeoisie parisienne avec Etienne Marcel était souillée de trop d'éléments impurs pour être un bien en cas de succès. Quoi qu'il en soit, ces deux incidents restèrent sans écho dans nos provinces méridionales où la noblesse était toute puissante.

Il n'est pas probable que le Vivarais ait eu à souffrir de l'entreprise d'Arnaud de Cervole, et, malgré certaine tradition mentionnée par M. Lafayolle, (1) on peut, croyons-nous, en dire autant de celle de Robert Knolles (celui que Froissard, et dom Vaissette après lui, appellent Robin Canole), habile capitaine anglais,

(1) ANNUAIRE DE L'ARDÈCHE de 1875. *Notice sur le prieuré de Saint-Martin de Valamas.*

qui agit toujours sous l'autorité formelle du roi d'Angleterre.

En octobre 1358, Knolles opérait en Orléanais, prenait Châteauneuf-sur-Loire, Châtillon-sur-Loing, remontait à Malicorne, puis s'installait à Régennes d'où il allait assiéger Auxerre (1). Il était encore à Auxerre le 10 mars 1359. C'est de là qu'il dut partir aussitôt après pour essayer, avec un corps de 3.000 hommes, de pénétrer par l'Auvergne jusqu'à Avignon. Les historiens du Languedoc racontent que Béraud, dauphin d'Auvergne, appela à son secours toute la noblesse des environs, et notamment des sénéchaussées de Beaucaire (comprenant le Vivarais) et de Rouergue, et parvint à arrêter ce dangereux ennemi.

D'après une autre version, mentionnée par le savant historien de Duguesclin, M. Siméon Luce, Robert Knolles aurait été rappelé en Bretagne par le roi d'Angleterre, à la suite d'un succès de Duguesclin qui avait fait prisonnier l'envoyé royal, Guillaume de Vindsor. Le fait est que le capitaine anglais remonta vers le nord à marches forcées et, vers la fin de cette même année 1359, surprit et fit prisonnier Duguesclin au Pas-d'Evran, entre Dinan et Bécherel.

Quoi qu'il en soit des véritables causes de la retraite de Knolles et, en attendant la découverte de documents authentiques sur ses faits et gestes aux approches du Vivarais, on peut se demander si ce n'est pas à l'expédition de ce chef que se rapporte la tradition, d'ailleurs assez vague, conservée dans la région de St-Martin-de-

(1) *Grandes chroniques de France.* P. Pâris; t. VI p. 142.

Valamas, d'*Anglais* battus de ce côté par le sire de la Voulte et de Chanéac. M. Albert du Boys, qui paraît s'être inspiré de M. Delichères, va plus loin et semble croire que les Anglais ont occupé quelque temps le Cheylard, d'où ils faisaient des excursions jusqu'aux bords du Rhône (1); mais nous croyons le fait erroné, et nous indiquerons plus tard l'origine de ce bruit.

Sans contester absolument la présence de véritables corps anglais opérant à cette époque en Vivarais, ou du moins aux confins du Vivarais et du Velay, il importe de noter qu'aucun document authentique ne confirme le fait. Il ne faut pas oublier que, pendant près d'un siècle, le langage populaire qualifia d'Anglais toutes les bandes de routiers, ou même de simples malfaiteurs, qui infestaient une partie de la France, et c'est dans ce sens qu'il faut sans doute interpréter le passage d'un arrêt du Parlement de Toulouse de 1673, où l'on signale comme ayant été enlevée du prieuré de St-Martin-de-Valamas, pendant la guerre des *Anglais*, une transaction de 1385 passée entre le prieur de Saint-Martin et le sire de la Voulte et de Chanéac.

Grâce aux efforts du pape Innocent VI, la France épuisée obtint la paix en 1360. Le traité de Brétigny, comme de nos jours le traité de Francfort, ne fut pas une paix glorieuse, mais une paix nécessaire. Une de ses plus fâcheuses conséquences fut le licenciement des bandes anglo-gasconnes, soldées par le roi d'Angleterre, qui se trouvèrent alors complètement lâchées,

(1) *Album du Vivarais*, p. 102.

comme autant de bêtes de proie, sur les malheureuses provinces encore soumises au roi de France. C'est l'apogée du règne des Compagnies, Routiers ou Tard-Venus. Le gros de ces bandes, formant ce qu'on appela *la grande Compagnie*, se dirigea aussitôt vers la vallée du Rhône comme pour punir le pape français, siègeant à Avignon, de la part décisive qu'il avait prise à la conclusion de la paix. Sous la conduite de deux aventuriers anglais, Jean Hawkwood et Jean Creswey, et de deux Anglo-Gascons, Seguin de Badefol et Jean Briquet, la grande Compagnie alla s'emparer (27 décembre) du Pont-St-Esprit et y commit d'affreux excès.

Un chroniqueur italien, Matteo Villani, donne quelques détails intéressants sur cette expédition. Il raconte que la ferme attitude des Lyonnais intimida les routiers qui venaient de Bourgogne. Pour passer sans encombre, ils simulèrent une attaque sur un des quartiers de Lyon, et, pendant que les bourgeois se portaient en foule de ce côté, mille *barbute* (lances) désignées d'avance, c'est-à-dire mille hommes d'armes, ce qui correspond à un effectif de 3 ou 4000 hommes, prirent leur chemin par les montagnes de la *Ricodana* « et tant ils chevauchèrent par monts et par vaux, qu'ils les traversèrent sans encombre et tout d'un trait, en un jour et une nuit et firent plus de quarante milles par des chemins difficiles. Après s'être refaits du froid et d'une marche forcée, ils continuèrent leur route vers le Pont-Saint-Esprit où ils n'étaient pas attendus et s'emparèrent de cette ville la nuit de la fête des Saints-Innocents. »

Ce nom de la *Ricodana* désigne évidemment les montagnes de la direction de l'Arbresle. Le village de Rivoire, qui se trouve sur le passage, a pu facilement, dans la bouche des aventuriers étrangers, se transformer en *Ricodana*. On peut supposer que les routiers, ayant fait le tour de ces montagnes pour éviter les points fortifiés occupés par les Lyonnais au sud de leur ville, revinrent sur les bords du Rhône dans les environs de Givors et continuèrent leur marche par la rive droite, et la rapidité de leur marche, puisqu'ils surprirent le Pont-St-Esprit, est le seul indice permettant de penser que le Vivarais n'eut pas trop à souffrir de leur passage.

Un subside fut demandé aux barons et nobles des bailliages du Vivarais, du Velay et du Gevaudan, à l'occasion de la prise du Pont-Saint-Esprit, car le 13 octobre 1363, à Nîmes, le maréchal d'Audeneham, commandant du Languedoc, accordait sur ce sujet des lettres de répit à plusieurs d'entre eux, au nombre desquels figurent Guy, seigneur de Montlaur, Armand, vicomte de Polignac et Guigon, seigneur de Roche (la Roche en Rénier).

Les malandrins maîtres du Pont-St-Esprit se divisèrent en trois corps : l'un resta dans cette ville, et l'autre alla s'installer près de Carpentras, tenant ainsi la cour d'Avignon bloquée, tandis que le troisième corps se dirigeait vers Montpellier. Le pape décréta une croisade contre eux et mit à sa tête le cardinal Bertrand de Colombier qui mourut peu après de la peste. D'ailleurs les hommes d'armes, accourus à la voix du pape, furent peu nombreux, et Innocent VI avait déjà compris la nécessité de combattre cet ennemi autrement que par les armes spirituelles et temporelles, quand ceux-ci proposèrent eux-mêmes de s'en aller, moyennant une bonne indemnité et l'absolution de leurs méfaits passés. Le pape donna, selon les uns, 60.000 florins d'or, et selon d'autres 33.000, au marquis de Montferrat pour les emmener en Italie. Paradin nomme Robert Knolles parmi les chefs ainsi emmenés en Italie, mais le fait est plus que douteux.

Quant au corps dirigé sur Montpellier, on peut supposer qu'il était sous les ordres de Seguin de Badefol, car les historiens du Languedoc nous montrent ce personnage parcourant peu après le Velay, avec une bande de 3.000 hommes. Le 13 septembre 1363, il s'emparait de Brioude dont il faisait sa place d'armes. Il occupa aussi, vers le 1er novembre 1364, le petit port d'Anse, sur la Saône, non loin de Lyon, qu'il n'évacua qu'en septembre 1365, après avoir reçu une forte indemnité.

Ce Seguin était seigneur de Castelnau de Berbiguière au diocèse de Sarlat. Il appartenait à une branche des Gontaut, seigneurs de Biron (Dordogne), dont la noblesse remonte à 1120 et qui est arrivée à une haute illustration. Hélie de Gontaut-Badefol, frère de Seguin, possédait en Auvergne et dans le Rouergue plusieurs places et châteaux, provenant des brigandages de ce chef de bande, lorsqu'il épousa en 1388 Marthe de Borne, dame d'Hautefort du Périgord. Sa famille se transplanta plus tard en Vivarais, par suite du mariage de René, seigneur d'Hautefort, gouverneur du Puy, qui épousa en 1579 Marie, fille unique de Claude de Lestrange, issu de Radulph ou Raoul de Lestrange qui habitait le Vivarais en 1390 (1).

C'est aussi du Pont-St-Esprit que paraît être parti, après la prise de cette ville, un autre chef de routiers appelé Perrin Bouvetaut, qui alla piller le monastère de St-Chaffre et s'y installa si bien qu'on ne put l'en déloger que deux ans après.

Des lettres de rémission, qui se rattachent à ce dernier événement, et qui, ont un intérêt spécial pour nous, sont caractéristiques de l'état des esprits à cette époque dans les montagnes des hautes Boutières. Elles sont du 1ᵉʳ avril 1363.

Cinq habitants de Saint-Martial, un de Mezilhac et deux autres, exposent que l'année précédente, vers l'époque de Noël, « tandis qu'une compagnie de pillards anglais ou ennemis de notre royaume, courant le pays par la puissance des armes et opprimant les sujets du roi, occupait le monastère de St-Chaffre en Velay, » ils rencontrèrent au lieu de la Rouveyre un de ces pillards, se nommant Jean de la Brignole. Sachant, tant par le rapport de l'un d'entre eux, que ledit Brignole avait capturé précédemment, et dont il avait reçu une rançon de 30 florins d'or, que par d'autres conjectures, que ce Brignole était un ennemi du royaume, de la bande des occupants de St-Chaffre, ce que le routier reconnut lui-même, les exposants s'emparèrent de lui et l'un d'eux, Pons Deschanels

(1) BARON DE COSTON. *Histoire de Montélimar*, t. 1 p. 260.

(*de Chanalibus*), régent de la juridiction de Fourchade pour le seigneur de Canillac, comme lieutenant du châtelain de ce château, ordonna d'enchaîner le pillard, après lui avoir pris 15 florins d'or et ses armes, et le fit conduire à St-Martial, pour qu'il fût traduit de là à *Elesium* ou *Araon*, hors du bailliage, parceque le seigneur de Fourchade n'avait pas de prison assez forte pour garder sûrement des criminels. Pons donna aux exposants quatre florins d'or pour conduire Brignole hors du bailliage et du pays, « afin d'éviter les maux que l'incident pourrait entraîner. » Or, les exposants, en conduisant l'individu à Araon, réfléchirent que, s'ils le menaient plus loin, il pourrait bien s'échapper de leurs mains, retourner auprès de ses compagnons, ou bien leur être enlevé par eux et leur causer encore de plus grands dommages. Ils craignaient que, s'il était fait justice publiquement de lui, le bruit s'en répandît et parvînt à la connaissance des ennemis du roi, lesquels pourraient venir en tirer vengeance par l'incendie et autrement, sur eux et autres sujets du Roi. A la suite de ces réflexions « et non par méchanceté » les exposants avouent qu'ils jetèrent le bandit dans une rivière pour le noyer. Mais celui-ci, ses liens s'étant dénoués ou relâchés, parvint à se tirer de là et arriva au lieu de la Rouveyre, où les exposants le rejoignirent et se décidèrent alors à le tuer « comme ennemi du royaume. »

Ce fait donna lieu à une procédure de la part des juges de Fourchade et du Velay.

Les exposants s'adressèrent finalement au Roi qui

leur accorda des lettres de rémission datées de Villeneuve-lès-Avignon (1).

Le mandement d'Araon, dont il est ici question, correspondait, croyons-nous, au château de Brion. Quant à *Elesium*, bien que ce mot soit très-lisiblement écrit dans les registres royaux, nous pensons qu'il faut y voir une altération du nom de la Chaise. Les mots *hors du bailliage* font présumer que Saint-Martial et Fourchade dépendaient alors du bailliage du Velay. Enfin, les hésitations et les appréhensions manifestées par les habitants à propos du sort à faire subir au routier capturé, les poursuites dont ils sont l'objet pour avoir délivré la contrée d'un brigand, et finalement les lettres de rémission elles-mêmes sont la confirmation de ce que nous disions plus haut de l'opinion du temps, beaucoup plus indulgente que la nôtre vis-à-vis des bandes armées qui dévastaient le pays.

Ce sentiment ressort non moins visiblement de deux autres lettres de rémission, que contiennent les mêmes registres royaux, accordées, la première, en date de Mâcon, octobre 1362, à Pierre de Reboul, et l'autre, datée de Villeneuve-lès-Avignon, décembre 1362, au syndic et aux habitants du Pont-St-Esprit, pour avoir tué des routiers ou anglais qu'ils avaient rencontrés et reconnus ultérieurement comme ayant pris part aux évènements, et dont le retour dans la contrée leur avait naturellement fait redouter une nouvelle surprise et de nouveaux massacres (2).

(1) ARCHIVES NATIONALES. Registres royaux. JJ. 93, n° 222.
(2) ARCHIVES NATIONALES. Registres royaux JJ. 93, n°° 44 et 150.

Le haut Vivarais ne paraît pas être resté à l'abri des désordres et des guerres de cette époque. Poncer dit qu'en 1361, les routiers firent une incursion dans la ville d'Annonay, qu'ils y commirent des pillages et violences, et se retirèrent après avoir mis le feu à plusieurs maisons du faubourg de la Recluzière (1). De là, ils se seraient répandus dans les territoires environnants et y auraient renouvelé leurs excès. C'est à ces incidents que Poncer rattache l'existence des cavernes creusées dans le roc à Vanosc, où il suppose que les habitants se réfugiaient pour échapper aux pillards. L'auteur des *Mémoires sur le Vivarais* termine en disant qu'il est reconnu que les routiers firent des ravages dans cette contrée de 1361 à 1366. Poncer aurait bien dû indiquer d'une façon précise les sources de ses informations. Nous ne connaissons, quant à nous, aucun document authentique à cet égard, et les seuls indices sérieux de la réalité des faits se trouvent dans des actes privés de 1361, mentionnés par Chomel, relatifs à des ventes ou achats de maisons confrontant avec d'autres *détruites par les Anglais*.

Il est certain qu'en 1362, les compagnies régnaient en maîtresses dans une bonne partie de la France. Leur plus gros fait d'armes, celui qui eut dans le royaume tout entier le plus douloureux retentissement, est l'affaire de Brignais. Plusieurs de ces bandes, dont les principaux chefs paraissent avoir été Perrin de Savoye et le Petit-Meschin, occupaient en avril 1362 le château de Brignais, non loin de Lyon, et de

(1) PONCER *Mémoires sur le Vivarais*, t. 4 p. 120.

là faisaient des courses fructueuses dans le Forez et le Lyonnais. Le Roi chargea un prince du sang, Jacques de Bourbon, comte de Forez, et le comte de Tancarville, de les déloger. Ceux-ci se mirent à la tête de toute la noblesse de la région, et ils avaient même dans leurs rangs le fameux Arnaud de Cervole, dont malheureusement ils n'écoutèrent pas les conseils, quand ils engagèrent inconsidérément le combat contre des forces bien supérieures. C'est, du moins, l'avis de Froissart qui évalue le nombre des routiers à 10 ou 15,000 et constate les excellentes dispositions stratégiques prises par leurs chefs contre un ennemi moins nombreux et trop aveuglément attaché aux lourdes façons de combattre de l'ancien temps. D'après le chroniqueur italien Villani, l'armée royale aurait dû surtout sa défaite à une concentration rapide et imprévue de plusieurs bandes. Dans tous les cas, les routiers remportèrent, le 6 avril 1362, une victoire complète. Jacques de Bourbon et son fils allèrent mourir à Lyon de leurs blessures. De nombreux seigneurs furent tués ou faits prisonniers, et le désastre de Brignais plongea le pays tout entier dans une stupeur comparable à celle qui avait suivi les désastres de Crécy et de Poitiers.

Parmi les seigneurs du Vivarais, qui combattaient dans les rangs de l'armée royale, on cite le seigneur de Roussillon (Humbert de Thoire-Villars), Guillaume de Fay et Guillaume de Tournon, qui avait été créé chevalier la veille et qui fut fait prisonnier le lendemain ; mais la plupart des seigneurs vivarois paraissent avoir été occupés, à ce moment là, avec le sire de Chalencon (Velay), au siège de Salgues, en Gévaudan, où un autre chef de routiers, nommé Pacinboure, ou Penin Bora, « un insigne brigand » disent les chroniqueurs, tenait en échec le maréchal d'Audeneham et n'évacua la place qu'après avoir obtenu de sortir avec armes et bagages.

L'auteur de l'*Histoire d'Annonay* (1), sur la foi de M. de Valgorge (2), dit qu'à la suite de la bataille de Brignais, Annonay fut pillé par les routiers qui violèrent même les tombeaux, mais, dans aucune des anciennes chroniques que nous avons consultées, ne se trouve la trace de cet évènement et, jusqu'à preuve du contraire, on nous permettra de ne voir là qu'une amplification oratoire de l'auteur des *Souvenirs de l'Ardèche*.

Vaincue à Brignais, l'autorité royale fit négocier sous main avec les compagnies. On s'adressa au prince espagnol, Henri de Transtamarre, pour qu'il les prît à son service dans l'expédition qu'il organisait contre son frère, Pierre le Cruel, roi de Castille. Par la convention de Clermont (juillet 1362), dix chefs de bandes traitèrent avec Transtamarre. Les Etats du Languedoc donnèrent 100,000 florins d'or pour le départ des compagnies, et 53,000 pour Transtamarre et les Espagnols qu'il avait amenés. Mais la négociation n'obtint pas tout le succès qu'on avait espéré. Beaucoup de bandes continuèrent à désoler le pays.

(1) FILHOL, *Histoire d'Annonay*, t. 1 p. 261.
(2) *Souvenirs de l'Ardèche*, t. 1. p. 19.

En 1363, le 10 octobre, à l'assemblée des Etats de la sénéchaussée de Beaucaire, on discuta s'il fallait recourir à la force pour chasser le reste des compagnies ou bien continuer de négocier avec elles. Le maréchal d'Audencham annonça que Seguin de Badefol avait traité avec les trois sénéchaussées du Languedoc (Beaucaire, Toulouse et Carcassonne), mais qu'il s'était réservé de rançonner le Velay comme étant son débiteur. Le maréchal autorisa le Velay à traiter avec ce chef et sa *société tyrannique*, de peur qu'il ne lui arrivât quelque chose de pire.

Le 14 février 1364, les habitants de St-Jeure-d'Ay représentaient à Briand de Retourtour, leur seigneur, que, pour se défendre des insultes et pillages de certains bandoliers, qui couraient le pays, ils étaient obligés de se réfugier au château de Seray dont ils dépendaient, ou bien au château d'Estables, comme étant plus proche, avec la permission du seigneur, haut et puissant homme, messire de Fay ; mais, comme il arrivait parfois que, dans le trajet, ils étaient surpris et volés, ils supplièrent Briand de leur accorder la même grâce octroyée par Aymon Pagan à leurs prédécesseurs, qui était de fortifier leur église de St-Jeure, afin d'y trouver au besoin un refuge, et il fut fait droit à leur requête. » (1).

D'après Jules Mouchiroud, le château de Rovirand, à l'entrée de la vallée d'Ay, aurait été détruit par les routiers vers cette époque.

Ce fut sans doute, pour tenter un dérivatif à toutes

(1) DE GALLIER. *Les Pagan et les Retourtour*, p. 87.

ces calamités, qu'on vit l'année suivante (1364) le roi Jean projeter une expédition en Terre Sainte avec le roi de Danemark et le roi de Chypre. La généreuse folie des croisades s'était bien atténuée, mais il s'agissait avant tout de débarrasser la France de cette foule de gens de guerre qui la troublaient et la dévoraient. L'idée n'eut malheureusement pas de succès : les compagnies aimaient mieux rançonner le paysan français, piller les monastères et les châteaux, que de guerroyer contre les Turcs. D'ailleurs, le roi Jean mourut en cette même année. D'autre part, l'Empereur d'Allemagne, après avoir promis le passage sur son territoire, s'était ravisé, et lorsque Arnaud de Cervole, que l'on avait mis à la tête de cette nouvelle croisade, et qui était parvenu à réunir 30.000 hommes en Alsace, voulut passer sur les terres de l'empire, il rencontra une résistance qui l'obligea à rebrousser chemin.

On reprit alors l'idée d'envoyer les compagnies en Espagne et Duguesclin fut chargé de l'expédition. Celui-ci alla trouver les compagnies à Chagny et dit à leurs chefs :

« Nous avons assez fait pour damner nos âmes ; vous pouvez même vous vanter d'en avoir fait plus que moi ; faisons honneur à Dieu, et le Diable laissons ! »

A l'appui de cette courte allocution, il leur offrit 200.000 francs de la part du Roi de France, les trésors du roi de Castille et des contributions sur les terres du pape dans le Comtat (1). Les compagnies se rendirent à ces offres alléchantes. Duguesclin les réunit

---

(1) COURTEPÉE. *Histoire des ducs de Bourgogne.*

à Châlons au mois de novembre et elles arrivaient à Barcelone le 1er janvier 1366.

L'histoire du capitaine Rambaut ou Robaut est antérieure au départ des compagnies pour l'Espagne. D'après Froissart (1), le fameux Seguin de Badefol avait cédé à Robaut, un de ses lieutenants, les deux places d'Anse et de Brioude et celui-ci, en chevauchant de l'une à l'autre, trahi par un de ses compagnons, nommé Limousin, qu'il avait cruellement maltraité, pour une affaire de femme, fut surpris et fait prisonnier par le baron de la Voulte. L'affaire eut lieu, le 2 mai 1365, près de Saint-Julien-Molin-Molette, à l'endroit qu'on a appelé depuis lors la Batterie. Robaut fut conduit à Tournon et décapité quelque temps après à Villeneuve-lès-Avignon.

L'individu en question figure plusieurs fois, sous le nom de Louis Robaut, de Nice, dans la chronique romane de Montpellier connue sous le nom de *Thalamus parvus*, comme l'un des chefs de bande qui ravageaient le Languedoc depuis 1358. Le 23 juillet 1363, Robaut prenait le château de Linhan près de Béziers et le rendait, le 4 novembre suivant, moyennant le payement de 10.000 florins. En décembre 1364, il faisait des courses dans les environs de Nîmes. Le *Thalamus parvus* confirme sa prise à la date du 2 mai 1365. Le récit de Froissart est donc exact au fond. Mais il est douteux sur la question de la cession d'Anse par Seguin, car celui-ci y était peu après la mort de

---

(1) FROISSART. édition Luce, t. 6. p. XXXV, note 2. — Buchon t. 11 p. 411. *Thalamus parvus* p. 368.

Robaut. En effet, l'auteur de l'*Archiprêtre* parle ainsi de lui à la date de juin 1365 : « Quant à Seguin, toujours installé dans sa forteresse d'Anse, il se hasardait rarement à étendre ses ravages jusqu'au Châlonnais ; la présence du maréchal d'Audeneham que le roi venait d'envoyer à Lyon, le tenait en respect, et d'habitude, il se contentait de vivre aux dépens des pays avoisinant son repaire. » (1)

Or, à mesure que l'autorité royale se raffermissait, et la victoire de Duguesclin à Cocherel avait singulièrement changé l'état des choses, on se montrait plus sévère pour les routiers. A Dijon, la justice ducale en avait fait pendre un assez grand nombre. C'est alors que Seguin consentit à traiter pour la reddition d'Anse. Cette place appartenait au chapitre de Saint-Jean, de Lyon, qui pria le pape de négocier pour lui le départ des routiers. Le chapitre donna 40.000 écus dont 20.000 au comptant. Des pièces citées par Allut (2) constatent qu'il emprunta pour cela 4.000 écus à la ville de Lyon. Les 20.000 écus restants furent payés peu à peu, et d'autres pièces nous montrent les héritiers de Seguin réclamant plus tard le payement comme s'il s'agissait de la créance la plus légitime et la plus naturelle du monde. Il semble résulter d'un autre document que les sénéchaussées de Beaucaire, Toulouse et Carcassonne devaient concourir pour 15.000 écus au payement des 40.000, mais rien ne prouve que cette promesse, si elle fut réellement faite, ait été exécutée.

(1) *L'Archiprêtre*, par Aimé Chérest, Paris, Claudin 1879.
(2) *Les Routiers au XIVe siècle*, Lyon 1859.

Il est à présumer que l'évacuation d'Anse fut ressentie dans le haut Vivarais comme une sorte de délivrance, bien qu'il n'existe, à notre connaissance, aucun document indiquant que notre pays ait eu directement à souffrir du *roi des compagnies*. Seguin ne jouit pas longtemps du fruit de ses rapines. Après la reddition d'Anse, il eut l'idée, fâcheuse pour lui, de passer les Pyrénées, pour aller réclamer une indemnité au roi de Navarre, Charles le Mauvais, qu'il considérait comme son débiteur. Celui-ci trouva plus commode et plus avantageux de l'empoisonner que de le payer, et l'affaire se fit, disent les chroniqueurs, au moyen d'un plat de coings ou de poires sucrées.

Le fameux Archiprêtre, dont la mémoire, d'ailleurs, a été en partie réhabilitée par Aimé Chérest, mourut vers la même époque, aussi de mort violente, mais dans des conditions plus honorables. Il semble qu'il avait été chargé par Charles V de réunir les bandes restées en France après le départ de Duguesclin, pour les conduire également hors du royaume, et c'est par un des routiers, placés sous ses ordres, qu'il fut tué à Glaizé, près de Villefranche (Rhône) en juin 1366.

LE CARDINAL PIERRE BERTRAND D'ANNONAY.

Faisons trêve un instant aux agitations sanglantes de l'époque pour évoquer le souvenir de deux personnages du Vivarais qui figurent parmi les plus illustres de leur siècle : il s'agit des cardinaux Pierre Bertrand et Pierre de Colombier. Ces deux princes de l'Eglise ne sont pas restés confinés dans le domaine des choses purement religieuses, comme le sont aujourd'hui les membres du sacré-collège, mais ils ont largement participé à la politique internationale que le pape dominait alors, de tout son prestige de chef unique et incontesté de la chrétienté, et l'on va voir qu'ils ont joué dans les évènements du XIVe siècle un rôle qui n'est pas sans importance.

Les historiens ecclésiastiques, Fryzon (1), Ciacconius (2), Duchesne (3), Baluze (4) etc. paraissent n'avoir connu qu'à moitié les faits et gestes de nos deux cardinaux vivarois, et beaucoup commettent à leur sujet de graves erreurs, en les confondant le plus souvent, ce qui s'explique, d'ailleurs, par la similitude

---

(1) FRYZON. *Gallia purpurata*, Paris 1638.

(2) CIACCONIUS. *Vitæ et res gestæ pontificum romanorum et cardinalium*. Rome 1677.

(3) DUCHESNE. *Histoire des cardinaux françois de naissance*, Paris 1660.

(4) BALUZE. *Vitæ paparum aveniensium*. Paris 1693.

des noms, puisque l'un et l'autre s'appelaient Pierre Bertrand. C'est ainsi que Ciacconius omet Bertrand l'oncle, et que Fryzon fixe à 1342 (au lieu de 1331) sa promotion au cardinalat. La plupart ne connaissent Pierre Bertrand que par son rôle dans la conférence de 1329, alors qu'il n'était encore qu'évêque d'Autun, et Pierre de Colombier par sa légation de 1355 pour le couronnement de l'empereur Charles IV à Rome. Cette ignorance relative provient sans doute, en partie, de ce fait, que les papiers des deux cardinaux, au lieu d'être recueillis dans les archives pontificales à Avignon et à Rome, paraissent avoir été transportés au couvent des Célestins du Colombier près d'Annonay. C'est grâce à eux qu'un religieux de ce monastère, le P. Grasset, a pu faire au XVIIe siècle une biographie plus complète que toutes les autres de ces deux éminents personnages, et nous mettrons naturellement ce précieux travail à profit.

Les Bertrand viennent d'Aurillac. Le P. Grasset mentionne Huguet Bertrand qui vivait dans cette ville en 1250 et le qualifie de noble, tandis que Baluze oppose à la noblesse des anciens Bertrand le fait que plusieurs membres de cette famille ont reçu ultérieurement des lettres royales, qui leur conféraient cette qualité, preuve qu'ils ne l'avaient pas auparavant. Le P. Grasset énumère les fiefs dépendant des Bertrand d'Aurillac, avec leurs armoiries, et l'on trouve même dans son volumineux in-folio la collection complète des armes et sceaux, parfaitement dessinés et coloriés, de toutes les familles qui ont été en relations d'alliance ou autres avec les Bertrand et les Colombier.

Mathieu Bertrand s'étant épris d'Agnès Impératrix ou Emperiere, demoiselle d'honneur de Béatrix de la Tour, fille du seigneur Haynaud de la Tour d'Auvergne, et Agnès ayant suivi à Annonay sa maîtresse, qui s'était mariée à Guillaume de Roussillon, Mathieu Bertrand vint aussi à Annonay, épousa Agnès en 1278, et s'attacha, comme médecin, au service du seigneur d'Annonay.

C'est ce Mathieu Bertrand qui fut le père du cardinal Bertrand, ainsi que de Marguerite Bertrand, la mère du cardinal de Colombier.

Pierre Bertrand était le second enfant de Mathieu Bertrand et d'Agnès. Il naquit à Annonay, en mars 1280, dans une des maisons situées au pied du château, du côté du cimetière St-Jacques : c'était là qu'habitaient les familiers du seigneur. Les prêtres de St-Ruf, qui desservaient l'église Notre-Dame, furent chargés de sa première éducation. En 1296, il était pourvu d'un canonicat à l'église de Notre-Dame du Puy. Puis il allait à Avignon étudier la philosophie et le droit. En septembre 1301, il prenait avec honneur ses grades à Montpellier où il passait quelques années. En 1307, il était bibliothécaire et orateur de Bertrand de Bordis, archevêque d'Albi (créé cardinal en 1309). Bientôt, il obtenait une chaire de régent pour le droit canon à l'Université d'Avignon, où la papauté venait d'être transférée, et sur ce théâtre nouveau, il trouvait l'occasion de faire apprécier son caractère et ses talents. Dès 1307, il se distinguait par une plaidoirie prononcée devant Clément V sur la succession du trône de Naples, que se disputaient Charles Norbert et Robert. L'éloquent avocat fit gagner la cause de Charles Norbert, mais le pape, qui avait déjà reconnu Robert, ne voulut pas le déposséder et, comme compensation, procura à Norbert la couronne de Hongrie.

En décembre 1309, Pierre Bertrand était professeur *in utroque jure* à l'Université de Montpellier. En 1312, il était appelé à l'Université d'Orléans. En 1314, il était élu doyen de N. D. du Puy. Vers la même époque, il se faisait recevoir avocat à la cour du Parlement de Paris, nouvellement établi dans le palais que Philippe le Bel avait fait bâtir, car précédemment le Parlement était « déambulatoire. » Le clergé et la noblesse avaient possédé jusques là tous les offices et dignités du royaume : on y admit alors le tiers-état, en considération de la part qu'il avait prise au payement de la rançon du roi Saint-Louis.

Bertrand plaida de grandes affaires. La plus importante fut celle du prince Louis, comte de Nevers, contre Robert comte d'Artois, au sujet du comté de Flandre. Le roi Louis X fut si satisfait de la plaidoirie de Bertrand qu'il le nomma peu après (en 1315) conseiller en la cour du Parlement de Paris, avec mission de vérifier les réclamations financières des villes et des communautés.

Louis le Hutin mourut en 1316 et eut pour successeur son frère Philippe-le-Long. Celui-ci appela Bertrand dans son conseil d'Etat, et Bertrand défendit, aux Etats généraux convoqués pour cette circonstance, la cause de Philippe contre les prétentions du comte de Bourgogne qui disputait la couronne à ce monarque, au nom de sa nièce Jeanne, fille de Louis le Hutin. C'était la seconde application de la loi salique.

Après avoir contribué au succès de la cause du roi, Bertrand travailla à le réconcilier avec son ex-compétiteur et fit si bien qu'il maria ce dernier à la fille ainée de Philippe. A cette occasion, le comté de Bourgogne fut érigé en duché. Bertrand paraît avoir été encore le principal négociateur pour le mariage des deux autres filles de Philippe, dont une (Marguerite), épousa Louis Crécy, comte de Nevers, reconnu comte de Flandre avec le consentement du comte d'Artois, et l'autre (Isabeau), Humbert d'Albon, Dauphin du Viennois. Ces trois mariages « les plus honorables pour la couronne de France que l'Etat pût souhaiter » et dont l'un préparait l'annexion du Dauphiné, s'effectuèrent en 1320. Pour récompenser l'habile diplomate, le roi promit à son neveu, Pierre de Colombier (le futur cardinal), un office de conseiller au Parlement de Paris; la reine fit de Bertrand son chancelier; le duc de Bourgogne conféra à son frère Guillaume le poste de sénéchal d'Autun, et enfin le comte de Nevers donna à Pierre de Colombier l'intendance de son conseil.

L'année 1322 marqua une évolution décisive dans la vie de Pierre Bertrand. C'est alors seulement, c'est-à-dire à l'âge de 42 ans, qu'il se détermina à entrer dans la carrière ecclésiastique et ici nous laissons la parole à notre chroniqueur célestin :

« C'est un violent désir que d'avoir une marque

d'honneur qui nous distingue des autres en la teste, nous enlève et emporte en un moment par dessus tous nos compagnons, nous faict frères du pape et cousins des Rois. Qui se veut bastir une telle fortune doit prendre ses fondements en la cour du pape qui est la plus grande et la plus belle de toutes les autres de la chrétienté; l'échelle est posée pour monter à cette dignité par plusieurs degrés, mais peu de gens sont capables d'y parvenir. Ce grand personnage, Monsieur Pierre Bertrand, ayant suivi la cour royale de France l'espace de sept ans et vu à combien de changements elle est sujette, lui ayant ravi son bon prince et grand bienfaicteur, se projeta un asseuré establissement conforme à sa vocation dans l'estat ecclésiastique, et ayant donné connaissance de ses desseins à la Reine, sa maîtresse, veuve de Philippe V, et au seigneur Louis, comte de Nevers, en l'année 1322, François 77e evesque de Nevers estant decédé au mois de febvrier de la mesme année, par le clergé de cette sacrée evesché fut esleu unanimement le 78me évesque d'icelle... »

Le P. Grasset nous apprend, à cette occasion, comment se faisaient alors les élections d'évèques :

« En ce temps là, les eveschés venant à estre vacantes, le plus notable du clergé en donnoit advis au Roy, qui députoit un ecclésiastique visiteur, qui convoquoit le clergé et les personnages les plus notables de la province et de la ville épiscopale, qui tous, sans fraude ny trouble, procédoient à l'élection d'un évesque. Laquelle faicte sans trouble, estoit rapportée au Roy qui la confirmoit et de là au Metropolitain qui, avec l'advis et conférence de ses evesques suffragants, l'admettoit et nommoit trois d'iceux pour procéder au sacre de l'evesque esleu qui, auparavant estre sacré, alloit présenter son election et confirmation au pape, qui en faisoit expédier des bulles, lesquelles obtenues estoient lues et publiées dans le chapitre épiscopal, puis au peuple : méthode électorale de procéder à un sacré office que les Roys de France tenoient du Roy Saint Louys... »

Bertrand visita son diocèse et fit si bien, que « ce diocese en peu de mois ressembla plus tost un oratoire de dévotion qu'un commerce populaire... »

Le bon Célestin fait ainsi le portrait de Pierre Bertrand :

« Il estoit d'une riche taille, haut de six pieds, ayant les yeux riants et brillants, un nez excédant aucunement la médiocreté, la face joyeuse et gaye, et tous ses autres membres parfaictement proportionnés, marchant d'une ferme et asseurée démarche, qui le rendoit grandement respecteux à tous et redoutable aux délinquants. »

L'ouvrage de Duchesne contient le portrait de Pierre Bertrand, d'après une peinture murale qui se voyait encore de son temps au dessus de la porte de la sacristie du collège d'Autun à Paris. Ce portrait est exactement semblable à la photographie donnée par l'abbé Filhol, dans l'*Histoire d'Annonay*.

C'est en qualité d'évêque de Nevers que Bertrand assista au concile d'Avignon où il se fit admirer par son éloquence et où il combattit l'hérésie des Béguins et des *Fraticelli* par un ouvrage intitulé: *L'empire évangélique et apostolique.*

En 1326, Pierre Bertrand passa à l'évêché d'Autun.

En 1329, survint la fameuse querelle entre les officiers du roi et le clergé sur l'administration de la justice, et le roi Philippe de Valois, ayant voulu que l'affaire fût débattue en sa présence, l'évêque d'Autun fut, avec l'archevêque de Sens, Pierre Roger (savant bénédictin, né dans le Limousin, qui plus tard fut élu pape sous le nom de Clément VI), le principal défenseur des immunités ecclésiastiques. C'était la grosse question du temps, et le choix qui fut fait de Bertrand pour soutenir la cause du clergé, montre assez la considération universelle dont il jouissait. La lettre royale qui le chargeait de plaider l'affaire au nom du clergé est du 1er septembre 1329. Son adversaire fut Pierre de Cugnières, avocat général au Parlement de Paris, un des légistes les plus renommés de l'époque.

Les parties se réunirent à Vincennes, devant le roi, le 8 décembre. Il y avait cinq archevêques et quinze évêques.

Pierre de Cugnières parla le premier et prit pour texte la parole évangélique: *Reddite quæ sunt Cæsaris Cæsari et quæ sunt Dei Deo.* Il réclama la séparation de la juridiction spirituelle, qui appartient à l'Eglise, de la juridiction temporelle, qui appartient au Roi et aux seigneurs. Il allégua soixante-six griefs contre la justice ecclésiastique qu'il accusa, en premier lieu, d'empiéter sur la justice royale. Il constata que les juridictions ecclésiastiques possédées alors par l'Eglise gallicane étaient au nombre de 15,560, tenues par 14 archevêques, 110 évêques, 1405 abbés, 3000 prieurs, 2000 commandeurs de Malte, lesquels occupaient 9000 places ou châteaux ayant haute, moyenne et basse justice. L'orateur de l'autorité laïque protesta, au surplus, au nom du Roi, de sa volonté de maintenir les immunités de l'église gallicane.

La réponse de l'évêque d'Autun avait pour texte : *Deum timete, regem honorate*. Il s'attacha à démontrer que la juridiction ecclésiastique n'était ni incompatible avec les fonctions ecclésiastiques, ni tyrannique et encore moins usurpatrice, mais orthodoxe et héréditaire dans l'Eglise en vertu de la loi écrite comme en vertu de la grâce. Il invoqua l'autorité de la Bible, des Pères. Il rappela que telle était la tradition des empereurs. Il cita Charlemagne, Saint-Louis et finalement assura le roi du dévouement du clergé.

Le roi admira l'éloquence des deux orateurs et ajourna les parties au jour suivant.

Le lendemain, 9 décembre, Cugnières parla de nouveau et Bertrand lui répondit.

Le roi ne voulut pas encore prendre de décision, mais Bertrand et les prélats le suivirent à Vincennes et le roi leur fit déclarer par la bouche de son avocat-général « que sa volonté était de conserver les droits de l'Eglise et des prélats, qui leur appartenaient tant de droit que par coustumes raisonnables. »

Le 29 décembre, à Vincennes, Philippe de Valois

fit une déclaration encore plus explicite dans le même sens.

Bertrand prononça alors sa troisième harangue ayant pour texte : *Laudabitur princeps populi in prudentiâ sermonis sui.*

Telle est la version du biographe de Bertrand qui, d'ailleurs, reste complètement muet sur la part que prit à la conférence l'archevêque de Sens. Il est certain que le clergé ne fut pas mécontent de l'attitude de Philippe, puisqu'à cette occasion une statue équestre fut élevée à ce monarque, à la porte de l'église de Sens, avec cette inscription :

> Regnantis veri cupiens ego cultor haberi
> Juro rem cleri libertatemque tueri.

Voici maintenant la version des historiens laïques :

Philippe se montra plus ébranlé qu'irrité de l'audace des gens d'Eglise (qui avaient soutenu hardiment la suprématie du spirituel et la réunion des deux puissances « entre les mains de Pierre »); cependant il leur fit dire par Cugnières qu'il leur donnait un an pour remédier aux abus, faute de quoi il y porterait lui-même le remède « qui plairait à Dieu et au peuple. » Il ne paraît pas, dit Henri Martin, que les entreprises des prélats aient été réprimées bien vigoureusement ; on voit seulement qu'il leur fut défendu de mettre en interdit aucunes terres du domaine royal, et que le Roi maintint le plein exercice du droit de régale ; mais le principe de « l'appel comme d'abus « fut gagné, quoique les prélats eussent fait toute réserve en comparaissant devant le roi, pour débattre les griefs réciproques. *(1)*

En ce qui concerne le Vivarais, nous trouvons à la date de 1320, une plainte du bailli du Vivarais contre des empiètements reprochés aux officiers de l'évêque de Viviers sur la juridiction royale. La plainte de Pierre d'Auriac désigne tous les fiefs qui appartenaient alors au Roi en Vivarais, mais elle ne précise pas les faits qui ont donné lieu à la plainte. Le mémoire sur l'administration de la justice dans le Vivarais, élaboré par Théodore Chomel, avant la Révolution, mentionne un arrêt du Parlement de Paris, en 1327, par lequel le bailli fut rétabli dans le droit d'exercer la juridiction de son ressort sur le temporel de l'évêque et du chapitre de Viviers, nonobstant le traité conclu entre le Roi et l'évêque en 1307.

Un autre arrêt du Parlement, en date du 8 juillet 1329, nous apprend que l'évêque et le chapitre de Viviers se plaignaient que le bailli du Vivarais fît chaque jour des actes de juridiction sur leur territoire et juridiction, « sous prétexte de notre petit sceau royal de Montpellier, et de nos guidages et sauvegardes spéciales accordées aux nouvelles bastides contrairement à certaine transaction. » (2)

Il s'agit évidemment de la même affaire et peut-être

(1) *Histoire de France* t. 5 p. 14.

(2) *Histoire du Languedoc*, n. éd. t. 10 col. 696. — Archives nationales Xia 6 fol. 55-56.

d'un seul et unique arrêt, qui fut la solution de la plainte portée au roi en 1320.

En 1335, l'évêque de Viviers est cité parmi les évêques qui jettent trop facilement l'excommunication et l'interdit pour les moindres choses. Ce prélat avait mis en interdit la ville ou bastide royale de Villeneuve de Berg.

« Le roi informé de cette sentence, et prétendant que, par un privilège du Saint-Siège, les lieux de son domaine ne pouvaient être soumis à l'interdit, sans un ordre auprès du pape, manda le 16 de novembre de cette année, au sénéchal de Beaucaire d'engager l'évêque à la révoquer ou de l'y contraindre par toutes sortes de voies. (1) »

Dom Vaissette présume que l'interdit avait été lancé pour quelques légères entreprises des officiers royaux sur la juridiction de l'évêque. Le président Challamel croit plutôt que la mesure se rapporte à un fait dont la tradition s'est conservée dans le pays. Un prêtre ayant commis un assassinat, les juges royaux de Villeneuve le condamnèrent à mort et, après l'exécution, firent suspendre le corps aux fourches patibulaires placées au sommet de la montagne de Montnoubier. Là dessus, l'évêque mit la ville en interdit, et la municipalité, pour faire lever cette mesure, dut faire amende honorable aux pieds du pendu et le faire enterrer honorablement.

Le P. Grasset confirme en partie la version des

(1) *Ordonnances royales*, t. 2 p. 103. *Hist. du Lang.* n. éd. t. 4 p. 218.

historiens laïques, quand il constate qu'un mois après la conférence, c'est-à-dire en janvier 1330, les prélats tinrent une réunion « pour établir un ordre dans le désordre allégué sur l'administration de leurs justices temporelles. »

Une députation de prélats fut chargée d'aller remercier le Roi. Ce fut l'occasion d'une quatrième harangue de l'évêque d'Autun.

Peu après, Bertrand composa son *Tractatus de origine et usu jurisdictionum ac de spirituali et temporali ecclesiæ potestate.*

La question, importante et délicate entre toutes, des rapports de l'Eglise et de l'Etat, tient une place considérable dans l'histoire du moyen-âge.

En théorie, la question est facile à résoudre : l'Eglise doit rester dans son domaine tout spirituel, et l'Etat dans son domaine temporel.

En pratique, ce n'est pas si commode. Dans bien des cas, le spirituel se mêle au temporel et il n'est pas toujours facile de tracer la ligne qui les sépare, de bien déterminer les questions mixtes. D'autre part, chaque autorité, portée naturellement à étendre ses attributions, à croire que ses limites vont un peu plus loin, a souvent commis des empiètements sur l'autre.

Pour plusieurs causes bien légitimes: une plus grande instruction du côté du clergé, la supériorité de son code d'instruction criminelle qui, comme l'a prouvé un de nos célèbres avocats, a servi de modèle à nos codes modernes, un plus grand esprit de justice, les concessions des princes et des peuples, — l'Eglise avait étendu sa juridiction sur des objets étrangers à son pouvoir et avait fait de sérieux empiètements sur le domaine civil ; elle était omnipotente ; elle ne voulait pas céder ce qu'elle possédait. — Enfin, le sentiment public était pour elle. Entre les deux juridictions en présence, celle des tribunaux laïques appliquant le droit féodal, c'est-à-dire le droit barbare, brutal, qui ne tenait pas compte des témoins et admettait même le duel sous le nom du jugement de Dieu, et celle des tribunaux ecclésiastiques qui s'inspiraient du droit romain et représentaient une justice infiniment supérieure à l'autre, les populations en général n'hésitaient guère : elles allaient de préférence aux seconds. Il ne faut pas oublier que le débat était alors bien moins entre la justice ecclésiastique et la justice royale, celle-ci justement considérée déjà comme un refuge contre les tyrannies et les exactions féodales, mais entre les tribunaux ecclésiastiques et les tribunaux seigneuriaux, et c'est ce qui explique sans doute les ménagements du roi vis-à-vis des premiers. « Beaucoup de seigneurs, dit le P. Grasset, se vouloient remplumer et faire riches et puissants aux dépens de l'Eglise ; ils vouloient lui enlever toute juridiction afin de la dépouiller plus facilement de ses biens. »

Il est essentiel aussi de rappeler qu'au moyen-âge l'idée de l'Etat, aussi bien que les idées de race, de peuple, de nation, étaient absolument inconnues. Il n'y avait alors qu'une idée, celle d'une grande république chrétienne, chargée de présider et de modérer les relations personnelles de la société féodale. Mais avec l'étude du droit romain reparurent, au XII° et au XIII° siècles, les idées anciennes, et entr'autres celle de l'Etat. Les légistes de Frédéric II en Allemagne et de Philippe le Bel en France, l'avaient déjà vigoureusement opposée à l'idée de l'Etat ecclésiastique ou de la monarchie pontificale. Au fond, Philippe de Valois était avec Cugnières, mais on comprend que les arguments de Bertrand aient fait impression sur lui, car si l'on peut ne pas admettre les principes, généralement de droit divin et d'ordre métaphysique, sur lesquels se basait l'argumentation du futur cardinal, il faut bien reconnaître qu'en fait, c'est-à-dire au point de vue de l'intérêt du peuple et du pouvoir royal lui-même, il avait raison. On a supposé que le Roi s'était déterminé surtout par la crainte que l'Eglise, s'il se prononçait contre elle, soutînt la cause de ses ennemis à l'étranger. Il nous semble plus naturel de penser que Philippe, en inclinant la balance plutôt en faveur de la justice ecclésiastique, avait simplement reconnu qu'elle correspondait mieux que l'autre, surtout que celle des seigneurs, aux nécessités de l'époque et aux sentiments des populations. Pierre de Cugnières était en avance sur son temps, ou plutôt la cause qu'il soutenait n'avait pas encore fait les progrès qui devaient la rendre juste.

Les historiens ecclésiastiques racontent qu'après « sa défaite », l'antagoniste de l'évêque d'Autun devint un objet de dérision. Les clercs de la cathédrale Notre-Dame donnèrent son nom transformé en Pierre de Coignet, à une vilaine figure de pierre dont le nez servait d'éteignoir aux cierges de l'autel. Et, dit un chroniqueur, « n'est aucun réputé avoir veu ceste église s'il n'a veu ceste grimace. » La pierre en question a, depuis longtemps, disparu du chœur de Notre-Dame. C'est dommage, car elle marquait une étape dans la marche des opinions humaines. Les trois grands discours prononcés dans cette mémorable affaire, caractéristique de l'esprit du temps, c'est-à-dire ceux des trois Pierre (Roger, Bertrand et de Cugnières) furent imprimés dès le début de l'imprimerie, c'est-à-dire au XVe siècle, et ils ont été maintes fois réimprimés depuis, surtout lors des débats sur le gallicanisme, les partisans des libertés gallicanes ayant tout intérêt à montrer que leurs idées n'étaient pas nouvelles et à signaler Cugnières comme un précurseur (1).

Nous ne rappellerons pas à combien d'épisodes a donné lieu, depuis celui de 1329, le conflit, souvent réglé par des concordats et toujours renaissant, entre l'autorité spirituelle et le pouvoir temporel ! Que de fausses appréciations encore admises sur ce sujet dans les polémiques du jour! Notons seulement pour terminer ces trop longues réflexions, que, loin de revendiquer l'ancien pouvoir de l'Eglise sur le temporel, et tout en rappelant qu'en somme ce pouvoir s'exerçait à l'avantage du plus grand nombre, la papauté actuelle reconnait fort bien qu'il était, non pas inhérent à la constitution de l'Eglise, mais imposé par les nécessités

(1) Voir la *Bibliothèque historique*, du P. Lelong, t. 1, n°" 7050-52, 7586.

du moment, acquis par la coutûme, par les concessions des peuples et des princes, et conséquemment de nature transitoire.

L'affaire des juridictions avait rendu Pierre Bertrand célèbre. L'année suivante, il fut nommé archevêque de Bourges, mais il résigna ce poste, quand il fut créé cardinal en décembre 1330, préférant garder le titre d'évêque d'Autun.

Le pape Jean XXII occupait le trône pontifical depuis 1316. Ce pontife, qui était de Çahors, est surtout connu par ses démêlés avec Louis de Bavière, à qui il voulut opposer Jean de Luxembourg, roi de Bohème, comme prétendant à la couronne impériale. Louis de Bavière, pour se venger, ravagea les terres du pape en Italie, fit élire l'anti-pape Nicolas V et favorisa de tout son pouvoir la secte des *fraticelli*, qui soutenaient que le clergé ne pouvait pas posséder de biens temporels. Ce pape était, d'ailleurs, fort savant en médecine et a laissé un livre intitulé *Thesaurus pauperum* qui est un curieux spécimen de la science médicale au XIVe siècle.

En 1331, le cardinal Bertrand écrivit, au nom du pape, à Louis de Bavière, en vue d'arrêter la guerre qui avait lieu entre lui et Frédéric d'Autriche. Le P. Grasset reproduit le texte de ce document.

En 1333, Jean XXII publia une croisade en faveur du roi chrétien d'Arménie à laquelle adhérèrent les rois de France, de Navarre, d'Aragon et de Bohême, et qui avait été décidée à la suite d'une entrevue du roi et du pape à Villeneuve-lès-Avignon, entrevue préparée par Bertrand. Dès le mois de septembre 1332, un bref pontifical avait nommé Bertrand légat en France pour prêcher cette croisade qui, d'ailleurs, resta toujours à l'état de projet.

Le pape mourut en 1334, après avoir fait sa profession de foi sur une question qui occupait beaucoup alors les consciences. Il s'agissait de savoir si les âmes bienheureuses, au moment de leur séparation avec le corps, voyaient la divine essence, ou si elles attendaient jusqu'au jugement dernier. Jean XXII avait dit : Je crois qu'elles voient Dieu *facie ad faciem claré, in quantum status et conditio compatitur.*

Pierre Bertrand était un des cardinaux présents à la déclaration solennelle de Jean XXII sur la vision béatifique.

Le nouveau pontife fut celui qu'on appelait le *cardinal blanc* à cause de son costume de Cistercien. C'était une âme droite, honnête, mais simple et trop étrangère à la science des habiletés et des nécessités qu'impose le gouvernement des hommes. Il le sentait lui-même, car son premier mot, dit-on, quand il connut le résultat du conclave, fut celui-ci: *Qu'avez-vous fait ? Vous avez élu un âne !* Tous les historiens rendent hommage aux nobles qualités de Benoit XII. Il s'appliqua à réformer les mœurs des religieux et suivit une politique conciliante dans tous les différends entre les princes. Si le Saint-Siège et Louis de Bavière restèrent profondément divisés comme sous son ardent prédécesseur, la faute n'en fut pas à Benoit XII, dont l'âme pacifique et chrétienne était ouverte à tous les accords honorables, mais à la cour de France qui ne redoutait rien tant qu'une réconciliation entre la papauté et l'empire. Benoit XII voulait remédier à beaucoup d'abus, notamment la collation aux seigneurs de bénéfices ecclésiastiques, mais il fut entravé par la politique.

Le pape, qui avait écrit contre la secte des Béguins avant son élévation au trône pontifical, fit tous ses efforts pour la faire disparaitre, et, comme le cardinal Bertrand avait traité le même sujet dans son *Dominium evangelicum*, Benoit XII l'envoya comme son légat en Italie, avec la triple mission : 1° d'assurer toute l'Eglise romaine de la croyance dans laquelle le pape Jean était mort touchant la vision béatifique ; 2° d'exterminer en Italie le reste de la secte des Beguins et de prêcher « contre leurs hérétiques croyances et abominables exercices ; » et 3° de mettre fin aux désordres survenus dans les terres du Saint-Siège.

Cette mission, qu'ont ignorée la plupart des historiens ecclésiastiques, est l'objet d'un bref du pape, en date du 1er janvier 1338, dont le texte est reproduit par le P. Grasset.

Le cardinal légat partit d'Avignon au mois de février et se rendit d'abord à Venise où il resta deux mois. Là il convoqua le clergé et autres doctes personnages, et l'assemblée déclara hérétique la proposition que « l'Eglise ne doit rien posséder du temporel, en particulier ni en commun, à l'exemple de notre sauveur et des apôtres. »

L'assemblée décida encore que ceux qui désormais

prêcheraient cette doctrine « seraient punis corporellement. »

De Venise, Bertrand alla à Padoue où il fit approuver les décisions de l'assemblée de Venise. Il partit de Padoue le 15 mai. Lautrec lui ayant refusé l'entrée de Bologne, il s'arrêta à Ferrare, y resta jusqu'au 24 juin et y fit publier les décrets de Venise.

Le 27 juin, il était à Parme où, après la publication des mêmes décrets, il fit poursuivre les meurtriers d'un ancien légat, Bertrand, cardinal de Sainte-Marie, son parent; il les déclara excommuniés et les assigna devant la cour d'Avignon. Par ses ordres, soixante partisans de Louis de Bavière furent expulsés de Parme.

Le cardinal légat arriva à Rome le 7 octobre et y resta jusqu'au 4 décembre. Il reçut le serment des autorités et ramena au pape beaucoup de dissidents. Enfin, parti de Rome le 4 février 1339 (1338, vieux style), il était de retour, le 20 mars, à Avignon où, dans un consistoire tenu quatre jours après, il recevait les félicitations du pape et des cardinaux pour le succès de sa mission.

Dans le courant de cette année, Pierre Bertrand alla visiter Notre-Dame du Puy, et là il se démit de son titre de doyen de cette église en faveur de son neveu, Guillaume Bertrand, chanoine de St-Médard de Noyon. Peu après, il fut chargé d'une mission auprès de Philippe de Valois. Celui-ci, étant en guerre avec le roi d'Angleterre, s'était rapproché de Louis de Bavière qu'il avait gagné à sa cause. Le pape, craignant que ce rapprochement n'eût des conséquences défavorables pour l'Eglise envoya deux cardinaux, l'un à Paris et l'autre à Londres, pour amener un accord entre les deux pays. C'est Bertrand qui fut envoyé auprès du roi de France. Il arriva à Paris le 16 février 1340. Quatre jours après, il était reçu par le Roi. Mais l'attitude d'Edouard III, qui envoya un défi à Philippe par l'évêque de Lincoln, rendit tout accommodement impossible.

L'année suivante, Bertrand alla comme légat du pape à Bruges, pour lever l'interdit lancé contre les prêtres flamands qui avaient favorisé le parti du roi d'Angleterre. Grâce à son habileté, le clergé de ce pays revint à d'autres sentiments. Le P. Grasset mentionne une lettre d'Edouard III se plaignant à Bertrand de ce qu'il lui a enlevé des alliés.

Le cardinal fut subitement rappelé à Avignon par la mort du pape survenue en 1342. Il y arriva le 27 avril et trouva Benoit XII mort. Il contribua beaucoup, avec son neveu, Pierre de Colombier, alors évêque d'Arras, à l'élection de Clément VI, son ancien collègue à la conférence de 1320, qui fut couronné le 14 juin. Bertrand retourna alors en Flandre pour terminer sa mission. Il parvint à détacher le comte de Hainaut du parti du roi d'Angleterre. Il fixa à l'archevêque de Mayence, partisan de Louis de Bavière, un délai de quatre mois pour comparaitre à Avignon devant le pape. La Flandre était si divisée que les ecclésiastiques eux-mêmes se faisaient la guerre, malgré les défenses pontificales. L'archevêque de Cologne était en guerre avec l'évêque de Liège. Bertrand négocia un accord et l'évêque de Liège paya 3,300 florins qu'il devait à l'archevêque de Cologne. Après avoir pacifié la Flandre, Bertrand vint à Paris en 1343 et s'y occupa surtout de son collège d'Autun qu'il venait de fonder.

En 1344, il eut des conférences à Trèves avec l'archevêque de Mayence et obtint la soumission de ce prélat. En 1346, il fut nommé commissaire dans l'affaire de la reine Jeanne qui avait fait étrangler son mari, André de Hongrie, et il écrivit son *Tractatus in Joannam reginam Siciliœ*.

Ici se place un fait qui n'a jamais été bien éclairci et dans lequel intervient l'action d'un autre cardinal du Vivarais.

Wadding, l'historien de l'ordre des Cordeliers, rapporte, comme l'ayant vu dans les lettres secrètes de Clément VI, qu'en 1347 le roi de France retenait prisonniers Pierre Bertrand et d'autres cardinaux, ainsi que leurs familiers, pour des motifs qui ne sont pas indiqués, et que l'archevêque d'Embrun, Pasteur de Sarrats, fut envoyé, avec Guillaume, évêque de Chartres, à la cour de France pour obtenir leur délivrance, et pour amener le Roi à retirer les mesures prises par lui contrairement à l'autorité de l'Eglise. Wadding ajoute que, pour adoucir le cœur endurci du Roi, les deux prélats durent faire un long séjour à Paris et que finalement, grâce à l'intervention de la reine, ils obtinrent le résultat désiré.

Or, ce fait, du moins l'emprisonnement des cardinaux, n'est mentionné par aucun autre historien, bien que la légation elle-même soit confirmée par d'autres documents, et notamment par des lettres écrites de Viviers par les deux légats.

Baluze nous paraît expliquer la chose d'une façon assez plausible. Il rappelle que le roi avait ordonné d'occuper et de mettre sous la main royale les biens, dîmes et revenus ecclésiastiques des prélats et autres ecclésiastiques, même des cardinaux, qui n'étaient pas présents dans le royaume le 13 février de cette année. Cette mesure incommodait fort les cardinaux, et c'est alors que Clément VI envoya Pasteur et Guillaume à Paris pour en obtenir le retrait. Ceux-ci réussirent effectivement dans leur mission, grâce à la reine Jeanne, c'est-à-dire que les cardinaux furent exceptés d'une mesure dans laquelle ils étaient primitivement compris avec leurs serviteurs (1).

Le cardinal Bertrand tomba gravement malade le 11 juin 1349, au prieuré de Montaud, sur la rive droite du Rhône, en face d'Avignon, où il faisait sa résidence habituelle. Clément VI le visita plusieurs fois dans sa maladie et voici, d'après son biographe, le jugement qu'il en portait :

« Le cardinal Bertrand est vraiment un homme, non pas un homme ordinaire, un homme simplement au dessus des autres, mais un homme de Dieu, un homme qui a toujours son esprit fort présent et prêt pour toutes belles actions. »

(1) P. WADDING. *Annales Ordinis Minorum*, édition de Rome 1731. t. 7 p. 225. — BALUZE. *Vitæ paparum aveniensium*, t. 1 p. 892.

Les dernières paroles du mourant furent : *Domine, sitit anima mea ad te fontem vivum et tunc satiabor cum apparuerit gloria tua.*

Il mourut le 24 juin, d'une fièvre continue, dit le P. Grasset, mais plus probablement de la peste qui sévissait alors à Avignon, où elle enleva, dit-on, dans l'espace de quelques mois, 16,000 personnes.

Nous venons d'esquisser à grands traits la vie publique du cardinal Bertrand, et la seule énumération des grandes affaires, auxquelles il prit une part active et souvent décisive, permet de voir en lui un des premiers diplomates du XIVe siècle.

Le cardinal n'oublia jamais, au milieu des grandeurs, son pays natal, et les bienfaits qu'il prodigua à la ville d'Annonay témoignent que le cœur était chez lui à la hauteur de l'intelligence. Nous ne noterons que pour mémoire les dons d'ornements et de reliques dont il combla les églises, ainsi que la fondation du monastère des Clarisses *Urbanistes* (1). Mais il est deux établissements par lesquels la générosité du cardinal s'impose à l'admiration et à la reconnaissance de tous : nous voulons parler de l'hôpital de Notre-Dame-la-Belle et des bourses réservées aux Annonéens dans le collège d'Autun à Paris.

A l'époque du cardinal Bertrand, Annonay ne possédait plus en réalité qu'un hôpital, celui de l'Aumône, les deux autres (de St-Jean et de St-Antoine) étant déjà tombés en complète décadence.

(1) Voir à ce sujet les détails que contient l'*Histoire d'Annonay* de l'abbé Filhol, qui a résumé assez longuement le manuscrit du P. Grasset.

Le cardinal fonda celui de Notre-Dame la Belle en 1334, en le dotant des revenus nécessaires. Cet hôpital comprenait vingt lits, savoir : dix pour les pélerins, voyageurs et autres pauvres, qui devaient y passer une nuit seulement ; six pour les malades ou infirmes, qui pouvaient y rester jusqu'à complète guérison ; enfin quatre pour les femmes enceintes. On voit que le charitable fondateur se préoccupait de tous les détails des misères de sa ville et de son temps. Si l'on songe que la population d'Annonay était alors beaucoup plus faible qu'aujourd'hui et que l'hôpital actuel d'Annonay n'a qu'une centaine de lits, on reconnaîtra l'importance d'une fondation qui équivalait pour l'époque au grand hôpital actuel.

Quant au collège d'Autun à Paris, son institution est de 1339. Le cardinal le dota de trois cents livres de rentes annuelles qui suffisaient à l'entretien de quinze écoliers, dont cinq théologiens, cinq étudiants en droit-canon, et cinq artistes. On n'admettait que les étudiants reconnus pauvres. Les candidats devaient être pris, d'abord parmi les parents du cardinal, puis parmi les Annonéens, enfin, à défaut de candidats de ces deux catégories, on admettait ceux de quelques diocèses voisins.

L'organisation du collège d'Autun — qui, d'ailleurs, ressemblait fort à celle de la plupart des établissements similaires du temps — est fort curieuse, et nous croyons qu'il n'est pas sans intérêt de la rappeler en quelques mots, ne fût-ce que pour montrer une fois de plus que ce moyen-âge, si décrié par l'ignorance, était, à certains points de vue, essentiellement libéral et démocratique. Les quinze écoliers du collège d'Autun formaient une sorte de république, puisqu'ils élisaient le Proviseur et le Chapelain et que ceux-ci avaient à rendre compte de leur gestion. On parle beaucoup aujourd'hui d'élection, de contrôle et de solidarité; ces mots étaient alors moins employés, surtout moins grossis et dénaturés, mais, au fond, le droit d'élire ses supérieurs, de leur faire rendre des comptes, la participation des intéressés à toutes les affaires de la communauté, étaient dans l'esprit et les habitudes du temps. Les caractères étaient mieux trempés que de nos jours : si l'on était quelque peu superstitieux en matière religieuse, on n'en était pas moins ferme sur les questions de droit et de justice, et l'histoire est pleine de traits qui prouvent que l'on savait mieux alors résister aux tyrannies d'en haut que nous ne savons aujourd'hui résister au tyrannies d'en bas. C'est ainsi que nos pères ont conquis graduellement les libertés que nous sommes en train de perdre. On trouve ces mêmes principes et ce même sentiment profond du droit individuel dans tous les ordres religieux du haut moyen-âge, où l'élection et le contrôle étaient certainement beaucoup mieux pratiqués que dans bien des Etats modernes,

Le collège d'Autun à Paris était situé en face de l'église St-André-des-Arcs. C'était un établissement fort connu, et la preuve, entre mille, en est dans un roman de Victor Hugo. L'auteur de *Notre-Dame de Paris* raconte que son héros, l'illustre Phœbus, s'arrêtait tous les jours devant le collège d'Autun « pour dénouer ses aiguillettes. » Aujourd'hui sans doute le Phœbus serait mis en contravention et à juste titre, mais ce détail singulier montre combien le collège d'Autun avait dû fréquemment arrêter l'attention du poète-romancier dans ses études et ses méditations à travers le vieux Paris.

Le prieuré de Montaud, que le cardinal Bertrand avait fait construire et où il mourut, est à six ou sept cents mètres du pont d'Avignon, sur la rive droite du Rhône. Fryzon constate qu'il était déjà détruit de son temps (XVIIe siècle), en ajoutant qu'il restait seulement une maison de paysan (*domus villica*). Ce bâtiment qui existe encore, se distingue, à le bien regarder, des autres maisons de campagne, par quelque chose de monacal et d'archaïque. La chapelle est démolie, mais on en peut voir l'emplacement. Les appartements du prieuré sont restés pour la plupart intacts. On y voit un escalier en colimaçon, la salle principale et une sorte de dortoir de l'ancien temps.

La propriété, alors comme aujourd'hui, devait sa valeur à une très-belle source, grâce à laquelle le cardinal avait pu se procurer l'agrément d'un jardin, et même d'un petit parc, que le P. Grasset décrit avec enthousiasme.

La position est des plus belles. Le cardinal dominait de sa fenêtre le Rhône, la ville d'Avignon et la plaine de Vaucluse. Il avait en face, presqu'à la portée de la voix, le Château des papes et, quoiqu'en terre royale — résidence qu'affectionnaient tous les cardinaux français — il pouvait assurément correspondre par signaux avec le pape et ses collègues du Sacré-Collège établis en terre d'empire de l'autre côté du Rhône.

La maison du cardinal était assez grandement montée pour l'époque, et sa sœur Marguerite (la mère du cardinal de Colombier) en faisait fort bien les honneurs. Somme toute, ni la fortune laissée par le cardinal (environ 40.000 livres), ni les proportions de sa résidence de Montaud, quelque fastueusement meublée qu'on la suppose, ni la vie et les habitudes de l'illustre Annonéen, ne viennent à l'appui des déclamations de tout genre que les chroniquenrs ou poètes italiens — Pétrarque en tête — ont lancées contre la cour d'Avignon, et dans lesquelles il faut voir évidemment une animosité et des rancunes nationales plutôt que des griefs sérieusement fondés.

Voici, d'après le Père Grasset, la liste des ouvrages laissés par le cardinal Bertrand :

Scrinium juris canonici et civilis, 4 vol.

Apparatus in primam, secundam, tertiam et sextam decretalium ac etiam in Clementinas, tres partes.

Summa Œduensis, 1 vol.

Libellus in Petrum de Cugnières.

Tractatus jurisdictionum spiritualis et temporalis.

Pontificale imperium et regale Dominium, evangelicum et apostolicum in Bavarios.

Tractatus in Joannam reginam Siciliæ.

Sermones et orationes Legationum.

Arca Evangeliorum.

Quelques-uns de ces ouvrages paraissent être restés

inédits. On assure que tous sont à la Blibliothèque du Vatican, et il serait intéressant de vérifier le fait. Le cardinal en avait donné un double au collège d'Autun, mais ce précieux dépôt fut volé vers 1575 par un avocat qui logeait près de là. Charles de Montchal (le futur archevêque de Toulouse), alors élève du collège d'Autun, fit à ce propos quelques vers latins sur le thème que l'existence du collège d'Autun était compromise par la perte de ces manuscrits, comme le fut là ville de Troie par la perte du *Palladium*. Ces vers sont reproduits par l'abbé Filhol. Il paraît, d'après les archives du collège d'Autun, que le voleur, ayant été convaincu d'autres crimes, fut, peu de temps après, pendu à Paris.

La bibliothèque du cardinal se composait de deux cents volumes, ce qui était fort considérable pour un temps où l'imprimerie n'existait pas. Notons à ce propos que la bibliothèque du roi Charles V, à la même époque, ne comprenait pas plus de de deux mille volumes.

LE CARDINAL D'AUBENAS

Un aperçu de la vie du cardinal Pasteur, dont il a été fait mention dans le précédent chapitre, trouve naturellement sa place entre les notices consacrées aux deux cardinaux annonéens.

PASTEVR, CARDINAL D'AVBENAS

D'après le portrait qui était au réfectoire
des Cordeliers d'Aubenas avant la Révolution

D'après un manuscrit sur l'histoire ecclésiastique du diocèse de Viviers, cité par Soulavie (1), le cardinal Pasteur naquit dans un hameau près de Saint-Etienne de Fontbellon, de pauvres cultivateurs. Le curé de Saint-Etienne, ayant pris l'enfant chez lui en qualité de clerc et de domestique, lui apprit la langue latine et la rhétorique, et comme le couvent des Frères Mineurs ou Cordeliers, d'Aubenas, était alors dans toute sa splendeur, le jeune Pasteur demanda et obtint d'entrer dans cette maison où il fit ses vœux.

Nous ignorons si ces détails sur les premières années de Pasteur ont été puisés à une source authentique. Il est bon de faire observer seulement que l'église de Saint-Etienne de Fontbellon était au XIVᵉ siècle une des deux églises paroissiales d'Aubenas; l'autre, aujourd'hui détruite, s'appelait Notre Dame des Plans (*Beata Maria de Planis*). Quant à l'église paroissiale actuelle d'Aubenas, dédiée à Saint-Laurent (et précédemment à Saint-Dominique), elle n'était considérée que comme une annexe de celle de Fontbellon. Un seul curé desservait ces deux dernières églises et il est désigné beaucoup plus souvent, dans les actes du temps, comme curé de Saint-Etienne de Fontbellon que comme curé de St-Laurent d'Aubenas. Tout ceci pour expliquer que l'indication de Saint-Etienne de Fontbellon, comme pays natal de Pasteur, s'applique à la commune actuelle d'Aubenas tout aussi bien qu'à la commune actuelle de Saint-Etienne.

Quel était le vrai nom de Pasteur? Parmi les anciens

(1) *Histoire du Vivarais* (inédite).

auteurs qui se sont occupés de lui, le P. Luc de Wadding (1) l'appelle *Pasteur de Serrescudier* ; Ciacconius (2) et Duchesne (3) disent *Pasteur de Sarrats*. Le premier nom est vraisemblablement le vrai, attendu que Wadding, l'historien des Cordeliers, a du avoir à sa disposition plus de documents originaux que les autres écrivains. D'ailleurs, ce nom de Serrescudier, s'il est inconnu dans la géographie de l'Ardèche moderne, ne l'est pas dans l'histoire du Vivarais. On lit dans les actes de la troisième année du pape Benoit XII (élu en 1334) qu'un Pierre de Serrescudier fut pourvu alors de la cure de Saint-Martin de Valgorge qui se trouvait vacante. Colombi mentionne aussi un Pierre de Serrescudier, probablement le même, parmi les chanoines de Viviers en 1333. Il est possible que les deux noms de Serrescudier et de Sarrats ne soient que deux formes, altérées par le temps, du nom du hameau des Serrets, qui existe encore dans la commune de Saint-Etienne de Fontbellon.

Rodulphe (4) et d'autres auteurs appellent Pasteur le *cardinal d'Aubenas* et Ciacconius constate que ce nom lui venait du monastère où il avait été élevé. Les Cordeliers prenaient et prennent encore leur nom du

(1) *Annales Ordinis Minorum*. Rome 1628.

(2) *Vitæ et res gestæ pontificum romanorum et cardinalium*. Rome 1677.

(3) *Histoire des cardinaux françois de naissance*. Paris 1660.

(4) *Roduphus de Bibraco* scripsit v. 1360 librum : *De itineribus æternitatis*. WADDING. *Annales Ordinis Minorum*, édit. de Rome 1731. t. 7 p. 225.

BALUZE. *Vitæ paparum aveniensium*. t. 1 p. 892.

lieu de leur naissance. C'est un reste de l'usage du temps où ils ont été fondés. Au commencement du XIII° siècle, les noms de famille n'existaient pas encore. On portait un nom de baptême qu'on faisait suivre du nom de son père au génitif, par exemple, *Petrus Bertrandi,* ce qui veut dire Pierre fils de Bertrand, et on y ajoutait, pour les religieux surtout, un nom d'origine.

Pasteur s'étant fait remarquer aux Cordeliers d'Aubenas par ses rares aptitudes, ses supérieurs l'envoyèrent à Paris faire son cours de théologie. Chaque ordre religieux avait à Paris une maison où les jeunes religieux, réunis comme dans un collège, faisaient leurs études sous la direction de maîtres de leur ordre. Pasteur y conquit son grade de *magister parisiensis,* aux applaudissements de tous ceux qui assistaient à la cérémonie. Après avoir occupé plusieurs chaires dans les couvents de son ordre, il acquit, dit Soulavie, une telle réputation que plusieurs prélats, et même des princes, qui avaient des difficultés avec le Saint-Siège, vinrent, en diverses circonstances, solliciter ses conseils.

Il résulte de divers documents que Pasteur était en 1329 Provincial des frères-Mineurs en Provence. Benoit XII le nomma, le 1er octobre 1337, à l'évêché d'Assise, c'est-à-dire au poste le plus glorieux pour un Franciscain et c'est, dit-on, la conduite sage et modérée qu'il avait tenue à l'occasion d'un différend entre son ordre et la cour d'Avignon, qui avait attiré sur lui l'attention du pape. Ce changement de fortune ne changea rien aux habitudes du nouveau prélat, qui continua sa vie de pauvreté et d'abnégation sous l'habit de Saint-François. Quand il partit pour l'Italie, le pape, à la prière de Sancho, reine de Sicile, le chargea de désigner vingt sœurs choisies (*discretas*) (1) et d'âge mûr dans les monastères de Provence pour les transférer au couvent royal du *Corpus Domini* de Naples, à l'effet d'y faire l'éducation des jeunes filles, selon la règle de leur ordre (2).

Quelque temps après, le 27 janvier 1339 (v. st. 1338), Pasteur était élu archevêque d'Embrun. Soulavie rapporte un trait d'humilité de ce prélat qui se rapporte à cette période. Ayant, dit-il, à recevoir, comme chef de l'église d'Embrun, un hommage d'Humbert, Dauphin du Viennois, Pasteur refusait de se prêter à la cérémonie d'usage, et il fallut que le Dauphin l'obligeât à monter sur son siège archiépiscopal pour recevoir l'hommage selon la forme accoûtumée. L'archevêque donna ensuite au Dauphin une fête splendide où l'ami se montra plus que le suzerain.

Soulavie n'indiquant pas la source de son information, on peut n'y voir que la reproduction avec une légère broderie du passage suivant de l'*Histoire du Dauphiné*:

« Il y avait une étroite amitié entre le pape Benoit XII et le Dauphin, et celui-ci avait coutume de lui

(1) *Discretus* (de *discernere*) signifie distingué, choisi. Cette expression se retrouve encore de nos jours dans les formules des lettres mortuaires pour les ecclésiastiques — où on lit ordinairement: *discrète, scientifique et vénérable personne...*

(2) WADDING. *Annales.* t. 7 p. 203.

rendre de fréquentes visites. En une qu'il lui fit à Avignon, le mois d'octobre de l'année 1340, il trouva que le pape avait nommé à l'archevêché d'Embrun, vacant par la mort de Bertrand, un Cordelier de grande réputation. C'était Pasteur qui mérita depuis le chapeau de cardinal. Le Dauphin honora, par l'hommage qu'il lui rendit, son entrée à cette dignité. Il approuva, en sa faveur, tous les traités des Dauphins ses prédécesseurs avec les prédécesseurs de Pasteur. L'usage des chapeaux n'était pas connu, et celui des bonnets n'était pas aussi fréquent que des capuchons attachés aux habits mêmes. Aussi l'acte de cet hommage porte que le Dauphin l'avait rendu à ce prélat, ayant abattu son capuchon de dessus la teste, les mains jointes entre celles de Pasteur, et par un baiser à la bouche (1).

En décembre 1350, Clément VI créait Pasteur cardinal du titre de Saint-Pierre et de Saint-Marcellin. Dans un bref daté du 6 janvier suivant, le pape après avoir rappelé à Pasteur qu'il vient de le nommer cardinal à cause de ses insignes vertus, de ses hauts mérites et d'autres qualités dont Dieu le doua, ajoute qu'il le dispense de remplir ses fonctions d'archevêque d'Embrun, afin qu'il puisse se consacrer à sa tâche de cardinal, et il lui confère en même temps divers bénéfices pour qu'il puisse tenir un état en rapport avec sa dignité.

Une note de l'ouvrage de Wadding cite parmi ces bénéfices deux prieurés : *Vivariensem et Sti Petri Romulis*, avec le tiers du monastère *Montis Exulis*,

(1) CHORIER. *Histoire du Dauphiné*, t. 2 p. 291.

outre plusieurs canonicats dans les églises de Lyon, Aix, Carpentras et d'autres bénéfices dans les diocèses de Soissons, Aix et Lyon, avec la faculté de tester, etc.

Les historiens ecclésiastiques mentionnent diverses légations dont Pasteur avait été chargé, mais sans en préciser l'objet, hors celle de 1347, où se trouve mêlé le nom du cardinal Bertrand, et dont nous croyons avoir indiqué le véritable objet dans le chapitre précédent.

Le cardinal Pasteur mourut à Avignon le 4 juillet 1354 selon les uns, et selon d'autres le 11 octobre 1356. Cette seconde date est plus vraisemblable, car en décembre 1356, le titre cardinalice de St-Pierre et Saint-Marcellin fut conféré à un autre cardinal. Pasteur fut inhumé dans l'église des Cordeliers d'Avignon, et, selon la volonté du défunt, aucun monument, aucune inscription ne perpétuèrent sa mémoire.

Pasteur paraît avoir composé divers ouvrages, mais on ne les connaît que par les mentions qui en sont faites par les historiens.

Wadding et Eisengrein (1) disent qu'il a écrit : *De gestis suo tempore in Ecclesiâ memorabilibus*, et Ciacconius lui attribue de nombreux *Commentaria in sacros profanosque libros.*

Soulavie raconte que le cardinal Pasteur, dans son histoire ecclésiastique, relevait vigoureusement les abus introduits dans l'Eglise de son temps. Il avait

(1) EISENGREIN, théologien allemand, chanoine de Spire au XVIe siècle, a laissé, entre autres ouvrages : *De romanis pontificibus*.

pour armes *d'azur au coq d'or*, à quoi ses contemporains firent allusion dans les deux vers suivants :

Albenace, tuis vigilat quœ insignibus ales
Cristata, ingenii vim notat illa tui.

Quand son histoire ecclésiastique parut, ajoute Soulavie, ses amis lui firent graver de nouvelles armoiries où le coq était représenté combattant un scorpion, allusion à son génie destructeur des abus et des préjugés de son temps. Mais, à sa mort, la cour du pape, « frappée des raisonnements de ses ouvrages et de la hardiesse avec laquelle il attaquait les abus dans un siècle dont l'esprit était de se taire et de souscrire à tous les maux, fit enlever la plupart de ses manuscrits et notamment son histoire ecclésiastique. On altéra ses armoiries, et au lieu d'un scorpion, on représenta un épi de blé, et on dit qu'un esprit de modération et d'humilité avait fait choisir ces emblèmes au cardinal d'Aubenas en mémoire de son ancien état d'agriculteur. »

Nous reproduisons bien entendu sans les garantir ces détails dont Soulavie a eu tort, dans tous les cas, de ne pas citer l'origine. Il est certain que tous les anciens auteurs qui parlent des écrits de l'asteur paraissent ne les connaître que de nom. Aucun n'indique s'ils ont été imprimés et ne désigne l'endroit où sont les manuscrits (1). La version de Soulavie est donc assez sujette à caution, et, vu les libertés que prend trop souvent cet écrivain, on ne peut accepter qu'avec réserve ce qu'il dit des ouvrages du cardinal d'Aubenas.

(1) FABRICIUS. *Bibliotheca latina mediæ œtatis.*

Il ressort, du reste, très nettement de l'ensemble des faits connus que Pasteur était fort estimé de son temps à cause de son talent et de son caractère. On a vu ce qu'en dit Chorier. C'est de lui évidemment qu'il est question dans une lettre de Pétrarque au patriarche de Jérusalem où l'illustre poète appelle l'archevêque d'Embrun *doctrinœ uberrimœ altissimique judicii virum* (1).

Duchesne, qui donne le portrait de tous les cardinaux français de naissance, notamment ceux de Pierre Bertrand et de Pierre de Colombier, ne donne pas celui de Pasteur, mais seulement ses armoiries où l'on voit un coq becquetant un épi de blé, tandis que les armoiries données par Ciacconius représentent le coq combattant un scorpion. Ce portrait existe cependant. Soulavie qui l'avait vu avant la Révolution dans le réfectoire des Cordeliers à Aubenas, dit qu'il l'a trouvé très-conforme aux divers tableaux ou gravures du même personnage qu'il a vus ailleurs. « Le cardinal, dit-il, est d'un regard ferme, d'une figure imposante, ornée d'une barbe majestueuse, selon l'usage du temps. » Nous avons, depuis, retrouvé ce portrait chez un de nos compatriotes et nous en donnons la photographie dans ce volume.

Le couvent des Cordeliers d'Aubenas se ressentit des libéralités de Pasteur. Il en reçut plusieurs terres dont il fut dépouillé par les calvinistes d'Aubenas à l'époque des guerres religieuses.

(1) WADDING. *Scriptores Ordinis Minorum. Supplementum.* p. 573. Rome 1806.

Nous n'avons trouvé jusqu'ici dans nos archives locales qu'un document où le souvenir du cardinal d'Aubenas soit conservé : c'est un acte du 21 avril 1379, sur lequel nous aurons à revenir plus tard, passé entre les Cordeliers d'Aubenas et les syndics de cette ville pour la construction de la tour de Saint-François ; il y est dit que cette tour devra être élevée dans le mur de cloture d'Aubenas, en face du couvent, c'est-à-dire dans l'angle où était d'habitude la grande chambre du cardinal Pasteur (*videlicet in angulo ubi solet esse camera magna domini cardinalis Pastoris*). De là peut-être la tradition locale qui veut que la tour des Blaches soit un reste de la maison du cardinal à Aubenas.

Une autre tradition mérite tout au moins d'être mentionnée, c'est celle, qui s'est conservée dans la famille Serret, d'Aubenas, d'une parenté entre elle et le cardinal. M. Serret, notaire à Aubenas, à la fin du siècle dernier, avait fait des recherches pour la solution de ce problème généalogique et il possédait, dit-on, le testament du cardinal. C'est en considération de cette parenté présumée qu'en 1793 Delichères, alors procureur syndic de la commune, lui remit le portrait de Pasteur, sauvé du pillage du couvent des Cordeliers. Il est certain que la famille Serret était originaire du mas des Serrets, qui fut probablement aussi le lieu de naissance de Pasteur, et que son ancienneté dans le pays n'est pas douteuse. Parmi les parchemins provenant de ses archives, nous en avons traduit un qui remonte à 1329 et qui se rapporte à l'entrée comme *donat* au couvent des Antonins d'Aubenas, de Michel Serret. Voici les données principales qui résultent de cette pièce :

Michel de Serret, du puy de Serret *(de podio de Serreto)* mandement d'Aubenas, donne au commandeur Raymond d'Alayrac et au couvent de St-Antoine une maison et diverses propriétés qu'il possède au mas de Serret, au Grasol et au Gras (localités voisines), en se réservant pendant sa vie l'usufruit de ces immeubles et la propriété absolue de quelques autres, à la condition d'être admis comme donat parmi les Frères de Saint-Antoine d'Aubenas, d'être nourri comme eux et de recevoir chaque année un vêtement de dessus *(supertunicale)* d'une valeur pouvant aller jusqu'à 80 sols tournois. Les immeubles donnés confrontent tous avec des immeubles de même nature appartenant aux enfants de feu Vital Serret, frère de Michel, d'où l'on peut inférer que cette famille Serret était la principale sinon l'unique propriétaire du mas dont elle avait reçu le nom, à moins qu'elle ne lui eût donné le sien. Le mas des Serrets est situé près de la route de la Chapelle à Saint-Etienne de Fontbellon ; il y a un moulin de Serret au-dessous de la route, sur le ruisseau qui vient d'Aillou. Enfin, un quartier voisin porte encore le nom de Saint-Antoine, qui lui vient sans doute des donations de Michel Serret (1).

(1) La famille Serret a quitté Aubenas depuis une quarantaine d'années, mais elle est encore représentée à Paris par trois membres, trois frères, distingués à différents titres, savoir : Philippe Serret, rédacteur de *l'Univers* ; Paul Serret, écrivain et mathématicien d'un rare mérite ; enfin Charles Serret, l'auteur de tant de charmants dessins et pastels d'enfants, dont l'exposi-

LE CARDINAL PIERRE BERTRAND DE COLOMBIER

Pierre Bertrand de Colombier, fils de Marguerite Bertrand et de Barthélemy de Colombier, naquit le 25 mars 1299 au village de Colombier. En 1316, il alla faire ses études à Paris sous les auspices de Pierre Bertrand, et l'on a déjà vu qu'à la suite des éminents services de l'oncle, le Roi promit au neveu une place de conseiller au Parlement en même temps que le comte de Nevers le nommait intendant de son conseil.

Sa nomination de conseiller au Parlement de Paris est de 1329. Le P. Grasset expose assez naïvement, comme il l'avait déjà fait pour le cardinal Bertrand, les motifs, mêlés d'ambition et de dévotion, qui décidèrent l'entrée de Colombier dans les ordres. « C'est alors, dit notre chroniqueur, que, sachant bien que le verre n'est pas plus fragile que la fortune des mortels est changeante dans le cœur des rois et des princes, à l'exemple de son oncle, print une ferme résolution d'estre ecclésiastique, ce que luy sembla d'autant plus facile et honorable que en ce siècle les ecclésiastiques possedoient presque toutes les charges et dignités

tion en 1888, chez Durand-Ruel, obtint un veritable succès auprès du public artistique. Nous pouvons ajouter que Joseph Serret, l'illustre mathématicien, membre de l'Académie des sciences, mort il y a quelques années, était d'une famille de Montélimar qui se reconnaissait originaire des environs d'Aubenas.

séculières du royaume, et notamment celles des justices dans les Parlements, le plus grand nombre des conseillers et avocats d'iceux estans ecclésiastiques... »

En 1330, Colombier est nommé doyen de l'église cathédrale de St-Quentin et, la même année, chanoine de N.-D. du Puy, et son biographe note qu'il garda cette dernière qualité toute sa vie et que, dans son testament, il se glorifie de mourir chanoine de N.-D. du Puy.

Une importante circonstance de la vie de Colombier, que tous les historiens ecclésiastiques paraissent avoir ignorée, mais qui est longuement exposée dans la chronique du religieux célestin, est la part que prit le futur cardinal, au mariage de l'héritier du trône, Jean, duc de Normandie, avec Bonne, fille de Jean de Luxembourg, roi de Bohême. Pierre de Colombier fut envoyé en Flandre, en 1331, pour négocier cette alliance. Le roi, pour récompenser le négociateur, lui donna le prieuré de Saint-Quentin, et, en 1332, la princesse Bonne, devenue duchesse de Normandie, lui fit accorder le prieuré de Saint-Augustin, au diocèse de Noyon.

En février 1338, le comte de Nevers le nomma évêque de Nevers, « laquelle nomination, envoyée à Nevers, fut approuvée du clergé, de la noblesse et du tiers état tous assemblés. Il s'employa à réformer les abus que la malice des temps avoit introduits dans son diocèse; il forçoit ses sujets à bien vivre par son exemple et les instruisoit par sa doctrine avec un zèle et une piété incomparables. »

En 1339, Pierre de Colombier fut, sur la demande du pape Benoit XII, nommé évêque d'Arras. C'était un poste des plus importants, car en ce temps-là les évêques d'Arras possédaient le gouvernement de la cité. Il s'agissait aussi d'avoir sur les lieux un prélat capable d'agir sur les populations voisines de la Flandre qui, l'année précédente, s'étaient liguées avec le roi d'Angleterre et Louis de Bavière, et avaient chassé leur comte, partisan du roi de France. L'évêque d'Arras nommé commissaire apostolique en Flandre, aidé par l'évêque de Cambrai, travailla si bien les Flamands qu'il les amena à rappeler leur prince.

En décembre 1342, Clément VI, qui venait de succéder à Benoit XII, chargea l'évêque d'Arras de demander au roi l'autorisation de lever un subside sur le clergé de France pour ses affaires d'Italie. Le roi y consentit et Pierre de Colombier fut chargé d'en régler la cotisation de concert avec le conseil du roi.

Le 14 août 1344, Pierre de Colombier était nommé cardinal prêtre du titre de Sainte-Suzanne. La bulle de Clément VI constate que cette promotion a été faite, autant par suite des mérites personnels de Pierre de Colombier qu'eu égard aux recommandations de la cour de France et du cardinal Pierre Bertrand.

Dès l'année suivante, le pape employait le nouveau cardinal à négocier une suspension d'armes entre la France et l'Angleterre, mais les deux rois ne voulurent rien entendre. Le choix de Colombier pour cette négociation avait été déterminé par les relations amicales qui existaient entre lui et le roi de Bohême, depuis le mariage de Bonne avec le duc de Normandie, car c'est par l'entremise de Jean de Luxembourg que l'on essaya d'agir sur les deux monarques. Il est à présumer aussi que, dès cette époque, Clément VI, d'accord avec la cour de France, préparait les voies à la candidature rivale du prince Charles, fils du roi de Bohème, au trône impérial, pour se défendre des entreprises de Louis de Bavière. C'est en 1346 seulement, un an avant la mort de Louis de Bavière, que le prince Charles fut élu, et le cardinal de Colombier paraît avoir pris, comme représentant du pape, une très-large part à cette élection.

En 1350, le cardinal de Colombier alla, au nom du pape, féliciter le roi Jean de son avénement au trône.

Clément VI étant mort en 1352, et l'évêque d'Ostie, Etienne Albert, ayant été élu à sa place sous le nom d'Innocent VI, Colombier fut nommé évêque d'Ostie.

Ce poste était alors de la plus haute importance. L'évêque d'Ostie était considéré comme le premier des évêques et, à ce titre, avait le droit de consacrer le pape. C'était aussi l'évêque d'Ostie qui, en l'absence du pape, devait sacrer les empereurs à Rome. Or, depuis Henri VII, aucun empereur n'avait été élu canoniquement conformément au décret de Grégoire V (996) et aucun n'avait été sacré et couronné à Rome. Le pape trouvait dans l'élection de Charles IV, qui était son œuvre, une occasion favorable de consolider sa puissance spirituelle en même temps que son autorité temporelle en Italie. Il envoya Colombier, l'ami de la famille impériale, avec le titre de nonce, auprès de l'empereur pour le déterminer à aller se faire sacrer et couronner empereur et roi des Romains « et chemin faisant, réduire les villes rebelles d'Itâlie à leur devoir d'obéissance. »

C'est en 1355 qu'eut lieu ce grand événement et c'est le cardinal de Colombier naturellement qui alla, avec le titre de légat du Saint-Siège, couronner l'empereur. Le P. Grasset publie toutes les pièces officielles qui se rapportent à la mission du cardinal légat, avec un compte-rendu détaillé du voyage, tiré de la relation de Jean de Porta, secrétaire du cardinal, et des autres documents des Archives des Célestins. Cette partie du manuscrit in folio du P. Grasset ne comprend pas moins de 66 pages. Elle est fort curieuse au point de vue des mœurs du temps et de l'état politique de l'Italie, et il est probable qu'elle sera reproduite un jour comme un document précieux de l'histoire de ce pays au XIVe siècle, mais elle est trop étrangère à notre sujet pour que nous en donnions autre chose qu'un bref et substantiel aperçu. (1)

Pierre de Colombier partit d'Avignon le 9 février avec une suite brillante, dont faisaient partie ses quatre neveux, les sieurs de Montchal, de Saint-Didier, de Monestier et de Lalouvesc, et le sieur François Belle, de Toisieux près d'Annonay, « gentilhomme servant

(1) Jean de Porta est désigné comme Annonéen dans la *Gallia Purpurata*. Cet ouvrage contient aussi un journal quotidien des mouvements du cardinal pendant tout son voyage en Italie « d'après un manuscrit des Célestins »; mais, il n'y a là qu'une sèche nomenclature des localités où le cardinal a dîné, soupé et couché, sans aucun des détails politico-religieux qui abondent dans la chronique du P Grasset.

du sieur cardinal et gendarme du roi de France, personnage grandement éloquent, docte et versé en toutes langues. » Le récit des honneurs rendus sur toute la route au cardinal-légat montre le prestige qu'exerçait alors la papauté. Le cardinal et l'Empereur se rencontrèrent à Pise le 15 mars. Le sacre et le couronnement eurent lieu à Rome, le 5 avril, jour de Pâques.

La cérémonie est fort curieuse. « On dépouille S. M. I. et on l'oint d'huile sainte des exorcistes, premièrement aux bras, secondement aux reins, troisièmement en la poitrine, lui disant diverses oraisons, après quoi elle fut revêtue par les mesmes cardinaux. »

A l'occasion de son couronnement, l'Empereur créa un certain nombre de chevaliers du Saint-Empire, parmi lesquels trois des neveux du cardinal : Pierre de Saint-Didier, sieur de *Testardun*; Pierre de Lalouvesc (*de Allovesco*), et Pierre de Monastier, d'où l'erreur de Froissard qui donne au cardinal légat le nom de *Pierre de Monastier*.

L'Empereur était très-mécontent du cardinal Carillo, (1) vicaire-général du pape en Italie, parce que ce prélat n'était pas venu assister à son couronnement. Albornos faisait sa résidence à Pérouse. Colombier s'y rendit et lui servit de médiateur auprès de l'empereur. Comme Albornos avait joué un rôle hostile à la cause impériale, l'affaire fut traitée en conseil.

(1) Le cardinal Carillo Albornos, Espagnol, fait Cardinal par Clément VI, fut chargé, par Innocent VI, de replacer sous son obéissance Rome et le patrimoine de Saint-Pierre et réussit dans cette difficile entreprise. C'est lui qui ramena à Rome Urbain V, le successeur d'Innocent. Il mourut à Viterbe en 1367.

Finalement l'empereur décida d'accepter la visite du vicaire général du pape. Celui-ci avisé par Jean de Lalouvesc, vint à Sienne présenter ses hommages à l'Empereur, roi des Romains, le 24 avril.

Trois jours après, eut lieu près d'Ancône une bataille décisive entre l'armée pontificale et les Malatesta. Ceux-ci furent battus et rendirent au pape la Marche d'Ancône. L'empereur avait projeté de rester un an en Italie pour la pacifier. Comme il avait besoin d'argent, il envoya à Florence Colombier qui lui fit prêter 300.000 florins d'or pour trois mois.

Le 12 mai, le cardinal de Colombier rejoignit l'empereur à Pise. Le 22 mai, tous deux faillirent périr dans une sédition excitée par les Gambacorta. Il y eut une vraie bataille suivie de sanglantes exécutions.

Le cardinal prit congé de l'Empereur le 30 mai et revint à Avignon par la route de Milan.

En passant à Villafranca, si célèbre depuis par le traité de 1859, « le cardinal rencontra le docte et savant poète, le noble François Pétrarque, l'un des plus doctes personnages de ce siècle, versé en toutes langues et sciences et très-grand et fidèle historiographe des personnes notables et choses remarquables d'Italie, qui, dans la ville de Rome, des légats de Benoît XII et puis du Sénat romain, et finalement de Louis de Bavière, se disant Empereur, avoit receu la couronne de laurier, laquelle ne peut estre donnée d'autre main. Pendant ce séjour, il eut conférence avec lui de toutes les nations de l'Europe, de leurs Estats et des choses dignes de remarques qui se passoient en iceux. »

Colombier rentra à Avignon le 27 juin. Il rendit compte de sa mission au consistoire du 5 octobre, et le P. Grasset reproduit le texte de sa harangue.

Avant sa mission en Italie, c'est-à-dire en 1354, le cardinal d'Arras paraît avoir pris une part active aux négociations qui suivirent l'assassinat du connétable de France, Charles d'Espagne, par le roi de Navarre, Charles le Mauvais, en vue d'ajourner tout au moins les difficultés que cet événement pouvait créer au royaume. Nous trouvons dans Baluze qu'à la suite de ce crime, le roi de Navarre vint à Avignon avec huit de ses conseillers pour y traiter avec les envoyés du roi Jean et c'est à l'hôtel du cardinal d'Arras qu'il était descendu. Quand ses négociateurs quittèrent Avignon, Charles feignit de partir avec eux, mais il revint de nuit et resta encore quelques jours dans la cité pontificale, toujours logé chez le cardinal d'Arras ou chez le cardinal de Boulogne.

En décembre 1355, Innocent VI, très-satisfait de la prudence et de l'habileté que Colombier avait montrées en Italie, le nomma légat extraordinaire en Allemagne pour aller assister à la Diète de Nuremberg ; mais le cardinal n'y resta que peu de temps, à cause des graves évènements de la guerre anglo-française qui décidèrent le pape à le rappeler.

En mars 1356, Colombier reçut ordre du pape d'accompagner le cardinal Nicolas légat en France pour proposer au roi Jean un accomodement avec l'Anglerre, mais le roi Jean se montra peu disposé et Colombier alla continuer sa mission en Allemagne.

Cinq mois après, le roi Jean était fait prisonnier à la bataille de Poitiers. Le pape rappela de nouveau Colombier et l'envoya porter ses condoléances à l'auguste prisonnier et en même temps « moyenner son élargissement avec le roi d'Angleterre ». Colombier arriva à Londres au mois de novembre. Mais Edouard III ne voulut consentir qu'à une trève de deux ans. Le cardinal en porta la nouvelle à Bordeaux où le roi Jean était encore détenu. Jean fut conduit à Londres en avril 1357. Le cardinal revint sur le continent pour négocier sa mise en liberté par l'entremise du pape et de l'empereur Charles IV, son beau-frère. Peu après, il fut chargé d'accompagner à la Chaise-Dieu le corps du pape Clément VI. En retournant à Avignon, il passa à Annonay et fit un séjour à son château de Colombier où il eut pour hôtes deux de ses collègues du sacré-collège, les cardinaux de Porte et Nicolas, (1) ainsi que plusieurs autres prélats.

Le cardinal fut très-malade l'année suivante (1358). C'est alors qu'il fit le vœu de fonder, dans son château de Colombier, un monastère de l'ordre des Célestins. Après sa guérison, il communiqua son vœu au pape qui, par une bulle du 8 septembre 1358, l'autorisa à l'accomplir. Le texte de cette bulle porte qu'il devait y avoir dans ce monastère 13 religieux dont 8 prêtres et 4 servants.

Au mois de novembre suivant, le cardinal alla visiter la cathédrale de Notre-Dame du Puy, où il fut reçu

(1) Il s'agit probablement ici du cardinal Guy de Boulogne, évêque de Porto, et de Nicolas Capoche.

avec les plus grands honneurs, comme le premier et le plus ancien chanoine de cette église.

Le cardinal se proposait de finir ses jours au Colombier, mais, dit son biographe, Dieu en disposa autrement. Et voici en quels termes le P. Grasset résume la fameuse expédition des routiers au Pont-St-Esprit en 1360 :

« En ceste année, certains brigands et voleurs se mirent en compagnie en si grand nombre que 6,000 hommes osèrent bien entreprendre d'aller attaquer la ville d'Avignon pour rançonner le Saint-Père et tous les cardinaux qui servoient avec luy. Mais la ville s'estant trouvée bien fortifiée se retirèrent dans les terres du pape, ce qui l'obligea de rappeler proche sa personne le seigneur cardinal de Colombier pour l'assister, comme les autres seigneurs cardinaux, qui tous ensemble trouvèrent moyen de chasser hors les terres du pape ces brigands et voleurs, moyennant 60,000 florins d'or. »

La prise du Pont-Saint-Esprit par les routiers avait eu lieu le 28 décembre 1360. De là, les malandrins faisaient des courses dans le Comtat. Carpentras fut le rendez-vous des croisés mis sous les ordres du cardinal de Colombier. Mais celui-ci ne put attirer l'ennemi au combat et le trouva campé si avantageusement qu'il ne crut pas devoir l'attaquer avec des milices indisciplinées. Il borna ses exploits à tailler en pièces du côté de Montdragon quelques unes de leurs bandes qui s'étaient trop écartées pour piller (1). Ceci

(1) FORNÉRY. — *Histoire civile du Comtat,* citée par Barjavel,

se passait en avril et mai 1361, et c'est le 25 juin de la même année que le cardinal de Colombier tombait gravement malade au prieuré de Montaud. Il y mourut le 13 juillet suivant.

L'ouvrage de Duchesne donne le portrait de Pierre de Colombier, tiré, comme celui du cardinal Bertrand, d'une peinture murale de la sacristie du collège d'Autun. Ce portrait se trouve aussi parmi ceux qui décorent la grande salle du chapitre dans l'ancien monastère des Célestins à Colombier-le-Cardinal, salle qui sert aujourd'hui d'orangerie à M. de Canson de la Lombardière. Une statue en marbre a été enfin élevée à cet éminent personnage dans le bourg d'Andance, qui faisait partie de la baronnie de Thorrenc, mais les petits galopins de l'endroit lui ont cassé le nez à coups de pierres.

Duchesne reproduit le texte du testament de Colombier, où l'on voit une fois de plus l'énorme place que les legs de bienfaisance tenaient dans les dispositions testamentaires d'autrefois. Nous nous bornerons à y relever un legs destiné à marier les pauvres filles d'Annonay, de Colombier et de Thorrenc. Voilà une de ces préoccupations que les notaires de notre temps n'ont pas souvent à enregistrer.

Les obsèques du cardinal eurent lieu dans l'église N. D. de Montaud le 24 juillet, mais le corps, déposé dans un caveau, ne put être transporté au monastère

Dictionnaire historique de Vaucluse t. 1 p. 391). Barjavel se trompe, du reste, et confond Colombier avec son oncle, quand il dit que Bertrand de Colombier professa à l'Université d'Avignon et composa plusieurs traités.

de Colombier qu'en 1363, par suite des événemeuts que nous allons raconter et qui nous obligent à revenir sur les faits et gestes du fameux seigneur d'Annonay.

AYMAR DE ROUSSILLON ET LES CÉLESTINS DE COLOMBIER

Le château de Colombier avait été bâti par le cardinal de 1339 à 1349. On trouve des lettres royales de sauvegarde données en 1350 et 1351 pour le lieu de Colombier.

Le 12 février 1357, Aymar de Roussillon épousait, en troisièmes noces, à Sarras, Etiennette de Baux et lui constituait pour domaine, à titre viager, le château d'Annonay.

Le 20 mai 1360, Aymar donnait à Ponson, un de ses bâtards, « en récompense des bons services reçus de lui », toute la leyde du château de Dargoire en Forez.

Aymar, quoique déjà justement suspect par ses relations avec les ennemis du royaume, n'était pas homme à ne pas profiter des troubles et des calamités qui désolaient le royaume, et la mort du cardinal lui parut une excellente occasion d'étendre ses domaines.

Toutefois, il n'osa pas agir immédiatement, et le P. Robert de Bordis, prieur des Célestins de Gentilly (près d'Avignon), fut reconnu sans contestation, au nom des Célestins de Colombier, comme héritier du cardinal. Le 8 août suivant (1361), avait lieu après inventaire, au prieuré de Montaud, la vente du mobilier du défunt en présence de ses neveux et du P. Robert de Bordis. Cette vente produisit 65,000 florins d'or qui furent mis en dépôt chez le sieur Albert Rodulphe, d'Annonay, doyen de l'église cathédrale de Langres et premier aumonier du cardinal, et chez noble Aymard de Bordis, gendarme du Saint-Père et du roi de France, premier écuyer du cardinal, tous deux exécuteurs testamentaires. La plus grande partie de cette somme fut employée à payer des dettes et à acquitter divers legs.

Le cardinal, pendant sa maladie, avait ordonné de confier la garde du château de Colombier au sieur Aymar de Bordis et celui-ci y avait envoyé les sieurs Nicolas Dalbey, Jean Louis Dauzane et Pierre de la Motte, avec douze soldats pour protéger messire Guillaume le Blont, abbé de Saint-Michel de la Marine, doyen de l'église cathédrale d'Uzès, intendant de la maison du cardinal, qui résidait dans ce château.

Le 2 septembre, les neveux du cardinal, assistés d'autres personnages, installaient les Célestins au château de Colombier et remettaient les clés à Aymar de Bordis, le priant de garder le château et les religieux jusqu'au parfait établissement de ceux-ci. Tous les meubles de Colombier, qui n'étaient pas nécessaires aux religieux, furent vendus pendant huit jours dans la ville d'Annonay, et noble Albert de Boulieu les acheta au prix de 2,280 florins d'or, en cédant au Célestins des censes et rentes jusqu'à concurrence de cette somme.

Comme la terre de Colombier relevait du seigneur d'Annonay, les exécuteurs testamentaires du cardinal eurent naturellement à s'entendre avec Aymar. Le 25 septembre, celui-ci, représenté par un procureur, « consentait, moyennant une somme de mille florins, à ce qu'un monastère bénédictin, dédié à Saint-Pierre, suivant la règle de Pierre de Morone, jadis pape sous le nom de Célestin IV, fût institué dans la seigneurie de Colombier, mouvante en fief d'Annonay, à la condition que le prieur du monastère, à chaque mutation du seigneur d'Annonay, serait tenu de rendre foi et hommage, et que ledit prieur, à l'exclusion de toute autre personne ecclésiastique ou séculière, tiendrait le fief de la même manière que le cardinal d'Ostie le tenait précédemment. »

Malgré cet accord, qui semblait devoir trancher toute difficulté pour l'avenir, Aymar de Roussillon s'empara traitreusement, deux mois après, du château de Colombier. Ici nous reproduisons textuellement le récit du P. Grasset :

« Comme Aymar avoit déjà faussé sa foy promise à son Roy, ne fit pas beaucoup de difficulté de violer celle qu'il avoit jurée sur les Saints Evangiles. Car le 12 du mois de novembre suivant, fit surprendre et piller le chasteau de Colombier, chasser les religieux et emprisonner le sieur de Bordis par noble Guillaume de Seissel, son fils bastard et chastelain de toutes ses terres. L'affaire se passa de cette sorte.

« En l'année 1342, Aymar avoit donné à noble Jean Veyre, nepveu du S⁽ʳ⁾ cardinal Pierre de Colombier, la justice et seigneurie de Colombier, à la réserve qu'elle ne tomberoit en main morte. Ceste donation fut ratifiée par les seigneurs Artaud et Guillaume, frères d'Aymar.

« La mort du seigneur cardinal estant advenue, quoyque ces seigneurs d'Annonay, à la prière des seigneurs de Montchal, de Monestier, de St-Didier, de St-Marcel et de Lalouvesc, eussent vendu aux RR. PP. Célestins la justice et seigneurie de Colombier au mois de septembre pour la somme de mille florins d'or, au mois de novembre suivant, par leurs ordres et commandement, sachant que les seigneurs nepveux estoient hors du chasteau de Colombier et dans les armées du roy de France, un noble Guillaume de Seyssel, bastard du seigneur d'Annonay, accompagné de quatre cavaliers, vint dans ce chasteau, demandant d'entendre la Sainte Messe, et de saluer le seigneur Aymar de Bordis, capitaine d'iceluy ; ce que faisant, le saisit au collet et se fit mestre de la porte de l'entrée du chasteau, et donnant le coup de signal par le son d'une trompette de chasse, douze soldats bien armés accoururent à luy, qui, estant entrés, firent prisonnier le sieur de Bordis et le conduisirent dans les prisons du chasteau d'Annonay. Puis fit mettre hors le R. P. Guillaume de Bolyo, Prieur, et les quatre religieux et tous leurs serviteurs domestiques qui tous s'en retournèrent dans le monastère de Gentilly. Ces violences inhumaines ainsi passées, le sieur Arnulphe Faya, lieutenant de balif d'Annonay et Vivarois, et qui avait moyenné en faveur des R. P. Célestins le traicté des mille florins d'or pour la justice de Colombier avec le seigneur d'Annonay, disoit tout haut qu'un tel acte de perfidie estoit inhumain; pour quoy le seigneur d'Annonay le fit mettre en prison et payer une somme notable d'argent. Le sieur Aymar de Bordis composa aussi de sa rançon et élargissement pour la somme de 600 florins d'or et son équipage. Mais, après son élargissement, s'estant retiré dans la ville d'Avignon, escrivit aux seigneurs nepveux en ces termes :

« Mes très-nobles et aussi chers seigneurs, vous
« ayant déduit en détail l'inhumaine surprinse de
« laquelle le seigneur d'Annonay, Aymar de Roussil-
« lon, a usé en mon endroit par l'entremise de son
« bastard, le déloyal Guillaume de Seyssel, et la
« tyrannique persecution de laquelle il a usé contre les
« RR. PP. Célestins, les ayant mis hors du chasteau
« de Colombier, je vous diray que, depuis mon
« élargissement, l'un de mes plus sensibles ennuis est
« de voir toutes nos entreprises devenir inutiles
« touchant l'establissement des bons Pères Célestins
« dans le chasteau de Colombier. Mais, aux fins que
« ce bon commencement puisse avoir une fin, telle
« que vous et moy l'avions projectée, je vous supplie
« tous en général, et un chascun de vous en particu-
« lier, de venir joindre vos forces aux miennes et

« de rendre à la mémoire de ce grand Prélat le service
« et l'assistance que luy devez, en la personne de ces
« bons Pères. Vous ne sauriez jamais faire action plus
« héroïque et digne de louange. Laissez-vous donc
« toucher à l'amour que vous portez naturellement au
« souvenir de cet illustre Cardinal, notre plus proche
« allié. Pour moy, je vous assure, de ma part, toute
« assistance de ma personne et biens, et de ne vous
« abandonner jamais dans ceste affaire, jusques à la
« dernière goutte de mon sang et perte de ma vie;
« avec laquelle protection je me dis et soubscris. Vostre
« affectionné serviteur

« DE BORDIS. »

« Ceste triste nouvelle ayant esté sceue par les seigneurs nepveux, donnèrent leurs plaintes au conseil du Roy, duquel obtinrent des lettres d'ajournement personnel contre le seigneur d'Annonay, Aymar de Roussillon, et autres nobles ses domestiques, lesquelles faisant exécuter à la porte de son chasteau, ce seigneur mit la main à l'espée et poursuivit le sergent royal pour le tuer jusques dans l'église. De quoy, les seigneurs nepveux donnèrent nouvelle plainte au Roy et à son conseil qui donnèrent d'autres lettres plus fortes, avec injonction et commandement au Balif de Vivarois et Valentinois, de se saisir de la personne du seigneur Aymar de Roussillon, et au cas qu'il ne pût le faire, d'assiéger et investir la ville d'Annonay à force d'armes, et de s'en rendre mestre pour sa majesté. Commandant de plus au seigneur gouverneur et lieutenant général pour le Roy dans le Vivarois et

Valentinois, de donner main forte au sieur Balif. Ce qu'il fit, et accompagné de deux cents hommes alla investir la ville d'Annonay laquelle, après quelques défenses, se rendit, ouvrant ses portes. Et estant entré dans icelle, fit proclamer le seigneur Aymar de Roussillon criminel de lèze-majesté et tous ses biens confisqués au Roy. »

La suite de l'histoire d'Aymar et des difficultés qui furent la suite de ses actes de violence, se trouve toute entière dans quelques unes des pièces de l'époque que résume ou que reproduit textuellement M. Huillard-Bréholles dans l'*Inventaire des titres de la maison ducale de Bourbon.*

Le 16 août 1362, Aymar, sire de Roussillon et d'Annonay, passe procuration pleine et entière à Humbert, sire de Thoire et de Villars, à l'effet de recouvrer le château et la seigneurie d'Annonay, mis sous la main du Roi par le bailli de Vivarais, et pour subvenir aux frais des poursuites, il donne hypothèque sur ledit château. Il est à remarquer, dans cette pièce, qu'Aymar, qui affectait de ne point relever du roi de France, a bien soin de faire rédiger l'acte au nom de l'Empereur Charles IV, sans faire aucune mention du dauphin Charles. L'acte est passé dans la cour du château de Roussillon par Pierre Clément, clerc du diocèse de Mende et notaire public « par l'autorité apostolique et impériale. »

Le même jour, Aymar donne à sa fille Alix, mariée à Humbert de Villars, en augment de dot, le château et la ville d'Annonay, avec tous les droits qui y sont attachés.

Par une lettre royale, qui se trouve porter cette même date du 16 août, le roi Jean mande au bailli de Mâcon de remettre Humbert, sire de Villars, en possession du château et de la ville d'Annonay, dont le bailli du Vivarais s'était emparé à main armée après avoir blessé le bailli dudit sire de Villars.

En mars 1363, le roi Jean, à la prière d'Humbert de Villars, le beau-père d'Alix de Roussillon, accorde à Aymar de Roussillon des lettres de rémission où se trouvent spécifiés les faits suivants qui confirment et complètent le récit du P. Grasset :

1° Jean Duval, sergent du bailli du Vivarais, s'étant présenté à Annonay pour assigner Aymar, celui-ci tira son épée et voulut le tuer. Duval s'enfuit et Aymar le poursuivit jusqu'au cimetière. N'ayant pu l'atteindre, il ordonna à son bâtard (Guillaume de Seyssel) de ne pas laisser échapper l'agent du bailli et de le tuer.

2° Arnulphe Faya, bourgeois d'Annonay, ayant été arrêté, le bailli du Vivarais ordonna de le délivrer sous caution et de n'agir contre lui que par la voie judiciaire et selon les formes légales. C'est encore le sergent Duval qui vint signifier cette décision à Annonay, mais, sur l'ordre d'Aymar, son bâtard et d'autres gens du seigneur d'Annonay se jetèrent sur le sergent qui fut grièvement blessé et qui dut se réfugier dans l'église, tandis que ses agresseurs le poursuivaient en proférant des paroles injurieuses pour le roi.

3° Aymar, ayant entendu dire que le Roi voulait donner sa terre au comte de Transtamarre et à d'autres

Espagnols, déclara qu'il demanderait l'aide des Anglais et se ferait anglais plutôt que de ne pas défendre sa terre contre les Espagnols.

4° Les autres griefs se rapportent à la surprise et au pillage du château de Colombier par Guillaume de Soyssel. Or, la conduite de ce dernier a été approuvée par le seigneur d'Annonay qui détient encore le château de Colombier et qui, après avoir emprisonné et maltraité quelques-uns des sujets royaux, notaires et autres, ne les a délivrés que moyennant une rançon.

5° A raison de tous ces actes « et d'autres crimes encore plus grands », le bailli du Vivarais, porteur des lettres royales, se rendit en personne à Annonay pour mettre entre les mains du Roi la ville et le château; mais le châtelain et les gens d'Aymar de Roussillon lui refusèrent l'entrée et il fallut procéder par la force à l'exécution des ordres du Roi, ce qui occasionna « beaucoup de dépenses, » (d'où l'on peut conclure que la remise de la place eut lieu sans conflit grave).

Le document en question continue en disant que les officiers du Roi ont conclu à la confiscation de la ville et du château et à la punition des coupables; mais le procès étant encore pendant, et la ville et le château étant entre les mains de l'autorité royale, et Aymar ayant transféré tous ses droits à sa fille Alix et à son gendre Humbert de Villars, le père de ce dernier, et d'autres amis d'Aymar, ont sollicité la clémence royale en sa faveur, en promettant de restituer à qui de droit le château de Colombier.

Alors le Roi, « vu les services rendus par le seigneur

de Villars, tant dans les guerres qu'autrement, surtout dans le dernier conflit de Brignais, où lui et plusieurs de ses hommes et amis eurent à souffrir de grands dommages », accorde la grâce demandée et ordonne que le château et la ville d'Annonay seront remis à Humbert de Villars, mari d'Alix, aux conditions suivantes :

Le château, la ville et la baronnie d'Annonay et leurs dépendances, sauf ce qui est tenu en fief par d'autres seigneurs, relèveront perpétuellement en fief de la couronne de France, à qui les seigneurs d'Annonay seront tenus de rendre hommage.

Tous les officiers du seigneur d'Annonay devront être du royaume de France, et le seigneur ne pourra en instituer aucun qui serait d'ailleurs.

A chaque changement de bailli ou de juge, le nouvel élu sera tenu de prêter serment entre les mains du sénéchal de Beaucaire ou de son lieutenant.

Pour les amendes encourues ou les excès commis, il sera payé une somme de 2.000 florins.

Personne ne pourra être inquiété à l'avenir, soit pour les excès commis dans le passé, soit pour l'aide prêtée aux officiers royaux.

Le seigneur d'Annonay payera les frais qu'a dû faire le bailli du Vivarais, Raymond de Garcibaud pour la prise de possession d'Annonay ; le chiffre en sera fixé par le cardinal Aycelin et l'évêque d'Avignon.

Le château de Colombier sera rendu aux héritiers du cardinal avec tous les objets qu'on y a enlevés (évalués à 5.000 florins d'or), et une indemnité sera donnée à Aymar de Bordis.

Toutes ces conditions étant remplies, le château et la ville d'Annonay seront remis à Humbert de Thoire-Villars.

Le château de Colombier fut rendu aux Célestins dès le 21 mars, mais la restitution des 5.000 florins se fit beaucoup plus attendre et les débiteurs, ne s'étant pas présentés devant la cour du pape à Avignon, furent l'objet d'une bulle d'excommunication, le 22 octobre 1366.

Le château et la ville d'Annonay durent être remis en même temps au gendre d'Aymar, car une lettre royale, envoyée de Villeneuve-lez-Avignon le 3 mai 1363, ordonne au bailli de Vivarais et de Valentinois d'obliger Humbert de Villars et sa femme, « à qui le roi a rendu le château et la ville d'Annonay », à payer cent moutons d'or, en remboursement des dépenses faites pour la garde de cette ville par l'ancien bailli de Vivarais.

Le 28 mai, autre ordre pour que les nouveaux seigneurs d'Annonay aient à payer 200 moutons d'or à Pierre Cachard, sergent royal, qui, en exécutant sa commission à Annonay, avait été maltraité et gravement blessé par le bâtard de Roussillon. (Notons en passant que dans les Lettres de rémission le sergent royal blessé est désigné sous le nom de Duval ; peut-être y eut-il deux sergents royaux blessés par les gens d'Aymar dans les divers incidents qui motivèrent la saisie de la terre d'Annonay.)

Ce même jour (28 mai), le roi Jean qui était à Lyon, et qui, dit un chroniqueur, avait jugé prudent de remonter le Rhône en bateau, de peur de rencontrer les routiers, donne main levée à Humbert de Villars, seigneur d'Annonay, des terres et seigneuries prises sur lui à l'occasion de divers attentats, pour lesquels il avait obtenu des lettres de rémission au mois de mars précédent, et il reçoit son hommage pour la terre d'Annonay, que ledit Humbert avait droit de tenir à cause de sa femme Alix, fille d'Aymar de Roussillon.

Le 6 août 1364, Humbert de Villars confirme les libertés et franchises de la ville d'Annonay, telles qu'elles avaient été réglées par Artaud de Roussillon, et il y ajoute de nouveaux articles, à la requête des religieux, nobles et non nobles de la ville d'Annonay.

Le 30 octobre 1364, le lieutenant du juge royal du Vivarais, à la requête de Vital Verdier et de Pierre Cachard, sergents royaux, adjuge à Mathieu *de Saletis*, la leyde et le péage d'Annonay, pour seize ans, au prix de 230 francs d'or, applicables à la réparation des dommages dont le roi et ses agents ont à se plaindre de la part du sire et de la dame d'Annonay.

Le 19 décembre 1364, survient une transaction entre le roi Charles V et Humbert de Villars, d'après laquelle, moyennant la renonciation d'Humbert et d'Alix à ce qu'ils pourraient réclamer du Roi en Dauphiné, le Roi leur rend et confirme la baronnie d'Annonay pour la tenir en fief de la couronne, et donne audit Humbert la jouissance, sa vie durant, des terres de St-Lattier et Champagne-sur-Rhône, à la réserve de la gabelle desdits lieux.

Le 10 mars 1365, Aymar fait son testament par lequel il institue sa fille Alix, son héritière universelle, et lui lègue Roussillon, Annonay et Riverie. Il fait divers legs et abolit les droits de mutation (*mutagia*) dans la terre de Roussillon.

Arnulph Faya ne parait avoir reçu qu'en 1367 l'indemnité à laquelle il avait droit. Le 11 octobre de cette année, Humbert de Villars et sa femme, pour s'aquitter envers lui d'une dette de 600 florins, lui abandonnent la leyde des langues de bœufs et des nombles de porcs qu'ils avaient droit de prendre sur la boucherie d'Annonay. Faya vendit, l'année d'après, cette leyde, à ce même prix de 600 florins d'or, à noble homme Guillaume de Fayn, dit Cocard. En 1403, la dame d'Annonay acheta ce droit aux héritiers de Fayn, au prix de 400 livres tournois (l'écu d'or compté pour 22 sols 6 deniers).

Quant aux 2.000 florins d'or, qui figurent dans les Lettres de rémission comme devant être payés pour les amendes encourues et les excès commis, les héritiers d'Aymar de Roussillon trouvèrent le moyen, soit en fatiguant la patience du fisc royal, soit au moyen de services réels rendus à la couronne, de ne jamais les payer, car, le 29 avril 1411, Charles VII mandait au sénéchal de Beaucaire, de laisser jouir la dame de Villars du château d'Annonay, et lui accordait, en même temps décharge d'une somme de 2,000 florins qu'elle lui devait en vertu d'un accord entre le roi Jean et Aymar de Roussillon, mais pour le payement de laquelle il y avait prescription, cette dette remontant à 47 ans et plus.

Les divergences des Célestins de Colombier avec les seigneurs d'Annonay se prolongèrent encore longtemps, à en juger par les faits suivants que rapporte le P. Grasset et qu'il faut rectifier en ce sens qu'Aymar de Roussillon étant bien positivement mort en mars 1365, le bon chroniqueur Célestin a évidemment confondu ici le vieux seigneur d'Annonay avec son successeur.

« Le P. Egidius, nommé prieur des Célestins en 1366, eut beaucoup à faire avec Aymar de Roussillon qui refusa de recevoir l'hommage que le prieur voulait lui rendre pour la seigneurie de Colombier. « Au contraire, se servant du prétexte de la guerre que certains petits voleurs faisoient dans la province, mit quantité de soldats anglois et navarrois dans Annonay, ce qui obligea le V. P. Prieur de prier le sieur Aymar de Bordis de prendre le soin de la garde du château et (de l'avis des religieux qui n'estoient pour lors que six) fut ordonné par le R. P. Provincial de transporter dans le monastère de Gentilly (près d'Avignon) un grand nombre d'objets précieux » dont le P. Grasset donne la liste. Tous ces objets, sauf deux reliquaires, furent vendus « pour subvenir à la grande despense qu'il falloit faire contre les secrets empechements que le sieur d'Annonay donnoit à nostre establissement....

« En novembre 1369, par le commandement de V. P. André de Bituria, vicaire général, le V. P. Hugues de Alvernia, prieur de Colombier, alla à Paris représenter au Roi et à son conseil les vexations que le sieur d'Annonay, Aymar de Roussillon, faisoit à son monastère par ses gens de guerre, aux fins de leur faire quitter la place. Et de plus présenter à sa dite majesté la conséquence de l'estat de la place, avec pouvoir de la luy offrir pour estre unie à son domaine en donnant semblable valeur aux Pères Célestins pour bastir un monastère dans la ville de Lyon. Il obtint du roi Charles V^e dit le Sage une garde gardienne par laquelle leurs personnes et biens estoient sous sa protection, et connaissance de leurs affaires aux Requestes du Parlement, ce qui abattit si puissamment le courage de ce seigneur qu'il n'osa plus les molester »....

En 1375, Paul de Roquetta, gentilhomme de Reims, devenu prieur de Colombier, alla à Paris, sur l'ordre du vicaire général « pour représenter au Roi les continuelles attaques que le sieur Aymar de Roussillon faisoit contre notre maison et pour suivre les derniers errements de ceste affaire qu'en l'année 1370 le V. P. Huguet de Alvernia avoit proposé au conseil du Roi, que de remettre le chasteau de Colombier à S. M. pour l'unir à son domaine, en donnant aux P. Célestins d'autres biens de semblable valeur pour faire bastir un monastère dans la ville de Lyon. L'affaire fut proposée dans le conseil où estoit Jacques de Thoire, gendre du sieur de Roussillon, qui arresta le cours de ceste affaire, protestant estre le protecteur des personnes et biens des Pères Célestins du Colombier et de payer les sommes des deniers auxquelles il avoit esté condamné en 1363. »

En exécution de ses promesses, Jacques de Thoire

paya, en mai 1376, aux Pères Célestins 1400 florins d'or, leur fit en outre une obligation de 500 florins d'or, et enfin pour parfaire la somme à laquelle Aymar avait été condamné, leur remit le village de Peaugre (représentant 500 florins d'or) avec sa justice haute, moyenne et basse, sous la charge d'un hommage noble semblable à celui de la seigneurie de Colombier.

LES ANGLAIS A JAUJAC

Nous avons déjà donné, dans le chapitre consacré aux Compagnies, un aperçu général des épreuves que le Vivarais et les pays environnants eurent à subir pendant les dernières années du règne du roi Jean. Il nous reste à indiquer un certain nombre de faits qui se rapportent à cette période, la plus désastreuse peut-être de toute l'histoire de France.

L'ouvrage de M. Guigue (1), outre les lettres de rémission accordées en juillet 1358 à Aymar de Roussillon, seigneur d'Anjou, pour les crimes qui avaient

(1) *Les Tard-Venus en Lyonnais, Forez et Beaujolais.* Lyon 1886. Cet ouvrage ne comprend que la période de 1356 à 1369. L'auteur, mort prématurément en 1888, annonçait une suite. Espérons qu'il n'aura pas laissé son beau travail inachevé.

amené la destruction du château de Peyraud et de maisons fortes de Foris et Nervieu, contient d'autre lettres de rémission accordées à son homonyme, l seigneur d'Annonay, pour des méfaits dont celui-c s'était rennu coupable dans le Lyonnais où, comm seigneur de Châteauneuf, il levait un péage. C'est-l que, sous prétexte d'un droit impayé, le fameux sir d'Annonay, fit un jour, arrêter un facteur de marchand de Béziers, qui allait à Villefranche en Beaujolai acheter de la toile. Le malheureux fut jeté en priso et on ne le relâcha qu'après avoir obtenu de lui; d'a bord 150 florins à titre de composition, et 200 florin à titre de prêt pour deux ans. Les marchands d Béziers, placés assez loin pour ne pas redouter la ven geance d'Aymar, portèrent plainte et le firent con damner au bannissement et à une amende de 1,00 marcs d'argent. Aymar était sous le coup de cett sentence, lorsque les circonstances le mirent en rappor plus intimes avec Raymond de Baux, son cousin, q lui donna en mariage sa sœur Etiennette, le 12 févri 1357, c'est-à-dire cinq mois avant le passage de troupes de l'archiprêtre. On sait que la maison de Bau était l'ennemie jurée de la maison d'Anjou : Hugue de Baux avait été tué, en 1348, par ordre de Lou d'Anjou ; en 1353, Robert de Baux, qui avait vio Marie d'Anjou, fut égorgé sous les yeux de cett dernière. Tout ceci explique les facilités données pa le seigneur d'Annonay au passage des bandes qu sous la conduite d'Arnaud de Cervole, allaient com battre pour les Baux contre la maison d'Anjou.

En 1359, les bandes anglo-navarraises, chassées du Beaujolais, se ruèrent sur le Forez où elles mirent à sac l'abbaye de Valbenoite. Le 19 juillet (de cette année (et non pas en 1358, comme l'a dit la Mure), elles brûlèrent Montbrison. Ces excès provoquèrent dans le pays une réaction énergique et le fameux Robert Knolles fut obligé d'aller s'enfermer dans Limoges. Dès le mois d'août, la région du Lyonnais, du Forez et de l'Auvergne fut délivrée des troupes anglaises plus ou moins régulières, mais ce fut pour tomber dans les mains des compagnies. On sait les ravages que celles-ci exercèrent alors dans les régions méridionales. Peu à peu cependant la résistance s'organisa et vers le milieu de 1361 on se défendait sur presque tous les points en Languedoc. Les compagnies revinrent alors vers le Lyonnais et le Forez où la bataille de Brignais (6 avril 1362) marqua l'apogée de leurs succès.

Après Brignais, les compagnies se séparèrent pour aller dans diverses directions. « Quelques unes, dit Guigue, s'installèrent, en Vivarès, dans les environs d'Annonay... Leur cantonnement paisible à Boulieu, c'est-à-dire dans le fief même d'Aymar de Roussillon, où elles rançonnaient à leur aise leurs prisonniers de Brignais, ne permet-il pas de soupçonner Aymar d'avoir eu des intelligences avec elles, et peut-être de n'être pas complètement étranger à la catastrophe de Brignais, soit par ses renseignements, soit par d'autres moyens ? Froissard, dit qu'un seigneur de Roussillon fut capturé dans la bataille, mais il ne s'agit à peu près certainement pas de lui. »

La présence des routiers à Boulieu après l'affaire de Brignais est prouvée par un document des archives de la Loire (B 1057) relatif à des poursuites contre Jean Charpon, André Poivre et autres, accusés d'avoir assailli, blessé et détroussé au lieu de la Gorge, dans le mandement de Malleval, noble homme, Pierre Verdet, chevalier, et plusieurs de ses compagnons, « qui revenaient de Boulieu, où ils avaient été détenus par les Anglais qui les avaient faits prisonniers à la bataille de Brignais. »

L'évènement de Brignais coïncida ou peu s'en faut avec les incidents qui amenèrent la prise d'Annonay par le bailli du Vivarais. Cette occupation dut avoir lieu vers la fin juin. Dans une procuration, donnée par Aymar à son gendre Humbert de Villars, en date du 16 août 1362, il est parlé du château d'Annonay comme pris récemment (*nuper captum*). C'est aussi vers la fin de juin que les documents lyonnais montrent les compagnies cantonnées dans le haut Vivarais refluant vers le nord, à l'approche sans doute des troupes royales qui venaient, sous les ordres du bailli Raymond de Garcibaud, confisquer la terre d'Annonay et que les routiers pouvaient croire dirigées contre eux. La date de ce mouvement se trouve indiquée par une lettre du doyen du chapitre métropolitain de Lyon adressée au courrier d'Anse, aux châtelains de Saint-Germain et d'Albigny, les informant de l'approche de l'ennemi et leur enjoignant de prendre les mesures de défense nécessaires.

A la fin du règne du roi Jean, le désordre et la

confusion étaient partout. Le meurtre, le pillage et l'incendie régnaient d'un bout à l'autre du royaume, et quand les malheureuses populations n'avaient pas à faire aux routiers, les soudards royaux qui les remplaçaient n'étaient guère moins à redouter. A Serrières, ce sont eux qui pillent la maison de Huguenin Thomas.

Le bas Vivarais ne paraît pas avoir échappé aux maux de cette période, et bien que les documents qui s'y rapportent soient rares, les traditions locales en ont conservé quelques souvenirs. Une histoire manuscrite de la Souche (1), rapporte les faits suivants comme s'étant passés dans la région de Jaujac vers 1360 :

« Une troupe d'Anglais vint habiter alors au Chastelas de Jaujac ; on ne sait comment : apparemment qu'ils en avoient obtenu la permission du seigneur de Jaujac qui demeuroit alors à l'Aubenerie. Ils étaient au nombre de 3 à 400 hommes. C'étoient des gens qui ne vivoient que de brigandages. Ils faisoient de temps en temps des incursions dans les montagnes au nombre de 100 ou de 200 et en emmenoient des troupeaux de vaches, de bœufs et de moutons. Ils enlevoient tout ce qu'ils pouvoient. J'ai ouï dire aux anciens que quand ils vouloient aller en montagne, ils passoient à la Souche avant le jour et qu'ils enveloppoient les pieds de leurs montures avec du chopelas, pour qu'on ne les entendit pas marcher.

(1) Nous devons cette communication à l'obligeance de M. Dubois, ancien juge de paix de Thueytz. L'auteur de la relation est M. Armandés, ancien prieur de Fabras, natif de la Souche.

Quand ils sçavoient quelques maisons commodes dans le voisinage, ils alloient demander de l'argent et si on ne leur en bailloit point, ils amenoient avec eux le maître au Chastelas, et ils lui faisoient faire une obligation d'une somme considérable de 500 fr., de 800, de 1,000, de 1,200, ou de 1,500 fr. selon qu'il étoit plus ou moins riche. Le notaire Garchet, au lit de mort, maudissoit le Chastelas de Jaujac : apparemment qu'on l'avoit prié à recevoir quelqu'un de ces actes injustes. J'ai lu dans les livres de ses notes plusieurs actes faits et récités au donjon de Jaujac. Il n'est donc pas surprenant qu'il maudit ce donjon.

« Il y avait à Fabras un moine qui y faisoit les fonctions de curé; il passoit pour avoir de l'argent. Les Anglais furent le saisir, l'amenèrent au Chastelas et l'attachèrent à la crémalière pour le forcer de leur bailler son argent, ce qu'il ne vouloit pas faire. Les gens de Fabras allèrent prier M. de Jaujac de leur dire de laisser aller ce moine. Il y a apparence qu'ils ne le laissèrent aller qu'après qu'il eût payé sa rançon. Les Anglais se rendirent redoutables, sur tout au bourg de Jaujac sur lequel le Chastelas dominoit. Il n'y avoit point alors de place couverte ; les rues étoient désertes et garnies d'herbes ; on n'osoit y passer que la nuit. On avoit pratiqué une porte de communication pour aller d'une maison à l'autre sans être obligé d'aller dans la rue. Depuis la maison de Valier jusqu'à celle de Bonnet, on voit encore ces portes de communication qui furent murées dans la suite.

« Un jour que le chef des Anglais étoit sur le rempart

du Chastelas, insultant les gens de Jaujac, un nommé Tinal et ses fils, il mit bas ses culottes pour aller à selle et se posta contre Tinal. Un des fils de Tinal lui lâcha un coup de carabine qui le précipita du haut des remparts en bas. Tinal avait sept fils qui étoient braves.

« On raconte qu'un jour que l'aumônier de Castrevieille se promenoit dans l'enclos du château, on lui tira du Chastelas deux coups de carabine.

« On avoit rapporté aux gens de la maison Draneyre, au lieu du Rabeyriol, que les Anglais qui étoient au Chastelas de Jaujac, vouloient venir habiter dans leur maison. Dans la crainte qu'ils n'y vinssent, ils en démolirent un coté pour faire voir qu'elle tomboit en ruine. On voit encore ce coin démoli.

« Environ 100 ans après que les Anglais furent venus habiter au Chastelas, ils en furent chassés et forcés de quitter le pays. Leur chef, voyant sans doute qu'il n'étoit pas en sûreté au Chastelas, prit le parti de s'en aller. Il menoit avec lui un âne chargé d'or et d'argent. Baumette et Taussac qui demeuroient au Chastelas, surent son départ; ils partirent tous deux de concert et allèrent attaquer ce chef à la rivière de Mias et lui enlevèrent son trésor. Ils s'en retournèrent à Jaujac. Il y avoit au Chastelas trois forts, la tour quarrée, le château et le donjon. Les Anglais qui étoient restés à la tour quarrée s'y défendirent pendant huit jours; mais les vivres leur ayant manqué, ils furent priés de se rendre et de se retirer ailleurs... »

Ce résumé naïf des traditions d'une seule localité

contient probablement plus d'une erreur de détail : on ne peut admettre, par exemple, que les Anglais, ou la bande de routiers désignée sous ce nom, aient séjourné cent ans à Jaujac, car dans ce cas on trouverait plus de traces de leur passage. Il est possible aussi que l'occupation dont il s'agit doive être reportée à une autre époque, par exemple à celle du siège de Châteauneuf-Randon par Duguesclin. Mais le fond du récit est évidemment vrai et il est caractéristique des procédés employés par les bandits qui désolaient la France.

D'après une autre tradition locale, les routiers établis à Jaujac avaient tellement vexé et pillé les habitants de la Souche, que ceux-ci, se réunissant un jour, s'embusquèrent pour surprendre leurs oppresseurs et les massacrèrent tous. Le lieu où les cadavres furent enterrés porte encore un nom qui rappelle cet évènement.

Charles d'Agrain (1) dit que « la partie des hauteurs de la Souche où, dans le XIVe siècle, les Anglais furent contraints d'arrêter leurs courses devant la défense courageuse des habitants, est encore désignée par le nom des *Anglais*; il y existe des vestiges des fortifications qu'ils avaient élevées. Ils venaient par Langogne dont ils occupaient le voisinage, particulièrement Châteauneuf-Randon, où commandait le capitaine Galart, le même qui se rendit à Duguesclin. »

L'évènement, auquel Charles d'Agrain fait ici allusion,

(1) *Notes historiques* de Charles d'Agrain, publiées par l'abbé Payrard. Le Puy, 1878.

et dont nous parlerons plus loin, est de date postérieure à l'occupation de Jaujac, en supposant que celle-ci ait eu lieu en 1360.

Même incertitude de date au sujet d'une autre tradition locale, d'après laquelle les Anglais auraient occupé le château de Ventadour, au pont de la Beaume, sous les ordres d'un capitaine nommé Gordon. Ce fait résulte, dit-on, d'une convention passée entre le couvent des Cordeliers d'Aubenas et un baron du pays qui s'engageait à protéger ledit couvent contre Gordon et sa bande.

Le 17 mars 1362, des lettres de sauvegarde étaient délivrées par le Roi au prieuré de Charay, situé au sommet de la montagne de ce nom près de Privas. L'exécution en était confiée au juge de Villeneuve de Berg ou à son lieutenant. Une mesure analogue était prise au mois de mai pour la Chartreuse de Bonnnefoi sous le Mézenc.

L'abbaye de Saint-Chaffre, qui avait fondé tant de colonies dans le Vivarais, eut plus que toute autre à souffrir des entreprises des routiers. Dès l'année 1361, elle était tombée au pouvoir d'une de ces bandes commandée par Pierre Bœuf (Perrin Bouvetaut) et Gautier dit Lescot. Du 19 janvier au 7 mars 1363, la noblesse de la sénéchaussée de Beaucaire en fit le siège et finit par tailler en pièces les routiers; dans ses rangs se distingua le vicomte de Polignac. Diverses lettres du roi Jean et du maréchal d'Audeneham, son lieutenant en Languedoc (janvier-avril 1363), mentionnent cet évènement. En septembre 1364, le même maréchal enjoignait à l'abbé du Monastier de payer sa quote-part de la contribution promise à Seguin de Badefol pour obtenir que ce capitaine de routiers quittât le pays.

LE VIVARAIS SOUS LE RÈGNE DE CHARLES V.
(1364 - 1380)

Le roi Jean meurt à Londres le 8 avril 1364.
Son successeur, Charles V, poursuit alors avec plus de vigueur et de suite l'œuvre de restauration patiente qu'il avait commencée comme régent pendant la captivité de son père. Jamais souverain n'eut à accomplir une tâche plus rude. La France, battue et méprisée par les Anglais, ravagée par les compagnies, semblait incapable de se relever. En 1366, une partie des compagnies revinrent d'Espagne et battirent le duc d'Anjou sous Montauban, le 14 août. Le prince de Galles les prit à sa solde depuis la fin d'août jusqu'en février 1367. On évalue à 12,000 hommes environ l'effectif que présentait alors l'ensemble de ces bandes qui combattaient, d'ailleurs, les unes contre les autres sous des drapeaux différents. Après la bataille de Navarette (3 avril 1367), où Duguesclin fut fait prisonnier, elles étaient réduites probablement de moitié.

Le prince de Galles, après avoir rétabli Pierre le Cruel sur le trône de Castille, retourna en Guienne dont il interdit le territoire aux bandes qu'il venait de licencier. Celles-ci rentrèrent en France qu'elles appelaient « leur chambre. » Alors eut lieu une recrudescence de brigandage. En 1368, des corps de routiers poussèrent jusques aux portes de Montpellier. Le 22 janvier, le duc d'Anjou déclarait, à Beaucaire, qu'ayant appris que Perrin de Savoie et plusieurs autres chefs de bandes avaient pénétré dans la province où ils causaient des maux infinis, contrairement à la promesse qu'ils avaient faite de ne plus rentrer dans le royaume, il ordonnait à Amédée de Baux, sénéchal de Beaucaire, et aux autres officiers de cette sénéchaussée, « de faire retirer tous les vivres dans les lieux forts et de courre sur ces brigands. »

Au mois de mars, le duc d'Anjou réunissait l'Assemblée des communes à Beaucaire et les trois sénéchaussées votaient des subsides pour payer le départ des brigands.

Le 12 juin suivant, le duc ordonnait que les sujets des barons et nobles des bailliages du Gévaudan, du Velay et du Vivarais, contribueraient au payement du subside d'un franc par feu, accordé par les communautés des trois sénéchaussées, « pour réprimer les courses des Provençaux ennemis du royaume (1). »

D'autres bandes, sous les ordres de Bernard de la Salle et de Bertucat d'Albret, ravageaient l'Auvergne et le Forez. Vers la fin de janvier 1368, la ville de

(1) *Registres de la sénéchaussée de Nîmes.*

Lyon se considérait comme sérieusement menacée et prenait des mesures de défense. Les routiers, désespérant de réussir de ce côté, passèrent en Bourgogne. Dans le courant de cette année, une seule bande était restée à Fay, petite ville sur les confins du Lyonnais, du Forez et du Beaujolais ; elle fut détruite au mois de novembre.

Comme on le voit, le Vivarais, en supposant qu'il n'ait pas eu à souffrir directement des courses des routiers pendant cette période, était environné de leurs bandes au nord, au sud et à l'ouest, et dut, dans tous les cas, contribuer pécuniairement aux efforts qui furent faits pour en débarrasser la province.

Peu après, la guerre qui éclata entre la France et l'Angleterre vint donner de l'occupation à tous les gens d'armes et rendre quelque tranquillité aux populations éloignées du théâtre des hostilités. Le prince de Galles, plus vaillant capitaine que sage politique, avait eu le talent de mécontenter toute la noblesse gasconne. Il était, d'ailleurs, très-malade. Charles V saisit l'occasion et déclara la guerre à Edouard, le 29 avril 1369. L'histoire de cette guerre ne rentre pas dans notre sujet. Il nous suffira de dire qu'elle fût marquée par une série de succès pour les armes françaises, et que ces succès encouragèrent singulièrement les paysans à réagir contre les routiers. Presque partout, on se mit à leur faire une chasse active, comme on le voit par une foule de lettres de rémission qui se rapportent à cette époque. L'autorité royale donnait, du reste, sur ce point le bon exemple. Le

1ᵉʳ mai 1369, le duc d'Anjou faisait noyer deux des vainqueurs de Brignais, Perrin de Savoye et le Petit-Meschin, coupables de conspirations contre lui : ce mode de supplice était souvent employé à l'égard des routiers. Trois autres chefs de bandes, Amanieu d'Ortigue, Nolhi-Pavalhon et Boulhonnet, furent écartelés à Pau : ces misérables avaient formé le projet de livrer le duc d'Anjou aux Anglais.

Malgré les succès des armes françaises en Bretagne et en Guienne, les routiers ne tardèrent pas à reparaître dans les provinces voisines du Vivarais. Quelques points du Languedoc étaient ravagés par leurs bandes en 1371.

A cette date de 1371 se place un fait de guerre entre seigneurs dont l'objet fut le château d'Ay. Ce château avait été cédé, le 20 mai 1355, par Aymar de Roussillon, à son frère Guillaume, chanoine de Valence et abbé de Saint-Félix, en payement de ses droits héréditaires, et ce dernier avait reconnu, en même temps le tenir en fief du seigneur de Roussillon et de ses descendants mâles. A la mort de Guillaume, arrivée en 1371, Aymar de la Tour, seigneur de Vinay, qui se disait son héritier, se mit en possession d'Ay. Humbert de Thoire-Villars, héritier et gendre d'Aymar de Roussillon, contesta ces prétentions et soutint ses droits les armes à la main ; il assiégea le château en litige et s'en empara de vive force, bien que, disent les lettres de rémission, « personne ne doive se faire justice à soi-même et que le Roi soit toujours prêt à faire droit à tous ses sujets. » Le seigneur de Vinay en appela à la justice royale. Mais la famille de Thoire-Villars avait rendu trop de services à la cause royale dans la guerre contre les Anglais pour être traitée bien durement. Au mois d'août 1375, le duc d'Anjou accorda donc pour ce fait à Humbert des lettres de rémission qui furent entérinées, le 21 février suivant, par le juge royal du bailliage de Vivarais, et les procédures commencées contre le sire de Villars furent mises à néant.

En 1372, une bande pénétrait dans le Gévaudan et le Vivarais, sous les ordres de Bernard de la Salle, le même qui, deux ans plus tard, changeait de parti et commandait en 1374 les troupes levées, aux frais du Comtat, contre Bertrand de Baux. La ville de Nîmes, effrayée de l'approche de Bernard de la Salle prit de nouvelles mesures de défense. Les consuls, pour éviter toute surprise, envoyèrent à Anduze, le 4 mars, demander aux syndics si les gens d'armes étaient dans leur canton et en quel nombre. Ils en firent autant, le 10 mars, aux communautés de Bagnols, de Viviers et d'Aubenas. En 1373, on prenait encore, à Nîmes, des précautions contre Bernard de la Salle (1).

Les *Annales d'Annonay*, de Chomel (2) constatent qu'en 1374, « le pays appréhenda encore les routiers qui s'étaient tant fait redouter en 1361, » et l'auteur ajoute que tous ces malheurs accumulés (la famine, la peste et la guerre) occasionnèrent « tant de fuites et de ravages dans le Languedoc, que les trois sénéchaussées de Toulouse, Carcassonne et Beaucaire,

(1) MÉNARD. *Histoire de Nismes*, t. 2 p. 298.
(2) Manuscrit de la bibliothèque d'Annonay.

qui comprenaient alors toute cette province, ne comptaient plus que 30.000 feux, tandis qu'il y en avait auparavant plus de 100.000. »

Il en était donc dans le Midi comme dans le Nord, où, d'après des calculs généralement admis aujourd'hui, la population, pendant la première moitié du XIVe siècle, avant la peste de 1348 et les premiers désastres de la guerre de Cent Ans, égalait au moins, si elle ne dépassait un peu, sur la partie du territoire alors habité, et en exceptant nos grandes aglomérations urbaines, celle de l'époque actuelle. C'est la conclusion où étaient arrivés depuis longtemps les savants qui avaient traité cette question d'une manière tout-à-fait approximative, et des recherches plus circonscrites, plus approfondies, plus précises, n'ont fait que les confirmer (1).

Des indices de la présence des routiers sont encore signalés à l'autre bout du Vivarais en cette même année 1374, où l'on voit le seigneur de Vinay, parent de noble Aymon de Rochemaure, envoyé de Montélimar à Rochemaure pour défendre cette place contre les routiers.

Le village d'Ancône sur le Rhône était alors occupé par un Jean Belayne, capitaine de Bretons, et la ville de Montélimar était obligée de financer avec ce personnage ; on lui paya 300 francs d'or, représentant environ 36.000 fr. de notre monnaie, sans compter beaucoup d'autres frais accessoires (2).

---

(1) Voir mémoires de l'Académie des Inscriptions et Belles-Lettres, t. XIV, p. 35, article Dureau de la Malle.

(2) COSTON. *Hist. de Montélimar*, t. 1 p. 365 et 208.

Chorier signale, vers la même époque, (1376) le passage à Soion d'une troupe de 6.000 cavaliers bretons que le pape avait pris à sa solde pour les envoyer en Italie et qui commirent dans ce bourg toutes sortes de violences. Il fallut, pour les en chasser, traiter avec leurs chefs (1).

Voici, d'autre part, un acte de notaire, relatif à un passage de gens de guerre au Cheylard, au printemps de 1376 :

Un litige existait entre noble et religieux homme, messire Pons Percia, moine-prieur du prieuré de *Saint-Julien (probablement St-Julien d'Ursival aujourd'hui Marcols)*, ayant la procuration de vénérable et religieux homme messire Audebert de Boschairol, moine prieur du prieuré d'Aric, d'une part — et messire Jean Blain, curé de l'église d'Aric, d'autre part.

Le prieur réclamait au curé 15 francs d'or pour achat de vin des dîmes de son prieuré, comme il résultait d'un acte public passé par Me Guillaume Bayle, notaire du Cheylard.

Le curé répondait, que non seulement il ne devait pas ces 15 francs, mais que c'est le prieur qui était son débiteur d'une somme de 25 francs d'or et davantage par le motif qu'en vertu d'un accord fait entre eux et contenu dans l'acte précité, le prieur, en faisant ladite vente au curé lui avait promis de lui tenir compte, des faits de guerre (*ex eo quod ex pacto habito inter ipsos in instrumento predicto contento dictus dominus prior in venditione predicta eidem teneri promisit de guerra*).

(1) *Histoire du Dauphiné.*

Le curé exposait que les bandes armées (*gentes armorum*) qui, au carême dernier, avaient logé au lieu du Cheylard, avaient pris et consommé sur le vin de son achat et de sa ferme plus d'un muid qui valait alors audit lieu 23 francs, et il demandait que cela lui fût restitué avec dépens.

Les deux parties finirent par s'en remettre à l'arbitrage de Mᵉ Delorme, notaire d'Aubenas.

Celui-ci « *considérant qu'il n'y a pas eu de guerre*, pendant le temps indiqué, dans le bailliage du Vivarais, ni dans le lieu du Cheylard, bien que quelques uns de la société des hommes d'armes qu'on disait être, au temps du passage, avec notre seigneur le Roi pour la défense du royaume, aient passé dans ledit lieu et y aient stationné pour leur approvisionnement, décide que, nonobstant le pacte intervenu, le curé payera les 15 fr. d'or au prieur ; — mais le curé n'aura pas de frais à payer, car il a été acquitté de ce chef à Villeneuve de Berg, à cause de la contumace du prieur.

L'arbitre condamne le curé à lui payer à lui-même un demi-franc d'or qui sera défalqué des 15 florins.

La destruction de la primitive abbaye de Mazan, située au quartier de Mazan vieux, paraît se rapporter à une date plus ou moins rapprochée de l'époque où nous sommes arrivés. Elle est racontée assez confusément par M. de Valgorge qui fixe l'évènement à l'année 1374. Les routiers auraient campé au village voisin qui a gardé le nom de l'*Angladure*. Ils auraient égorgé tous les religieux, à l'exception d'un seul qui, d'ailleurs, n'aurait échappé au massacre que pour trouver une mort plus lente et plus affreuse encore au fond d'un souterrain où il s'était caché. Les routiers se seraient rendus de là à la chapelle de Ste-Abeille, qui subit le sort de l'abbaye de Mazan. « Or, pendant ces scènes de carnage et de dévastation, les habitants se réunissaient à l'appel des seigneurs pour punir les brigands et accouraient en armes sur les hauteurs de la montagne de Ste-Abeille. Les trois mots *quartier des Anglès* que l'on voit encore très visiblement gravés sur un rocher qui surplombe les ruines de la chapelle de Ste-Abeille, indiquent la place occupée par les routiers. Les habitants, à qui ces contrées si merveilleusement disposées pour une guerre de partisans, étaient parfaitement connues, avaient pris position non loin de là, sur le grand chemin du Velay dans un endroit formidable appelé le *Rocher des Meules*. Les routiers, trompés par les apparences, crurent le moment favorable pour quitter leur camp et regagner, chargés de butin, leur bonne forteresse de Châteauneuf-Randon. Mais, à peine eurent-ils fait quelques pas, qu'ils furent assaillis de toutes parts. Sans s'en douter, ils étaient tombés dans une embuscade habilement préparée par les seigneurs qui marchaient à la tête des habitants du pays. Pas un des routiers n'échappa à la mort *qu'ils avaient tous bien méritée*, dit le chroniqueur de cette époque. »

Nous aurions aimé à connaître le nom de ce chroniqueur, afin de contrôler et préciser les faits, mais, selon son habitude, qui était d'ailleurs celle de la plupart des écrivains d'autrefois, M. de Valgorge ne le nomme pas.

L'abbaye de Mazan, de l'ordre de Citeaux, avait été fondée en 1122 par le duc Amédée d'Hauterive avec le concours de Jean, abbé de Bonneval. Cet établissement religieux prospéra rapidement, car peu d'années après, on le voit fonder d'importantes colonies : Silvanès, dans le diocèse de Vabres; Thoronet, dans celui de Fréjus (1136); Senanque, dans le pays de Cavaillon (1148); le couvent des Chambons, dans la paroisse de Borne en Vivarais (1152); enfin des monastères de femmes à Mercoire, Bellecombe, Sylve-Bénite et Clavas.

L'Abbé de Mazan, à l'époque indiquée pour l'invasion des routiers, était Pierre IV dit Moleta, puisque ce personnage préside une assemblée capitulaire de ses religieux, le 10 novembre 1364 et qu'il figure encore, comme témoin, dans un acte d'hommage prêté par Guy de Montlaur à Bernard, évêque, en 1376.

Or, sans vouloir révoquer en doute l'évènement rapporté par l'auteur des *Souvenirs de l'Ardèche*, il nous faut bien constater qu'il n'est mentionné nulle part dans le Cartulaire de l'abbaye de Mazan qui se trouve aux archives de l'Ardèche, et dont M. Hauréau a reproduit dans la *Gallia Christiana* tant de pièces intéressantes. Le Cartulaire en question se compose de 209 feuillets en parchemin et de 17 feuillets en papier, mais il en a été fait une transcription, accompagnée d'une traduction, en 1847, à l'école des Chartes, par les soins de M. Borel d'Hauterive, qui la collationna et la fit légaliser par M. Letróne, directeur de l'école, et M. de Salvandy, ministre de l'instruction publique.

Ce travail forme un beau volume in folio relié en veau fauve. Il y a malheureusement beaucoup d'erreurs dans les noms de lieux et de personnes, ce qui était inévitable avec des copistes ou traducteurs étrangers au pays. Il y manque aussi une table des chartes et l'indication des dates, qu'il faut chercher quelquefois au bout de 15 ou 20 feuillets. Les travaux de ce genre, nous devons le constater, se font beaucoup mieux aujourd'hui.

Le Cartulaire comprend une période assez longue, 1217 à 1615. On y voit qu'en 1374, c'est-à-dire l'année même, où, d'après M. de Valgorge, l'abbaye de Mazan aurait été détruite, Jeanne, comtesse de Forez, autorisa Pierre IV à ceindre de solides murailles le lieu de *Torrenchia*. Un document de date antérieure (1296) établit les droits respectifs de l'Abbé de Mazan et du comte de Forez au sujet de Torrenchie. Voici un aperçu de cet acte :

Jean, comte de Forez, et Guillaume, abbé de Mazan, bien qu'il n'existe pas de divergence entre eux au sujet de la juridiction et de la justice de la maison (*domûs*) de Torrenchie et des hommes de cette maison et de ses dépendances, surtout des dépendances de *Boschaslas* et *Argentaria*, cependant, pour éviter tout litige à l'avenir, font l'arrangement suivant :

Tous les hommes de cette maison et de ses dépendances sont hommes-liges, corvéables et exploitables de l'abbé et du couvent, et tous les cens, dîmes, etc., appartiennent à l'abbé et au couvent ou au commandeur (*præceptor*) établi par eux dans la maison de Torrenchie.

De même, la justice appartient à l'abbé et au couvent, pour tous les faits (dont suit la longue énumération), n'entraînant pas de peine corporelle : la chasse aux lapins, lièvres, oiseaux et bêtes féroces appartient au commandeur ; mais la connaissance des faits passibles de peines corporelles, mutilation des membres, exil ou mort, appartient au comte de Forez ou au juge du Forez. Les coupables passent aux assises de Virigneux (*Virigniaci*).

Si la peine est convertie en amende, moitié de l'argent revient au comte et moitié à l'abbé, les frais de la procédure payés. Le comte ne peut rien toucher sans que le couvent ait reçu sa part.

Dans les cas ressortissant à l'abbé, on peut en appeler au comte de Forez, mais personne ne peut agir qu'en vertu d'un mandat du juge du Forez.

Le comte reçoit pour bonne garde dix livres de cire que le commandeur de Torrenchie lui paye à la fête de St-André. Celui-ci lève cette cire sur les hommes dépendant de Torrenchie, sans avoir besoin de l'autorisation du comte.

Les hommes dépendant de Torrenchie ne sont pas tenus à la taille, au guet (et à d'autres droits longuement énumérés dans l'acte) ; ils ne sont pas davantage obligés de suivre le comte ou ses lieutenants en armes ou sans armes pour la garde de ses châteaux, si ce n'est pour la défense générale du comté de Forez et, s'ils ont à le suivre, la question doit être déférée au juge du Forez.

Quand les hommes de Torrenchie sont justiciables

des assises, l'assignation émanée du châtelain de Virigneux doit passer par les mains du commandeur de Torrenchie.

La garde de la maison de Torrenchie et les hommes de Torrenchie et leurs territoires ne peuvent être séparés ni divisés, dans le cas où le château de Virigneux serait séparé du Forez.

Le lieu de Torrenchie, dans son enceinte murée, est franc et libre, et les personnes, c'est-à-dire, moines, convers, donats et domestiques, sont aussi francs, exempts et libres, comme il est stipulé dans les privilèges de Citeaux.

La connaissance et la punition des adultères, selon la coutûme du Forez, et leur exécution hors des territoires de Torrenchie, appartiennent au comte, mais si la peine est convertie en argent, le produit est partagé entre le comte et l'abbé.

Le comte est tenu de défendre les biens et droits de la maison de Torrenchie contre tout séculier ou ecclésiastique. S'il y a confiscation de biens pour délit commis, les immeubles reviennent à l'abbé, mais les biens meubles sont partagés entre eux.

Parmi les signataires de l'acte figurent F. Raymond d'Alaignac, procureur et économe du couvent de Mazan, et F. Bertrand d'*Auros*, commandeur de Torrenchie.

On voit par là que Torrenchie devait être situé dans le département actuel de la Loire, non loin de Virigneux, qui fait aujourd'hui partie du canton de Saint-Galmier.

Il est à remarquer que Columbi mentionne deux fois le nom de Pierre Moleta, abbé de Mazan, à la date de 1375 ; la première fois, dans une transaction passée cette année là entre son monastère et *domina Laureta* (1) ; la seconde, dans une charte contenant les conventions de l'abbé de Mazan au sujet des pâturages d'Aps (*de pascuis Alpium.*)

Il semble difficile d'admettre qu'un an après le sac d'un monastère et le massacre de tous ses religieux, on trouve sur pied ce même monastère et son abbé s'occupant de diverses transactions, comme s'il n'était rien survenu de fâcheux.

Une autre charte du Cartulaire de Mazan, sans date, maisqui paraît se rapporter à la période de 1380 à 1390, mentionne les difficultés et les dangers des voyages, à cause de la présence de gens armés, tant Anglais qu'autres, dans le pays de Forez.

Pour en finir avec Mazan, et en réservant toujours la question de savoir si l'évènement raconté par M. de Valgorge ne doit pas être reporté à une autre époque, notons que, sous l'abbé Hugon, successeur de Pierre IV, une bulle du pape d'Avignon, Clément VII, en date du 4 mars 1390, accorda à l'abbé de Mazan le droit de revêtir la mitre, l'anneau et les autres insignes pontificaux, ainsi que le droit de donner la bénédiction solennelle au peuple, après la messe, les vêpres et matines, en l'absence de tout évêque ou légat du pape. En retour de cette faveur, le couvent devait envoyer

(1) *Columbi, Opuscula varia.* — Notice sur l'abbaye de Mazan.

chaque année une obole d'or à la chambre apostolique. Le pape donna, la même année, à l'abbaye de Mazan, l'église de Mayres qui avait un revenu annuel de cent pièces d'or. Par suite de cet accroissement de ressources, les moines de Mazan, dans une réunion tenue le 16 juin 1391, décidèrent d'augmenter la somme destinée « à la pitance et au vestiaire. » Il résulte des détails de cette réunion qu'ils étaient alors au nombre de vingt-deux.

On a vu plus haut que la famine et la peste étaient venues s'ajouter au fléau des gens de guerre dont souffrait le pays. Peut-être cette situation contribua-t-elle, autant que les privilèges dont se réclamaient les nobles, à faire accorder au Vivarais, au Velay et au Valentinois les exemptions d'impôt dont il est question dans les ordonnances du 5 octobre 1375. En juillet de l'année suivante, Charles V ordonne la diminution des feux dans quelques lieux du Vivarais, parmi lesquels St-Jean-le-Centenier, St-Martin-d'Aps, Saint-Pierre-d'Aps, St-Germain, St-Pons, St-Maurice-d'Ibie, Aubenas, la Villedieu, Rosières, Joyeuse, Viviers, Mirabel, Bourg-Saint-Andéol, Largentière et Vogué. Diminuer les feux, c'était diminuer le montant des contributions. L'indication des lieux fait présumer que le bas Vivarais avait particulièrement souffert des ravages des routiers.

En 1377, les compagnies et les Anglais occupaient encore plusieurs places fortes en Languedoc, entr'autres Caylar en Gévaudan. Un nommé le Batard de Landorre et quelques autres chefs de routiers, après s'être étendus dans les Cévennes, aux environs de la montagne de l'Espérou, faisaient des courses et portaient la désolation dans tout le Gévaudan, dans le Gard et dans l'Aveyron (1). Mais en 1377, il devait y avoir aussi des bandes à l'intérieur du Vivarais, car on voit cette année là l'abbesse et les habitants de la Villedieu demander et obtenir de leur seigneur (le baron de Montlaur), moyennant une somme de cinquante sols d'or et quinze setiers de froment, l'autorisation de se fortifier pour se préserver des pillages et meurtres « des Anglais et bandes de voleurs » qui infestaient la contrée. Cette autorisation de fortifier la Villedieu est rappelée plus d'un siècle après (le 20 novembre 1480) dans une transaction conclue entre les habitants et l'abbesse, comme ayant été donnée par Charles VII (qui eut sans doute à sanctionner l'acte du baron de Montlaur). Les habitants demandaient que l'abbesse, qui était alors Gabrielle de Rochemure, contribuât aux frais des fortifications, comme aussi qu'elle payât la taille des fonds que possédait le couvent, taille dont elle se disait et avait été effectivement affranchie en sa qualité d'ecclésiastique (2).

En 1378, la situation n'était pas meilleure. Le 14 janvier, le duc d'Anjou ordonnait aux baillis du Gévaudan, du Velay, du Vivarais et du Valentinois

(1) *Archives consulaires de Rodez.* — Abbé PROUZET. *Histoire du Gévaudan.* t. 2.

(2) Minutes de Robert, notaire d'Aubenas, Au sujet des divergences qui eurent lieu à cette occasion entre l'abbesse et les habitants de la Villedieu, voir notre *Voyage le long de la rivière d'Ardèche*, p. 369.

d'intimer « à un grand nombre de gens d'armes, sans gages et sans aveu du Roi, qui ravageaient ces pays, d'en sortir incessamment, après avoir réparé les dommages causés, sinon de leur courir sus (1). »

La chronique de la ville de Marvéjols dit qu'en 1379, les Anglais occupaient presque tout le Gévaudan (2).

En juillet 1379, les Etats du Gévaudan envoyèrent des députés au comte d'Armagnac, qui résidait au château de Gaye en Rouergue, pour qu'il traitât avec les Anglais et leur offrît 6,000 fr. d'or pour quitter le pays. Il ne paraît pas que cette tentative ait eu grand succès, car la chronique de cette année et des années suivantes est pleine de nouveaux méfaits des routiers. C'est alors que les Anglais ou leurs auxiliaires occupent Châteauneuf-Randon. Les faits suivants, qui résultent d'une pièce jusqu'ici inédite, que nous avons trouvée dans le grand livre des Cordeliers d'Aubenas (3), prouve les appréhensions que leur approche avait excitées jusqu'au fond du Vivarais.

Le 16 mars 1379, F. François, gardien du couvent des Cordeliers d'Aubenas, assisté de F. Pierre Chambesson, avec le consentement et au nom de tous les religieux du couvent ;

Après avoir rappelé un acte de 1365 par lequel vénérable homme Jean Galoni, jurisconsulte, syndic de la communauté d'Aubenas, s'était engagé, au nom de cette communauté, à payer au couvent des Corde-

(1) *Registres 20 et 66 de la sénéchaussée de Nîmes.*
(2) Prouzet. *Idem.* t. 2. p. 180.
(3) Archives du département de l'Ardèche.

liers cent florins d'or, moitié l'année présente et le reste l'année suivante, pour aider le couvent à reconstruire le chœur de son église détruit autrefois par des faits de guerre (*propter guerras*);

Considérant que, d'après l'opinion de plusieurs et spécialement de noble homme, Simon de Rochemure (*de Rupemoria*), chevalier, actuellement capitaine d'Aubenas, ici présent et expert en pareille matière, le lieu d'Aubenas est peu propre à résister aux ennemis du royaume et aux Anglais qui se trouvent en grand nombre dans le Gévaudan et le Valentinois (*in patria Gaballitani et Valentiœ*), et surtout Pierre de Galard, Anglais, qui occupe le lieu de Châteauneuf-Randon;

Vu la crainte qu'on a de voir ce capitaine et d'autres chefs Anglais, qui ont pris et occupent les lieux *de Chalerio et de Monteferrando*, arriver d'un jour à l'autre dans le pays;

Vu que le présent lieu d'Aubenas n'est pas fortifié et défendable dans toute l'étendue des bâtiments dudit couvent situés devant les murs de clôture, bâtiments dont la trop grande proximité des murs pourrait faciliter des entreprises ennemies, si on ne les détruisait pas ou si on n'élevait pas des tours ou d'autres ouvrages de fortification pour les défendre;

En conséquence, ledit F. gardien, au nom du couvent, fait remise à la ville d'Aubenas des cent florins dûs, à l'effet que les bâtiments du couvent soient conservés dans l'état où ils sont actuellement et ne soient pas détruits à cause de la faiblesse du mur de cloture situé devant le couvent.

Le couvent fait cette remise comme subside à la ville « pour élever à neuf une tour grosse et haute dans ledit mur de cloture, en face du couvent, c'est-à-dire dans l'angle où était d'habitude la grande chambre du cardinal Pasteur. » Cette tour est destinée à la défense de la ville devant les bâtiments dudit couvent et elle doit s'appeler la tour Saint-François.

Les régents d'Aubenas promettent au F. gardien « stipulant pour l'utilité et la conservation dudit couvent et de ses bâtiments existants », de commencer immédiatement la construction de la tour et de la continuer jusqu'à parfait achèvement, de sorte qu'elle soit défendable autant que la nature des lieux l'exige, en bonne pierre et ciment. Elle sera carrée, élevée au dessus du mur comme il convient, suivant l'expérience du capitaine et d'autres personnes compétentes. La tour appartiendra à la ville et servira à sa défense et pour la conservation des bâtiments dudit couvent qui existent actuellement.

Il est convenu toutefois que si, par suite des ordres du roi ou des capitaines, on était obligé de détruire des bâtiments du couvent jusqu'à la valeur de cent florins, la ville aurait à payer cette somme au couvent avec les frais et l'intérêt en cas de retard pour le payement.

Pour hâter le travail, le couvent cède à la ville tout ce qu'il possède de chaux et de sable mêlés, laquelle masse de mortier est évaluée à douze muids, et trois cents quartes de sable, que la ville rendra au couvent à simple réquisition.

L'acte fut passé par Jean Stevenin notaire, dans le

couvent des Cordeliers, à l'entrée du dortoir, en présence du capitaine de Rochemure, de vénérable homme messire Jean Galoni, jurisconsulte, de Boisvieux, de M⁰ Philippe Dumas, notaire, et de Gaspard, écuyer du capitaine.

Le premier point à relever dans ce document, c'est celui des faits de guerre auxquels se réfère l'acte de 1365, faits qui nous sont totalement inconnus, bien que la destruction du chœur de l'église des Cordeliers semble l'indice d'événements graves dans cette partie du bas Vivarais.

Au sujet du mot *Chalerio*, nous croyons qu'il faut voir dans l'interprêtation fautive qui dut en être faite, l'origine du bruit que les Anglais auraient occupé le Cheylard en Vivarais.

Delichères, dans sa notice historique sur le Vivarais, que contient l'Annuaire de l'an X, dit que « *en 1379, les Anglais étaient maîtres de la plus grande partie du haut Vivarais et particulièrement du Cheylard...* »

Nous avons trouvé, dans les notes manuscrites de Delichères, la preuve qu'il connaissait l'acte de 1370 et quand il a écrit qu'à cette date les Anglais *étaient maîtres de la plus grande partie du haut Vivarais*, il a été évidemment entraîné par la supposition que *Chalerio* indiquait le Cheylard. C'est cette supposition erronée d'une occupation anglaise du Cheylard, consignée pour la première fois dans l'Annuaire de l'an X, qui s'est propagée dans l'Annuaire de 1839 et ensuite dans l'*Album du Vivarais*.

Or, le *Chalerio* en question est, non pas le Chaylard, mais le château de Chaliers, dans le Cantal, dont les Anglais s'étaient emparés en 1379 et que Duguesclin reprit au commencement de juillet 1380.

Quant au capitaine Galard, la version de la charte d'Aubenas, qui signale sa présence à Châteauneuf-Randon en 1379, concorde parfaitement avec les données sur la vie de ce personnage et sur la maison de Galard qu'a récemment publiées M. Noulens (1).

La maison de Galard était une noble et ancienne famille issue des comtes de Condomois. Pierre de Galard, seigneur d'Espiens, fit hommage-lige au roi d'Angleterre, à Agen, le 15 janvier 1364, mais il paraît avoir ensuite combattu assez longtemps pour la cause royale, puisque l'on trouve plusieurs ordonnances de payement du duc d'Anjou, aux dates de 1369 et 1372 qui le concernent. Or, en 1375, il était rallié aux Anglais et les historiens constatent que sa bande, de concert avec celle de Bertucat d'Albret, fit en 1379 et 1380 beaucoup de ravages en Gévaudan et dans l'Albigeois.

« Le Gévaudan, le Rouergue et l'Auvergne, dit un auteur, furent successivement ravagés par ce noble seigneur, qui prétendoit qu'exiller le vilain estoit œuvre méritoire (2). »

Les historiens du Languedoc rapportent, de leur côté, qu'en 1379 ou 1380, Bertucat d'Albret et Pierre

(1) J. NOULENS. *Documents historiques sur la maison de Galard*, Paris, Claye 1871.

(2) *Dictionnaire de l'ancien régime et des abus féodaux* par M. Paul D. Paris 1819 in-8.

de Galard « avaient pris entr'autres le lieu de Montferrand, en Gévaudan ; après s'être rendus maîtres au mois d'avril suivant, du lieu de Chaliers auprès de Saint-Flour, ils s'étaient saisis de Châteauneuf de Randon dans le même païs de Gevaudan, forte place située à trois lieux de Mende, d'où ils étendoient leurs courses dans toute la sénéchaussée de Beaucaire (1). »

L'*Histoire de Gascogne*, de l'abbé Monlezun, confirme aussi qu'en 1380 « Perducas et Pierre de Galard poussèrent leurs courses plus loin et s'emparèrent de Châteauneuf de Randon. Le roi avait sur ces entrefaites rappelé le duc d'Anjou et nommé Duguesclin à sa place (2). »

C'est donc bien, selon toute vraisemblance, Pierre de Galard qui, le 13 juillet 1380, vint remettre les clés de la place de Château-Randon au connétable Duguesclin, selon les uns mourant, et selon d'autres déjà mort. Notons ici en passant que, d'après une pièce de l'époque (3), c'est au château de Chaliers que mourut le connétable.

Notons encore, à propos de Duguesclin, d'après une généalogie de la maison de Fages, que le premier de Fages, venu du Périgord, aurait servi sous les ordres du connétable, de façon à mériter d'introduire dans ses armes un chef de France. Il se serait fixé définitivement en Vivarais en 1384.

L'affaire du château du Luc, sur la rivière d'Allier,

(1) *Histoire du Languedoc*, t. IV, p. 371-372.
(2) *Histoire de Gascogne* par l'abbé Monlezun t. IV p. 6.
(3) *Dictionnaire de statistique du Cantal*.

aux confins de l'Ardèche et de la Lozère, paraît être de la même époque.

Gustave de Burdin (1), dans la courte généalogie qu'il consacre à la maison de Molette de Morangiés dit, à propos d'une donation de 1410 :

« *Quelque temps avant*, le château de la Garde-Guérin, appartenant en partie à Jean de Molette, avait été brûlé par les Anglais, sur lesquels il prit une éclatante revanche en les obligeant à lever honteusement le siège du château de Luc devant une poignée de chevaliers ralliés à la hâte. »

Charles d'Agrain, le dernier descendant de cette famille, qui avait sous la main toutes les archives du château des Ubas, situé non loin du Luc, est plus précis et raconte ainsi cet événement :

« Je ne puis passer sous silence un héroïque fait d'armes, auquel donna lieu, dans le XIV° siècle, la forteresse de Luc ou château des trois seigneurs. Les Anglais, alors maîtres d'une partie de la France, parcouraient avec des forces considérables le Gévaudan et le Vivarais. Ils ravageaient ces contrées de fond en comble et menaçaient d'en faire un désert, quand ils se virent tout à coup arrêtés par le fort de Luc, qui leur fermait la route de la haute Auvergne. Ils assiégèrent ce château avec deux mille hommes.... Trois braves chevaliers, dont les familles possédaient ensemble la baronnie de Luc, MM. de Polignac, Bourbal de Choisinet et d'Agrain des Ubas, défendirent si vaillamment ce boulevard du Vivarais et du Gévaudan, qu'ils

(1) *Documents historiques sur le Gévaudan.*

firent honteusement lever le siège à l'ennemi. Ils le poursuivirent dans sa retraite. Mais les Anglais, faisant volte-face, il s'engagea dans la terre des Ubas, à demi-lieue de Luc, un combat opiniâtre où les trois chevaliers semblaient prêts à succomber sous le nombre, lorsque secourus tout-à-coup par dix des plus intrépides gentilhommes des environs, MM. Malet de Borne, d'Apchier, Morangiés, Malmont, de Soulage Modène, du Roure, Balazuc, Vernon de Joyeuse, Longueville et Regletton, ils remportèrent une victoire complète sur l'ennemi, la même année où, près de là, le héros du siècle, Bertrand Duguesclin, mourut au milieu de ses triomphes, devant Châteauneuf-Randon, le 13 juillet 1380. Les casques, les boucliers, les épées, les armures de toute espèce qu'on voyait en grand nombre au château des Ubas, avant sa ruine, étaient les monuments authentiques de cette victoire. Les trois seigneurs, de Polignac, d'Agrain des Ubas et Bourbal de Choisinet, pour en perpétuer le souvenir, placèrent au sommet du volcan Prasoncoupe-le-Ubas trois grandes pierres de granit taillées en disque et sur lesquelles leurs armes étaient sculptées. »

La tour du Luc correspondait par signaux avec celle de Saint-Laurent-les-Bains, peut-être même avec celle de Loubaresse, lesquelles correspondaient à leur tour avec d'autres tours placées plus loin au sud et à l'est. L'abbé Chenivesse pense que la destruction de la tour de Saint-Laurent-les-Bains doit remonter à l'époque qui nous occupe, car, dit-il, si sa destruction était plus récente, le souvenir en serait resté. Elle appartenait aux Polignac (1).

Nous serions fort tenté de rattacher à cette série d'événements la tradition d'un camp anglais à Saint-Alban-en-Montagne, au lieu de *Fouont-Cuberteyredo* (2), la destruction de l'abbaye de Mazan et les incidents de la Souche et Jaujac. Ne pourrait-on pas y rattacher aussi, sauf vérification de l'original s'il existe, une charte citée par M. de Valgorge par laquelle un seigneur voisin, de Doullaye (probablement Douloy dans le canton de Saint-Etienne de Lugarès), promet aide et protection aux habitants et leur accorde en outre la faculté de se réfugier dans les forêts seigneuriales, avec leur famille et leur bétail, toutes les fois qu'ils seront *inquiétés par les routiers?* M. de Valgorge donne à cette charte la date du 11 février 1347, date probablement erronée, car les routiers anglais et autres ne sont guère venus dans ces contrées que quelques années plus tard.

Froissard, parlant des chefs de bande qui exploitaient le Midi vers l'époque de la mort de Duguesclin, cite Geoffroy-Tête-Noire, à qui la trahison avait livré le château de Mont-Ventadour, et « Amerigot Marcel, un autre hardi brigand, qui occupa par force ou par ruse les châteaux de Caluset, d'Alais et de *Vallon*. (Ne serait-ce pas de Vallon en Vivarais qu'il s'agit ici?) D'autres chefs de moindre importance, ajoute-t-il, se joignirent à ceux-ci; et, quand toutes leurs forces étaient

(1) Manuscrit sur la paroisse de Saint-Laurent-les-Bains.
(2) *Voyage autour du Valgorge*, p. 145.

réunies, ils avaient ensemble cinq à six cents lances environ, et ils couraient le pays sans rencontrer d'obstacles, car personne n'était assez fort pour leur résister (1). »

En groupant ici un certain nombre de faits et de témoignages, dont quelques uns malheureusement laissent place au doute et à l'incertitude, mais dont l'ensemble est d'une valeur incontestable, nous avons voulu surtout provoquer des recherches nouvelles, et nous espérons qu'avant peu d'années, l'étude de bien des documents locaux inaperçus ou négligés jettera une grande lumière sur cette partie jusqu'à présent presque inconnue de l'histoire de notre pays.

LA RÉVOLTE DES TUCHINS ET L'ADMINISTRATION DU DUC DE BERRY EN LANGUEDOC

« La mort du roi Charles V suivit de près celle de Duguesclin.

Le 16 septembre 1380, la France, relevée de ses ruines par un sage monarque et par un vaillant homme de guerre, tombait sous le sceptre d'un enfant de douze ans. La régence des quatre ducs, d'Anjou, de Berry,

(1) CHRONIQUE DE FROISSARD, livre II.

de Bourgogne et de Bourbon, est proclamée. Le duc d'Anjou la préside. Ce personnage s'était déjà fait le plus triste renom dans son gouvernement du Languedoc où, par l'énormité des subsides imposés aux populations, il avait provoqué de véritables révoltes, notamment à Montpellier, Nîmes, Lodève et Béziers. Les choses étaient allées si loin que Charles V, son frère, avait été obligé de le rappeler. Placé à la tête du pouvoir, le duc d'Anjou pille le trésor royal, en vue de réaliser ses projets sur la Provence et le royaume de Naples, qu'il réclamait en qualité d'héritier de la fameuse Jeanne de Naples.

La confiance générale était morte avec le roi : on savait trop en quelles mains tombait le pouvoir. Les routiers se trouvèrent naturellement encouragés par cet évènement. Faute de pouvoir faire autrement, on recourut pour s'en débarrasser aux moyens financiers qui avaient tant de fois déjà été employés avec des succès divers.

Dès le 2 novembre 1380, le sénéchal de Beaucaire convoquait les consuls de Nîmes à Montpellier pour délibérer sur les mesures à prendre contre les bandes armées. Une autre réunion avait lieu le 14 décembre, au Pont-Saint-Esprit. L'année suivante, le conseil de régence donnait le gouvernement du Languedoc à un de ses membres, le duc de Berry, l'un des oncles du Roi. Les populations, se rappelant les exactions du duc d'Anjou, se prononcèrent alors en faveur du comte de Foix qui élevait aussi des prétentions au gouvernement du Languedoc. Mais le duc de Berry fut vainqueur à Revel, et un accord finit par s'établir entre les deux concurrents.

Cette année là, le duc de Berry assembla au Puy, au mois de juin, les Etats d'Auvergne, du Gévaudan, du Velay, du Vivarais et du Valentinois, qui firent une ligue pour s'entre secourir et convinrent de mettre sur pied et d'entretenir pendant quatre mois, pour résister aux Anglais et aux autres ennemis du Roi, quatre cents hommes d'armes et cent arbalétriers, savoir 312 hommes d'armes et 78 arbalétriers qui seraient soudoyés par le pays d'Auvergne et le reste par les trois bailliages de Gévaudan, Vivarais et Velay. (1).

Deux documents authentiques, relevés aux Archives Nationales, montrent l'existence de bandes armées en 1381 et 1382 dans le haut Vivarais. Le premier concerne Annonay et le second la région de Tournon.

Le premier se rattache sans doute aux évènements auxquels fait allusion Chomel (2) quand il dit, sans rien spécifier, qu'en 1381, la ville d'Annonay eut encore à craindre les routiers.

Arnulphe Masconis expose qu'à la dernière fête de St-Georges, ayant pris le cheval de son oncle Antoine Fournier, prêtre, il alla à l'église de Saint-Georges (3) près d'Annonay, et y fit ses offrandes. En revenant à Annonay sur ce cheval, il entendit un grand tumulte aux portes de la ville et vit les gens fuyant vers la

(1) *Histoire du Languedoc*, t. IV p. 377.
(2) Manuscrit de la Bibliothèque d'Annonay.
(3) Saint-Jeure-d'Ay.

ville pour s'y réfugier en criant : *Aux armes ! aux armes ! voici des gens d'armes !* Effrayé et sentant que les gens d'armes étaient proches, il piqua son cheval et courant rapidement à l'entrée de la ville, sur le pont de Deuma, où il y avait beaucoup de moutons, son cheval, entravé par un mouton, tomba lourdement avec son cavalier et sous eux se trouva Mengra, femme de Jean Dauphin, dit Colomb, que le cheval en se relevant, blessa grèvement à la tête, ce dont elle mourut peu de jours après... Les lettres royales où ces faits sont mentionnés sont datées de Paris, mai 1381.

L'année suivante (août 1382), des lettres de rémission sont accordées à Etienne Gaudon du mandement d'Iserand. Il y est dit que récemment des bandes armées couraient le pays dans un but hostile, en pillant et commettant toutes sortes de crimes. Une de ces bandes arrivée à la métairie de Lenz, appartenant au seigneur de Tournon, assez proche du lieu d'Iserand, s'empara du fermier et l'emmena avec lui. Les hommes du château, parmi lesquels le sieur Etienne, sortirent alors impétueusement pour le délivrer et donnèrent la chasse aux bandits, mais sans pouvoir reprendre le prisonnier avec lequel l'un des bandits rejoignit ses complices avant qu'on pût l'atteindre. Mais l'autre bandit s'engagea dans une vallée. Plusieurs des poursuivants fatigués rentrèrent alors au château, laissant Etienne et un nommé Gérenton Luminaires. Ceux-ci poursuivant toujours le bandit, ne sachant quel moyen employer pour le prendre et craignant l'arrivée de ses compagnons, se jetèrent sur lui à coups de pierres et de bâtons et le laissèrent mort sur la place. Saisis de frayeur, comme étant des gens simples et inexpérimentés en fait de guerre, ils cachèrent son corps pour l'inhumer. Gérenton, cela fait, prit la fuite. Mais Etienne croyant que le fait resterait ignoré, ne bougea pas. Poursuivi par la justice et emprisonné, il s'adresse à la clémence royale qui, vu que c'est un homme de bonne vie et de bonne réputation, lui fait grâce (1).

De 1382 à 1384, il fallut combattre à la fois les Tuchins et les routiers.

Les Tuchins furent les Jacques du Midi, les uns et les autres produits par l'énormité des impôts et l'inégalité de répartition. C'était la guerre des paysans et des pauvres contre les nobles et les riches, guerre que favorisaient les communes irritées par de trop nombreux abus, de trop fréquentes violations de leurs franchises.

Les historiens du Languedoc reconnaissent que les troubles des Tuchins furent occasionnés par les subsides extraordinaires imposés au pays. « Il en résulta des rassemblements de gens de la campagne et autres appelés *Tuchins* ou coquins. Dans une grande partie de la France, mais particulièrement dans les sénéchaussées de Beaucaire, Carcassonne et Toulouse, ces bandes firent une guerre sans merci aux gens riches en pillant leurs maisons, étant favorisées par les habitants de la plupart des villes. Le duc de Berry, gou-

---

(1) Archives Nationales JJ. 119 n° 8 et JJ. 121 n° 92. — *Histoire du Languedoc* n. éd. t. x.

verneur du Languedoc, fit d'abord divers efforts pour soumettre ces Tuchins du Languedoc, surtout dans le Toulousain où l'on prétend que le comte de Foix les appuyait, mais ses armes eurent plus de succès du côté de Beaucaire. Plusieurs de ces coquins ayant été pris aux environs du Rhône, on pendit les uns à Boucieu-le-Roi, d'autres à Villeneuve et les autres furent conduits à Beaucaire » (1).

L'auteur de l'*Histoire de Nîmes* dit que le duc de Berry fit exécuter, au mois de juin 1382, tous les Tuchins qui furent arrêtés, après avoir nommé pour les juger deux commissaires, qu'il établit réformateurs dans le pays, savoir Pierre Aymeri, licencié-ès-lois, et Guillaume de Saint-Just, chevalier bailli du Vivarais. Les Tuchins, chassés de Vézenobre et de la Tour de Boucoiran, se réfugièrent dans le Vivarais où ils s'étaient déjà emparés de plusieurs châteaux et forteresses.

« Comme le Vivarais, dit ailleurs Ménard, était de toutes les contrées de la sénéchaussée, celle où les Tuchins faisaient le plus de ravages, et qu'ils y avaient pris plusieurs châteaux et forteresses, il fallut s'attacher à les y poursuivre. Le château de Sampzon était du nombre des places qu'ils y occupaient. Jean Conort, lieutenant du sénéchal et l'un des réformateurs de la sénéchaussée, en alla former le siège. On lui envoya des troupes de Nîmes au commencement de juillet de cette année 1383, qui furent conduites par Jean de Buci. La présence de Jean Conort ayant ensuite été

(1) *Histoire du Languedoc* t. IV.

nécessaire dans le plat pays, ce lieutenant revint à Nîmes où les consuls lui donnèrent, pour présent de ville, le 19 du même mois, une douzaine de poulets, quatre oisons et 28 cartons et demi de vin. Antoine Scatisse alla conduire de nouvelles troupes au siège de Sampzon, par ordre du sénéchal ; il partit le 28. Ces troupes étaient formées d'habitants de Nîmes (1). »

Un document assez curieux montre que le Tuchinat s'était avancé en Vivarais bien au delà de Sampzon. Le 9 août, à Lyon, deux habitants de Privas, Jean Falcon et Jean Brosse, exposent au représentant de l'autorité royale qu'un jour à Privas un nommé Sabordo ou Pierre de Pierre « un *Tuchin*, très-vilain homme, armé, » se battait avec Jean Brosse, un honnête homme, et cherchait à le tuer. Jean Falcon intervint pour défendre Brosse et donna à Sabordo un coup de bâton sur la nuque qui le fit tomber mort. Les exposants demandent qu'on soit indulgent à leur égard (2).

Le mouvement des Tuchins avait pour pendant au nord celui des Flamands. La victoire des troupes royales à Rosebecque contribua donc à rétablir la paix en Languedoc. Le 24 juillet 1383, Charles VI convoquait à Lyon les Etats-Généraux du Languedoc. Ceux-ci accordaient les subsides demandés et leur session se prolongea jusqu'au 11 septembre. On y traita l'affaire des Tuchins. Le roi réserva à son conseil la connaissance de tous les crimes de ce genre, et le conseil condamna les trois sénéchaussées à payer au

(1) *Histoire de Nismes* t. 3 pages 32 et 37.
(2) *Histoire du Languedoc*, n. éd. t. IX p. 910.

Roi, de ce chef, 800,000 francs d'or. Les communes supplièrent pour la réduction de cette somme, mais sans rien obtenir; seulement il fut convenu que les particuliers seraient épargnés. Quand il s'agit de faire la répartition de l'amende, les habitants de Nimes rédigèrent un mémoire qui rejetait sur les nobles toute la responsabilité des troubles. Ménard a conservé ce document qui n'est pas sans jeter une certaine lumière sur la situation. On y attribue surtout la révolte au refus de la noblesse de contribuer aux subsides. On l'accuse d'avoir excité sous main les gens d'armes contre les populations, de n'avoir respecté ni églises ni prêtres; on désigne même les coupables, dont on énumère les cruautés et les perfidies. Ménard pense que c'était une représaille des consuls et habitants de Nismes contre les nobles qui les avaient accusés eux-mêmes de tuchinat. (1) Aux causes de la révolte des Tuchins que nous avons indiquées plus haut, il faut ajouter l'hostilité des bourgeois des villes indignés de se voir abandonnés aux ravages des Anglais ou de leurs auxiliaires et craignant avec raison la domination du duc de Berry; c'est ce qui explique les accusations portées par les nobles contre les bourgeois.

Les troubles des Tuchins ne cessèrent complètement qu'en 1384.

En 1387, les Anglais occupaient encore plusieurs places dans le Velay et le Gévaudan. Le 6 juillet de cette année, il y eut un accord entre le comte d'Arma-

(1) *Histoire de Nismes* t. 3 p. 43.

gnac, les trois Etats d'Auvergne et les sénéchaussées de Toulouse, de Carcassonne et de Beaucaire, pour faire vider aux capitaines anglais les places qu'ils occupaient dans ces pays. On convint de donner 50,000 fr. au comte d'Armagnac pour arriver à ce résultat en payant les bandits.

En septembre, les habitants de la baronnie d'Apchier en Gévaudan et des environs de Saint-Chély se plaignent des dommages que leur cause le chef de bandes, Aimerigot-Marcel. Le Roi nomme alors des commissaires « sur le fait des *vuides* des lieux et forteresses occupés par les Anglais ès pays de Gévaudan, d'Auvergne, de Velay, de Rouergue et de Quercy (1). Le silence gardé sur le Vivarais montre que les bandits n'y tenaient du moins aucune place importante.

Le duc de Berry n'avait pas tardé à justifier en Languedoc toutes les appréhensions que son arrivée avait fait naître. Il fut pire que le duc d'Anjou. Pour se faire une idée de l'administration de ce personnage, écoutons l'énergique protestation d'un religieux, Jean de Grandselve, envoyé en 1388 pour porter au roi Charles VI les doléances de la province du Languedoc. Après avoir rappelé en termes véhéments les exactions du duc d'Ajou, Jean de Grandselve s'écrie :

« Pardonnez, sire, à la franchise d'un vieillard, à l'austérité d'un ministre du ciel. C'est Dieu qui m'ordonne autant que l'amour de mon pays, de vous déclarer que les calamités qui pèsent sur le Languedoc,

(1) Registre de la sénéchaussée de Nismes. — Archives de l'Aveyron. — Froissard.

ont lassé la patience de ses habitants. N'était-ce pas assez des fléaux qui, depuis si longtemps, ravagent une de vos plus belles provinces? Les dévastations commises par les gens de guerre et par ces bandes de brigands, dont le brave Duguesclin nous avait affranchis, les courses meurtrières des Anglais, pillant, saccageant, brûlant nos villes et nos campagnes, la destruction des hôpitaux et des églises, la famine, la peste, la dépopulation n'attestaient-elles pas assez le couroux d'un Dieu vengeur?... Ainsi le gouvernement du duc d'Anjou ne nous avait pas assez punis... La colère de Dieu n'était point apaisée et vous avez, sire, envoyé votre oncle, le duc de Berry. Il m'entend; ses yeux m'annoncent tout le ressentiment qui me menace; mais mon Roi, mon Dieu, m'entendent aussi, et je le demande à ce prince, si ce n'est pas par son ordre, ou du moins avec son consentement, que nos villes et nos campagnes sont couvertes de cette foule d'exacteurs, d'autant plus insolents et plus cruels, qu'ils s'arrogent l'autorité d'étendre à leur gré les impositions, d'aggraver arbitrairement les charges publiques, d'extorquer le vingtième des denrées et des troupeaux, etc. (1).

Entre autres passions ruineuses, le duc de Berry avait celle de la chasse. « Il faisait venir d'Auvergne des chiens de montagne d'une taille et d'une force extraordinaires, et quoiqu'il en possédât toujours un très-grand nombre, il était perpétuellement en quête pour s'en procurer de nouveaux; il les achetait à tout

(1) PROUZET. *Histoire du Gévaudan.*

prix et les prenait de toutes mains. » Il recevait aussi d'Auvergne des ours, comme le prouvent certaines pièces des archives signalées récemment par Siméon Luce. En 1377, le 7 novembre, le duc accorda une gratification de 6 francs à un messager de l'abbé d'Aurillac « qui avoit apporté à mon seigneur deux petits hours que l'abbé li envoya à Nonnette. » Le 5 juin de l'année suivante, un valet du seigneur de Ravel amena à « Charles monseigneur », c'est-à-dire au fils aîné du duc, qui se trouvait alors à Melle en Poitou, « un petit hours. « Le 19 décembre 1378, le trésorier ducal remit une somme de 4 livres tournois à Bertrand de Leverdun, messager de l'évêque du Puy, « qui a présenté à monseigneur deux hours à Nonnette (1) ».

On peut conclure de ces citations qu'au XIVe siècle, le Vivarais avait probablement aussi des ours dans les parties les plus sauvages de ses montagnes.

Le duc de Berry fut révoqué, mais le roi ayant été frappé de folie, le duc se fit rendre peu après le gouvernement du Languedoc qu'il exerça jusqu'à sa mort, c'est-à-dire jusqu'en 1415, plus cruellement et plus despotiquement que jamais.

Des lettres de rémission données à Paris en janvier 1389 démontrent l'existence d'une bande armée à Monistrol sur Loire à la fin de 1388. En voici le résumé :

Les Anglais et les ennemis étaient alors en Languedoc, faisant une guerrre ouverte surtout dans le diocèse du Puy et courant hostilement de çà et de là. Une de leurs bandes était au lieu de Monistrol, et la terreur

(1) Archives Nationales KK 252, folios 147, 176 et 178.

qu'elle inspirait avait décidé beaucoup d'habitants des villages et lieux non fortifiés à se réfugier avec leurs familles et leurs biens mobiliers dans les bois, près de Moyana, faute de lieux fortifiés pour se mettre en sûreté. Or, un jour, vers le 28 décembre dernier, les paysans réfugiés de ce côté aperçurent trois cavaliers, dont l'un portait une lance, poursuivant une femme qui fuyait devant eux. Ils ne doutèrent pas que ces cavaliers ne fussent des ennemis, « attendu qu'il n'y avait pas à ce moment en Languedoc ni à proximité des gens d'armes résistant auxdits ennemis et armés, dont on pût supposer que ces trois cavaliers fissent partie, vu surtout que les nobles de la contrée s'étaient retirés dans leurs châteaux et n'osaient pas chevaucher et se montrer ouvertement comme le faisaient ces trois cavaliers... » Les exposants, mûs de pitié pour la femme poursuivie, dans cette seule intention et pour nuire à l'ennemi, sortirent soudainement de leurs bois et voulurent délivrer la femme et dans le conflit blessèrent et tuèrent les trois cavaliers et, croyant avoir fait œuvre méritoire, se partagèrent leurs dépouilles. Mais peu après ayant entendu dire que ces trois inconnus n'étaient pas des Anglais, ils regrettèrent vivement leur action et portèrent leur butin à la curie d'Annonay, dans le ressort de laquelle l'événement avait eu lieu, et, craignant la rigueur de la justice, ils quittèrent le pays et n'osent y retourner s'ils ne sont pas assurés de la grâce royale qu'ils implorent humblement (1).

(1) Archives nationales JJ. 135 n° 109. — *Hist. du Languedoc*, n. éd, t. x p. 1767.

Le P. Grasset parle, à la date de 1390, des troubles de la région d'Annonay et dit que le P. Grossi, renommé cette année là prieur des Célestins de Colombier, parvint à préserver son monastère « d'une infinité de suprises contre iceluy tramées à cause des guerres civiles, avec l'assistance de ses puissants amis qui, non seulement par leur autorité le protégèrent et le défendirent, mais aussi lui départirent de leurs biens, notamment Josserand des Barges et sa femme, Aimarde de Limony ».

En 1390, les Anglais tenaient encore diverses places en Gévaudan, notamment le château de Cenaret et le village de Nasbinals.

Le pays en fut délivré, au moins partiellement, l'année suivante, par Jean d'Armagnac qui, après avoir réuni les bandes armées, au nombre d'environ 7,000 hommes, les conduisit en Lombardie pour faire la guerre au duc de Milan, Galeas Visconti.

M. Broutin, l'historien de Feurs (Loire), nous apprend que de 1387 à 1394, les habitants de Feurs ne cessèrent de veiller et de réparer leurs murs pour se défendre contre les Anglais, qui occupaient les environs et qui probablement s'emparèrent de cette ville et en détruisirent les remparts, puisqu'ils furent reconstruits en 1409.

Les deux pièces suivantes font présumer que le bas Vivarais, bien que les historiens du temps n'en parlent pas, ne souffrit guère moins que le haut Vivarais, des désordres du temps.

Un habitant du Puy, dans l'exposé des services

militaires rendus au roi dans les guerres aux pays d'Auvergne et de Velay, raconte que « un certain jour, lui estant au pays de Vivarois, en un chastel appelé Gras, certaines routes de gens d'armes passoient par le pays, dont les aucuns se logèrent à Vileneuve de Berc et aucuns d'eux alèrent courir et piller en un village appelé Mas Cornut assez pres dudit chastel de Gras, et venu à sa notice et d'aucuns autres qui au dit lieu estoient, que les dites gendarmes pilloient ledit village de Mas Cornut et environs ycelui et emmenoient et portoient les bestes et autres biens des habitants d'icelui, ledit suppliant et aucuns autres y feussent alez pour leur oster et rescourre la prinse et pillage, à quoy ycelles gens d'armes se feussent forment rebellez, et pour ce se feussent entrebatuz, et tant qu'il y eu ot trois tuez de la part desdites gens d'armes et les autres s'enfuirent et laissierent la prise et le pillage. Et depuis ledit suppliant nous a servi ès armées et chevauchées de Flandre et de Lescluse, et aussi en Espaigne. etc. Donné à Paris en novembre 1396 ».

Voici maintenant en quels termes et par quelles considérations le roi Charles VI accordait, le 25 octobre 1396, un marché hebdomadaire à Villeneuve de Berg :

« Charles... savoir faisons que nous, aiant regart et considération aux grans pertes et dommaiges que nos amez les habitants de nostre ville de Villeneuve de Berc, au bailliage de Vivarois, ont par longtemps euz et soutenus pour le fait et occasion des guerres, à cause desquelles n'ont osé bonnement démourer en ycelle ville, ains iceulx ou plusieurs d'iceulx se sont absentez en divers lieux, delaissiez leurs héritages, dont aucuns leurs ediffices sont cheus et tournez en ruines, telement que nos officiers audit bailliage qui en icelle ville doivent et ont accoustumé faire résidence, n'y povoient avoir leur demeure, et aussi que ladite ville est nostre, en nostre propriété, et n'en avons autre en tout le pays de Vivares et aussi grant et notable qu'elle est, où il est marchié publique au jour de mercredi, qu'elle est assise et située es grand trespas, et s'y tient audit jour du mercredi le siège de nostre bailli de Vivarois, où moult de gens affluent, et avecque ce que lesdits habitants l'ont pour leur tuision et déffense et pour mieux résister à nos ennemis et adversaires, encommencié à clore fortiffier et environner de bons et haus murs et 111 toises par dessus terre, où ils ont fené et despendu la greigneur parti de leur chevance, et ne pourroient bonnement parfaire, enteriner et accomplir la forteresse sans aide, ainsi qu'ils le dient, implorant humblement nostre grace et provision; pour le bon et évident prouffit de la chose publique, pour le notre particulier et pour certaines autres causes et considéracions nous mouvans, avons octroyé.,. que en ladite ville soit et ait chascune sepmaine au jour du mercredi marchié perpétuel... etc. (1).

Un acte de 1396 montre enfin que, pendant cette période, les pays de la rive gauche du Rhône avaient aussi à souffrir des ravages des gens de guerre. On

(1) Archives Nationales. JJ. 152 n° 319.

voit, en effet, cette année là, les habitants de Valence implorer la protection du roi de France pour apporter un terme à leurs maux devenus intolérables. Ils s'adjoignent les habitants des communautés de Châteauneuf-d'Isère, de Mont-Vendre, de Montélégier, d'Allex, de Beaumont et de Mirmande, et tous, d'un commun accord, font humblement supplier le roi, leur seigneur, de les assister et défendre contre les gens de guerre qui sont la cause de toutes leurs souffrances. Ils choisissent pour syndics Jean de Crest, Jean Seuras, Ebrard Jarente de Bourg, maîtres Jean Rebel et Guillaume Juvenis, et Pierre de Mirmande, renommés entre tous par leur prud'hommie. Les députés font dresser, en présence de Jean de Poitiers, leur évêque, et d'un grand nombre de nobles appelés comme témoins, un acte public de la requête des pauvres habitants ; ils se rendent ensuite à Paris où ils sont présentés au Roi.

Charles VI accueillit fort gracieusement la plainte des Valentinois. Il ordonna à Jacques de Montmaur, gouverneur du Dauphiné, de leur prêter aide et sauvegarde comme à ses propres sujets, « et parceque, disait le Roi, pendant sept années, le territoire de Valence, a été ravagé par les gens de guerre, routiers et larrons, que présentement les habitants éprouvent d'insupportables et irréparables dommages, des guerres, des pilleries et des rançons ; que le rapt des femmes, les assassinats et autres calamités les plongent dans un si piteux état de misère qu'ils seront bientôt contraints de fuir leur patrie ; que, dépourvus de toute défense de la part de leur évêque et du comte, ils ne peuvent plus supporter tant et de si intolérables calamités ; — ayant donc en notre conseil pesé ces considérations, les recevons et prenons, eux et leurs successeurs, comme Dauphinois, en notre spéciale sauvegarde, protection, tuition, garde et défense, sans toutefois apporter dommage et préjudice aux droits de l'évêque, du comte, de notre sire le pape et de l'empereur. Nous promettons aussi de les défendre contre les agressions injustes, et de châtier quiconque voudrait les molester dans leurs biens, leurs personnes et leurs droits. En outre, leur concédons à eux et à leurs successeurs, de notre certaine science et bon vouloir, des libertés et franchises semblables à celles dont jouissent nos sujets les citoyens de Grenoble. (1) ».

La démarche des habitants de Valence fut principalement motivée sans doute par les désordres auxquels donna lieu, de l'autre côté du Rhône, la guerre faite au pape et à la maison d'Anjou par le vicomte de Turenne. Le Vivarais ne fut que très-indirectement mêlé à ces évènements; toutefois quelques points de son histoire s'y rapportent, et, à ce titre, il est impossible de ne pas en indiquer ici l'origine et les incidents les plus importants.

---

(1) JULES OLLIVIER. *Essais historiques sur la ville de Valence.* p. 71.

LA GUERRE DU VICOMTE DE TURENNE CONTRE LE PAPE ET LA MAISON D'ANJOU
(1389-1399)

Raymond Roger, comte de Beaufort et d'Alais et vicomte de Turenne, était un puissant personnage.

La famille, à laquelle il appartenait, était représentée en 1340, par Guillaume II qui acquit le comté de Beaufort (Maine-et-Loire) et celui d'Alais (Gard). Il était frère de Pierre de Rosiers, Rogier ou Roger, pape sous le nom de Clément VI, et père de Grégoire XI ; il eut encore un autre frère, deux neveux et cinq cousins cardinaux. L'élévation de Clément VI au trône pontifical (1342) l'attira à Avignon. Ce pape, non content de l'achat de cette ville, obtint de Jeanne de Naples l'abandon des plus beaux fiefs de Provence en faveur de son frère ou de son neveu Guillaume III, ce qui leur valut une position presque souveraine (1).

Suivant des lettres données au bois de Vincennes en 1352, le roi Jean, voulant récompenser les services de Guillaume de Beaufort, vicomte de Turenne, et en considération du pape Clément VI dont il était le neveu, lui octroya, pour lui et ses héritiers, la faculté d'acquérir les foi et hommage dont était tenu Briand

---

(1) JOUDON. *Histoire des souverains pontifes qui ont siégé à Avignon*, t. 2. p. 240. — BOYER DE Sᵗᵉ-MARTHE. *Histoire de l'église de St-Paul-trois-Châteaux*, p. 154.

de Retourtour, seigneur de Beauchastel, à raison de son château de Desaignes en Vivarais et de sa coseigneurie du château de Dunières et autres fiefs au diocèse du Puy. En conséquence, on voit, le 18 décembre de cette année, Briand faire hommage au vicomte de Turenne de son château de Desaignes et autres fiefs (1).

Guillaume II s'était marié trois fois. Il eut de Marie de Chambon, sa première femme, qu'il épousa vers 1326, plusieurs enfants, notamment Guillaume III et Alix de Beaufort, dite la comtesse *Major*, femme de Guillaume de la Tour et plus tard d'Aymar V, comte de Valentinois.

Guillaume III épousa en 1349 Eléonore de Comminges et en eut deux filles et un fils. Ce dernier n'est autre que le héros de ce chapitre, Raymond Roger, celui que les historiens ont appelé le *fléau de la Provence*.

Raymond épousa, en 1375, Marie, fille du comte de Boulogne et d'Auvergne. Jeune encore, il fit preuve de grands talents militaires et fut nommé, en 1376, capitaine général des troupes du Comtat, qu'il protégea de concert avec Bernard de la Salle contre les bandes d'aventuriers et les partisans de Charles de Duras (2), usurpateur des Etats de Naples. De même que son père et son aieul, il rendit de grands services à la cause de la maison d'Anjou et à celle du Saint-Siège.

Or, le duc d'Anjou, comte de Provence et frère de Charles V, avait décrété la réunion au domaine de la

---

(1) TRUCHARD DU MOLIN. *Baronnies du Velay* (Bouzols), p. 31.
(2) BARJAVEL. *Dictionnaire de Vaucluse* t. 2. p. 347.

couronne de tous les fiefs qui en avaient été détahés. Le duc d'Anjou étant mort peu de temps après (1384), Raymond pria Marie de Blois, sa veuve, de lui restituer ses terres. Celle-ci répondit que l'édit était général, mais que s'il lui était dû des indemnités, elle les payerait (1).

Raymond fut très-irrité de ce procédé. Il se plaignit au pape Clément VII qui, ayant besoin de la protection du roi de France, se montra indifférent. Il réclama alors à la cour romaine des sommes considérables qu'il disait avoir été prêtées par son père, des bijoux d'une grande valeur laissés par Grégoire XI, son oncle, et enfin le prix des services qu'il avait lui-même rendus à la papauté en repoussant les bandes de routiers et de Tuchins qui voulaient piller Avignon, et en faisant la guerre en Italie contre le pape de Rome. Il ajoutait que Clément VII et le roi s'entendaient pour le réduire à la misère. N'osant pas faire la guerre à Charles VI, il engloba dans ses projets de vengeance le pape et Louis II d'Anjou, comte de Provence, ainsi que sa mère ; il y joignit Louis II, comte de Valentinois, qui avait épousé Cécile de Beaufort, sa sœur. Il lui reprochait d'avoir pris parti pour le pape, malgré les liens de parenté qui les unissaient, et d'avoir donné à Cécile des fiefs qui appartenaient, suivant lui, à sa tante, la comtesse Major.

Raymond commença en 1389 une guerre qui dura deux ans dans le Comtat Venaissin et dix ans en Provence, dans le but de recouvrer les fiefs qu'on lui

---

(1) BOYER DE Ste MARTHE, Idem p. 156.

avait repris et les sommes dont il se prétendait créancier. Il leva des troupes en Limousin et en Languedoc. Pour rassurer ses soldats, il traita ses adversaires de puissances imaginaires en faisant passer en proverbe ces paroles :

> Au pape sans Rome,
> Au roi sans couronne,
> Au prince sans terre,
> A ces trois ferai guerre.

Le roi était Louis d'Anjou, roi de Naples et de Sicile *in partibus*, et le prince était Othon de Brunswick, prince de Tarente, le quatrième mari de Jeanne, de Naples (1).

Raymond traversa le Rhône avec 600 hommes d'armes seulement, mais sa petite armée se grossit promptement des partisans des Duras, ennemis naturels de Louis d'Anjou, et des bandes de routiers et de pillards, ennemis de tout le monde.

Notons en passant que, dans cette guerre, Guy, seigneur d'Aps, et ses frères servaient sous la bannière pontificale, à la tête de 25 hommes à cheval, tous bien armés, moyennant la somme de 500 florins d'or par mois (environ 5000 fr.) que le pape leur donnait.

Le 9 août 1390, à Mende, le comte d'Armagnac négocia une trêve entre Raymond et l'évêque de Maguelonne, qui représentait le pape Clément VII, la maison d'Anjou, l'évêque de Valence et le comte de Valentinois. Ceux-ci choisirent pour arbitres Jean

---

(1) BOYER DE Ste MARTHE. — PAPON. *Histoire de Provence.* — BARON DE COSTON. *Histoire de Montélimar.*

d'Armagnac, évêque de Mende, et Lhermite de la Faye. Le vicomte de Turenne confia ses intérêts au sire d'Apchier et à Raoul de Lestrange. Le comte d'Armagnac fut accepté de part et d'autre comme sur-arbitre.

Alix de Beaufort, veuve du comte de Valentinois et tante du vicomte de Turenne, s'était liguée avec lui, durant cette guerre, contre le nouveau comte de Valentinois. Le roi fit alors saisir sur elle les châteaux de Castelbouc, de Barre en Gévaudan et quelques autres places dans le Vivarais dont son mari lui avait laissé la jouissance : il s'agit des châteaux de Privas, Tournon-les-Privas, Bays, le Pouzin, Saint-Alban sous Flaviac, Boulogne, la Voulte et autres qui appartenaient depuis les premiers temps de la féodalité aux comtes de Valentinois, sous la suzeraineté des comtes de Toulouse. Mais le roi les fit restituer en 1392, quand il crut avoir rétabli la paix entre le pape et le vicomte de Turenne (1).

(1) En février 1363 le roi Jean avait confirmé la donation qu'Aymar de Poitiers, comte de Valentinois, avait faite en 1355, des châteaux de Tournon, Privas, Boulogne et Durfort en Vivarais, en faveur d'Alix de Beaufort sa femme pour en jouir sa vie durant (*Histoire du Languedoc*, t. IV p. 322).
En 1404, ces places passèrent dans la branche de St-Vallier par une transaction du 19 juin, en vertu de laquelle Charles, seigneur de St-Vallier, consentait à ce que son neveu, Louis de Valentinois, vendît aux Dauphins de France ses comtés de Valentinois et de Diois, à la condition qu'il lui abandonnerait la baronnie de Clérieux avec toutes ses appartenances et les villes, terres et châteaux de Chalancon, Privas, Tournon-les-Privas, le Pouzin, Durfort, St-Fortunat, Castel-Bouc, Mézenc, St-Pierre-de Barrès, St-Vincent, et généralement toutes les autres terres et seigneuries du comté de Valentinois sur la rive droite du Rhône, excepté le château de Bays. On sait que c'est à Bays que quinze ans plus tard le comte de Valentinois fit le testament par lequel il instituait pour son héritier le Dauphin (Charles VII).

Le traité de paix conclu par les députés de Charles VI et du pape, l'évêque de Valence et le comte de Valentinois, d'une part, et le vicomte de Turenne d'autre part est du 14 mars 1392. Mais il semble que l'entente était loin d'être complète, puisque des lettres royales étaient émises, le 13 août suivant, pour ajourner au mois de décembre les différends entre les parties (1).

L'année suivante (23 juillet 1393) des lettres étaient échangées entre Jean de Vienne, amiral de France, Raymond vicomte de Turenne et plusieurs personnes attachées à leur service, à l'occasion d'allégations malveillantes produites par Jean de Vienne contre le vicomte de Turenne et les gens de sa suite (2).

La mission conciliante des commissaires royaux n'avait eu qu'un succès partiel et les hostilités ne tardèrent pas à reprendre. La plus singulière des disgrâces de Raymond, dit un de ses historiens, fut, lui, neveu d'archevêques, de cardinaux et de papes, bercé pour ainsi dire sur les genoux de l'Eglise, d'être excommunié par Clément VII, absous par Benoit XIII. Il est vrai qu'on était en temps de schismes et d'antipapes (3).

Raymond ne paraît pas, d'ailleurs, s'être beaucoup soucié des excommunications, s'il faut en juger par les paroles que lui prête Froissard :

« Ils me cuident lasser, pour me faire excommunier :

(1) Archives Nationales. K 54 n°ˢ 10 et 60.
(2) Idem. K. 54 n°ˢ 26.
(3) JUSTEL, *Histoire de la maison de Turenne*. liv. II p. 68.

mais non feront. Ils prient chevaliers et escuyers et les absolvent de peine et de coulpe, pour me faire guerroyer : mais ils n'en ont nul talent. J'auroye beaucoup plus de gens d'armes pour mille florins, qu'ils n'auroyent pour toutes absolutions qu'ils pourroyent faire ne donner en sept ans. »

Froissart, qui connaissait son temps aussi bien que Raymond, ajoute que les gens d'armes ne vivent pas de pardons ni n'en font très-grand cas, *fors au destroit de la mort.*

De son côté, Louis d'Anjou fit déclarer son adversaire criminel et coupable de lèse-majesté. C'est en Provence que se continua cette guerre souvent interrompue et souvent reprise avec un succès fort inégal. En 1398, « Amauri de Severac et plusieurs autres seigneurs du Rouergue se liguèrent avec le vicomte de Turenne et promirent de marcher à son secours malgré la défense que le roi en avait faite ; en sorte qu'ils devaient passer le Rhône au nombre de 3000 hommes pour aller porter la guerre en Provence contre le roi et la reine de Sicile. Charles VI, informé de cette ligue, ordonna au sénéchal de Beaucaire, le 19 juillet, d'empêcher que personne ne passât le Rhône, de combattre Amauri de Séverac et de se saisir de sa personne et de ceux de sa suite. Raymond privé de ce renfort tenta de se rendre maître du Pont St-Esprit, mais l'entreprise manqua. Il s'empara néanmoins de Bays en Vivarais et établit sa place d'armes au château de Bouzols en Velay qui lui appartenait et d'où il continua la guerre dans tous les environs. Le roi ordonna alors à Pons de Langheac, chambellan du duc de Berry et son sénéchal d'Auvergne, d'assembler un corps d'armée et d'assièger Raymond de Turenne dans son château de Bouzols. Pons exécuta ces ordres, mais le siège fut long, à cause que la situation de la place était fort avantageuse. Le roi lui ordonna de le continuer jusqu'à ce qu'il l'eût soumis et de saisir toutes les terres de ce vicomte, par des lettres du 11 d'avril avant Pâques de l'an 1399 (1400). Le château de Bouzols se rendit enfin au sire de Langheac avant la fin de l'année, et le roi lui permit de lever un subside de 20 sols par feu dans la sénéchaussée de Beaucaire pour les frais de cette expédition (1). »

Le vicomte de Turenne avait sans doute confié à l'un de ses lieutenants la défense du château de Bouzols, car on le trouve signant à Marseille, en juillet 1399, c'est-à-dire alors que ce siège durait encore, un traité qui était plutôt une trève qu'une paix définitive. D'après un manuscrit du XVIe siècle, qui se trouve à la bibliothèque de Carpentras (2) et qui est écrit en provençal, il serait mort au mois de septembre de cette même année. L'auteur du manuscrit raconte que Charles de Maine, frère de Louis d'Anjou, revenant de Naples, poursuivit alors, avec ses gens d'armes, Raymond, qui était près du Rhône. Celui-ci, pour s'échapper, sauta dans une barque, armé et à cheval, mais il se laissa tomber dans le fleuve, près des *roquassas del castel de Tarascon*, et se noya.

(1) *Histoire du Languedoc* t. IV. p. 414.
(2) Catalogue, t. 11 p. 432. — Voir aussi PAPON et JUSTEL.

Mais, d'autre part, nous trouvons dans l'inventaire des documents historiques, publié par Tardif, l'indication des pièces suivantes sous la date de 1404 :

Réclamations adressées par Raymond, comte de Beaufort, vicomte de Turenne, à la reine de Sicile, relativement aux pertes qu'il a éprouvées pendant les guerres et aux services qu'il a rendus au roi Louis. — Pièces relatives aux différends qui s'étaient élevés entre le vicomte de Turenne et le maréchal de Boucicaut (1).

Les chroniqueurs ont sévèrement apprécié la conduite de Raymond, en faisant de lui le chef d'une armée de forbans, d'incendiaires et d'assassins, mais le baron de Coston constate que, si l'on en juge par les documents des archives de Montélimar, ce jugement est trop sévère. Dans le Valentinois, dit-il, ses troupes se sont comportées beaucoup plus humainement que la plupart de celles des capitaines catholiques et protestants du XVIe siècle. Les habitants de Montélimar en ont été quittes pour quelques tributs exigés d'eux en vertu du droit que s'arroge le plus fort en temps de guerre, ainsi que la rançon de divers habitants faits prisonniers par les gens d'armes de Roger. (2).

Raymond de Turenne ne laissa qu'une fille, Antoinette, qui avait épousé, en 1383, malgré l'opposition de son père, Jean le Maingre, dit Boucicaut, le futur maréchal de France. Dans un testament daté du château

(1) Arch. Nat. K. 55 n° 22.
(2) COSTON. *Histoire de Montélimar* t. 1 chap. VI.

de Bouzols, en 1399, son père la déshérita bien qu'il l'eût dotée en la mariant et légua une partie de ses fiefs au duc d'Orléans. Eléonore de Beaufort, sœur de Raymond et veuve du comte de Beaujeu, recueillit plus tard les biens que la maréchale de Boucicant, morte sans postérité à Alais, en 1416, avait reçus lors de son mariage. La vicomté de Turenne passa en 1544 dans la maison de la Tour d'Auvergne, par le mariage d'Anne, héritière des Beaufort, avec Agnès de la Tour d'Auvergne. C'est de cette maison qu'est sorti le célèbre maréchal de Turenne.

LES CARDINAUX DU VIVARAIS
ET
LE GRAND SCHISME D'OCCIDENT

(Les Cardinaux Pierre et Jean Flandin, Pierre de Sortenac et Jean de Brogny).

La fin du XIVe siècle, dont nous venons de retracer l'histoire politico-militaire au point de vue du Vivarais, avait été marquée par un grand déchirement religieux, auquel furent mêlés d'assez près quelques personnages de notre pays; il s'agit du schisme d'Occident, commencé en 1378 au conclave de Fondi et terminé seulement en 1417 au concile de Constance. Parmi les membres du conclave de Fondi se trouvaient, en effet, le cardinal Pierre Flandin de Borée et le cardinal Pierre de Bernie ou de Sortenac, évêque de Viviers, sans parler du cardinal Gui de Malsec, rattaché seulement au Vivarais, par son titre de prieur de l'église des Vans. Hâtons-nous d'ajouter que si, par l'action de ces personnages, surtout du premier, le Vivarais participa, d'une façon très-active, aux événements qui amenèrent le schisme (dont la responsabilité, d'ailleurs, pèse beaucoup plus lourdement sur Rome que sur Avignon), il eut l'honneur moins contestable de figurer au premier rang dans l'œuvre de suppression de cette scandaleuse division de l'Eglise, car c'est un de ses évêques, l'illustre Jean de Brogny, qui prit la part la plus glorieuse aux efforts qui ramenèrent finalement l'unité du siège pontifical.

La famille Flandin était de Borée. D'après une tradition locale, elle possédait le château de Contagnet, dont on voit encore quelques ruines au sommet du pic qui domine ce village. C'est là que seraient nés et le cardinal Pierre Flandin et son frère ou neveu (1) Jean, qui revêtit également la pourpre. Il est à remarquer que le nom de cette famille revient, sous deux formes différentes, dans les chroniques du temps. Les documents vivarois portent *Flandin*, mais il en est aussi où l'on peut lire *Flandrin*. Cette dernière orthographe est celle qui a prévalu dans les anciens manuscrits et dans les ouvrages historiques où il est fait mention des deux cardinaux vivarois. Ajoutons que cette différence n'a rien d'étonnant pour tous ceux qui savent avec quelle facilité l'ignorance générale, et celle des intéressés eux-mêmes, permettait l'altération des noms au moyen-âge. M. Deydier dit que le Guy Flandrin, mentionné par Moreri, pourrait bien être le même que le Guigon Flandrin, auquel les Flandrin de Pourcheyrolles ont fait remon-

---

(1) Jean Flandin est généralement considéré comme le neveu de Pierre Flandin. Cependant, comme on le verra plus loin, il est désigné comme son frère *(frater germanus)* dans une lettre écrite par le pape Clément VII au comte d'Armagnac en 1379.

ter leur filiation dans les productions qu'ils firent en 1669 devant l'intendant du Languedoc, pour prouver leur noblesse. Quoi qu'il en soit, la famille Flandin ou Flandrin était alliée aux d'Ucel, de Craux (près d'Antraignes), aux de Trabe d'Aubenas et à d'autres familles du Vivarais. Le chanoine de Banne nous apprend que la mère du chanoine Riffard qui était, de son temps, prévôt de l'Eglise de Viviers, était une Flandin. C'est un de Fages de Chaulnes, de Langogne, maison représentée aujourd'hui par les de Rochemure, de Largentière, qui épousa la dernière descendante des Flandin et hérita de leurs biens.

Pierre Flandin naquit vers 1312. Il s'adonna à l'étude du droit canon, qui était alors le grand moyen d'arriver à la fortune et aux honneurs. « Il y devint, dit Duchesne, très-habile en peu d'années, reçut le bonnet de docteur avec un applaudissement universel de tous ceux qui se plaisoient en cette profession. Sa suffisance toute particulière l'advança dans les dignités ecclésiastiques (1) ».

Il ne faut pas oublier que l'évêché de Viviers, vu sa proximité d'Avignon, était alors en relations très étroites avec la cour pontificale. Ce siège et même les simples dignités de son chapitre étaient brigués alors par le haut clergé, comme le sont aujourd'hui les préfectures voisines de Paris. D'après le chanoine de Banne, l'église de Viviers aurait eu pour prévôt Pierre Roger (le futur pape Clément VI) et pour archidiacre son neveu, également appelé Pierre Roger, (l'oncle de

---

(1) DUCHESNE. *Histoire des cardinaux françois de naissance.*

Raymond de Turenne), qui était connu à Viviers sous le nom de cardinal de Beaufort et qui devint aussi pape sous le nom de Grégoire XI. Sans vouloir contester le mérite de Pierre Flandin, il est permis de supposer que ces circonstances ne furent pas inutiles à l'accomplissement de ses hautes destinées.

Après la mort d'Innocent VI (1362), c'est Guillaume Grimoard, d'une famille noble du Gévaudan alliée à la maison du Roure, qui avait été élu pape sous le nom d'Urbain V. Le nouveau pontife était abbé de Saint-Victor de Marseille depuis 1358. Il remplissait une mission en Italie quand il fut rappelé subitement en France par un ordre non motivé du conclave, et il apprit seulement à Marseille, en débarquant, le 8 octobre, sa promotion à la papauté. C'est de là, suivant le langage de Pétrarque, *qu'il prit son essor sublime, porté comme sur deux ailes par la Providence divine et par sa vertu.* Urbain V se distingua, en effet, par sa piété et son esprit de justice. Il s'efforça de suprimer la simonie et de réformer les mœurs. Quoique Français, il comprenait que la papauté d'Avignon était trop sous la dépendance des rois de France, ce qui devait inévitablement nuire à son autorité sur le monde catholique. C'est pourquoi, profitant de l'amélioration réalisée dans l'état politique de la péninsule par le cardinal Albornoz, il partit un jour (30 avril 1367), pour aller rétablir le Saint-Siège à Rome. Les sollicitations de Pétrarque, qui lui adressa une éloquente lettre dans ce but, paraissent ne pas avoir été étrangères à cette grande détermination. L'empereur Charles IV passa en Italie pour faciliter la tâche du pontife en soumettant les usurpateurs de fiefs ecclésiastiques, mais il était venu avec des forces insuffisantes et ne put épargner à Urbain V des épreuves qui obligèrent celui-ci à repasser les Alpes. Le pape était de retour à Avignon, le 24 septembre 1370, et il y mourut le 19 décembre suivant. Urbain V fut un grand pape et son pays natal, le Gévaudan, lui est redevable d'immenses bienfaits. Aussi une statue, œuvre de Dumont, lui a-t-elle été élevée, il y a une trentaine d'années, sur la place de la cathédrale de Mende, dont il avait été le fondateur. Le docteur Théophile Roussel a contribué plus que personne, par ses études sur la vie et le pontificat d'Urbain V, au succès de la souscription qui fut ouverte pour ce monument.

Le travail du docteur Roussel sur ce sujet fut couronné en 1840 par l'Académie des Inscriptions et Belles-Lettres. Il n'a jamais été publié en entier, mais plusieurs fragments ont paru en 1857, 1858 et 1860, dans le *Bulletin de la Société des Sciences* de la Lozère (1).

Urbain V eut pour successeur sur le siège de Saint-Pierre l'ancien archidiacre de Viviers, qui prit le nom de Grégoire XI. Le nouveau pape, qui connaissait les

(1) Le docteur Théophile Roussel, de Mende, dont il est ici question, est membre de l'Académie de médecine et sénateur. C'est lui qui, dans ces temps de politique creuse et de débats stériles, s'est acquis des titres durables à l'estime et à la reconnaissance publiques, en faisant voter par nos chambres législatives une loi qui a pour effet de sauver chaque année la vie à un nombre considérable d'enfants.

hautes qualités de Flandin, le nomma doyen de la cathédrale de Bayeux avec la prébende de Missy dans la même église, puis auditeur du Sacré Palais et référendaire du pape. Le 6 juin 1371, Grégoire XI créa douze nouveaux cardinaux, dont dix Français, un Romain et un Espagnol. Pierre Flandin fut le huitième de cette promotion. On l'appela le cardinal de Saint-Eustache à cause de son titre.

Deux de ces nouveaux cardinaux, Pierre Flandin et Guillaume Noellat, du titre de Saint-Ange, furent chargés, peu de temps après leur nomination, de juger un cordelier espagnol, le F. Pierre Bonagète, qui répandait des erreurs en Aragon contre la Sainte-Hostie. Fryzon (1) donne le texte de la sentence portée par les deux cardinaux à la date du 11 août 1371. Ces erreurs consistaient à dire que si l'hostie consacrée tombait dans la boue ou dans un lieu immonde, ou si elle était rongée par des animaux ou dérobée par des malfaiteurs, le Christ cessait d'y résider et elle redevenait substance matérielle. Le pape chargea les deux cardinaux d'écrire, en son nom, aux archevêques de Saragosse et de Tarragone pour qu'ils fissent la défense expresse, sous peine d'excommunication, de prêcher et d'enseigner cette doctrine. Déjà la même défense avait été faite à un autre Cordelier nommé Jean de Laton.

En 1372, le pape employa le cardinal de Saint-Eustache « à l'examen des écrits d'un certain Raymond Néophyte — (confondu par quelques uns avec

(1) *Gallia purpurata*. p. 402.

Raymond Lulle) — lequel, ayant abjuré le judaïsme pour entrer dans la religion catholique, et peu de temps après sa conversion dans l'ordre de Saint-Dominique, soutenait effrontément : *Que l'on pouvoit adorer les démons du culte de Latrie ; que c'étoit non seulement juste, mais méritoire de renier le créateur de toutes choses, pour éviter la peine des tourments, pourvu que le reniement se fist seulement de bouche et non pas de cœur ; que tout homme qui pêchoit mortellement estoit hérétique ; que les mauvaises et les bonnes œuvres estoient également agréables à Dieu ; qu'il estoit impossible à l'homme d'accomplir aucun précepte de la Loy pendant le cours de sa vie ; que la secte de Mahomet et la religion chrétienne estoient également orthodoxes : que Jésus-Christ, ses apôtres, et tous les bienheureux estoient schismatiques, et que le schismatique même estoit dans une plus éminente perfection que le catholique.* Les écrits touchant une si extravagante doctrine ayant été savamment discutés par le cardinal P. Flandin, furent condamnés au feu par le pape et brulés par l'archevêque de Tarragone et par l'inquisiteur de la foi en royaume d'Aragon qui en avoient esté les accusateurs (1). »

Il s'agit probablement ici de la même affaire, rapportée par Fryzon dans sa notice sur le cardinal Pierre d'Estain, évêque de Saint-Flour, où il est dit que ce cardinal fut chargé avec vingt docteurs de censurer les erreurs de Raymond Lulle, né à Majorque, qui

---

(1) DUCHESNE. *Histoire des cardinaux françois.* SPONDANUS. *Annalium Baronii continuatio,* 1639.

vivait vers 1240. La question avait été déférée au pape par Aymeric, de l'ordre des Frères Prêcheurs, inquisiteur d'Aragon, comme il résulte d'un diplome de Grégoire XI, adressé à l'archevêque de Tarragone, le 8 février 1376 (1).

Le 16 janvier 1374, Flandin était commis par Grégoire XI pour déclarer que les exécuteurs de grâces, délégués par le siège apostolique, ne pouvaient procéder en droit à l'accomplissement de leur mandat, avant d'avoir reçu les lettres qui s'y rapportaient.

Le 5 mai suivant, le pape le désignait pour un de ses exécuteurs testamentaires.

Dans cette même année, le pape l'envoyait en Etrurie en qualité de vicaire général, mais il était de retour à Avignon, au moins à la fin de 1377.

Grégoire XI, après avoir siégé sept ans à Avignon, se décida, sur les instances des Romains, à ramener la papauté à Rome, mettant fin à ce qu'on appelait alors la captivité de Babylone. Il faisait son entrée à Rome, le 17 janvier 1377. Flandin n'était pas, paraît-il, du nombre des cardinaux qui restèrent à Avignon, et il n'était pas non plus de ceux qui partirent avec le pape, mais il est certain qu'il rejoignit bientôt Grégoire XI en Italie, On sait ce qui arriva. Les Romains, loin d'être reconnaissants au pape, l'abreuvèrent d'insultes et d'humiliations et le chagrin qu'il en ressentit contribua très probablement à avancer sa mort (17 mars 1378).

Ici se place le grand évènement de la vie de Pierre

(1) FRYZON. *Gallia purpurata.*

Flandin, puisque son histoire se confond désormais avec celle du schisme d'Occident. Nous allons résumer impartialement les faits, tels qu'ils ressortent de la protestation des quatre cardinaux français, parlant au nom de leurs collègues (Flandin, Malsec, Sortenac et Noellat), et des autres documents qui furent produits ultérieurement devant le roi de Castille et qui sont conservés parmi les manuscrits latins de la Bibliothèque Nationale.

A la mort de Grégoire XI, le sacré-collège se composait de vingt-trois cardinaux, dont seize se trouvaient à Rome ou aux environs. On distinguait parmi eux trois partis : les Limousins, les Français et les Italiens. Les Limousins, au nombre de sept, voulaient que la papauté restât limousine. Ils proposèrent à Guy de Malsec de le nommer, mais celui-ci refusa. Ils se rejetèrent alors sur Pierre de Sortenac, l'ancien évêque de Viviers, que l'on désignait à cause de cela sous le nom de cardinal de Viviers. Le groupe dit des Français, qui comptait seulement quatre membres, voulait nommer un Français qui ne ne fût pas limousin. « Le monde est las des papes limousins », disait Pierre Flandin. Ce groupe chercha à s'entendre avec les Italiens et l'on dit même qu'il accepta pour candidat le cardinal des Ursins, mais il convient plutôt de voir là une simple manœuvre pour décider les Limousins à se rallier aux autres cardinaux français, car, dans une lettre écrite le 7 octobre, à Rodrigue Bernard, délégué du roi de Castille, Pierre Flandin déclare que l'intention générale était d'élire le cardinal de Viviers et qu'on resta dans ces dispositions jusqu'au moment où l'on se trouva en péril imminent de mort (1).

Or, pendant qu'on négociait, le peuple romain s'agitait et bientôt une délégation des notables de la ville vint déclarer aux cardinaux qu'il fallait nommer *un pape romain ou tout au moins italien*. Cette démarche fut le point de départ d'une série de troubles et d'actes de violence. La salle du conclave fut envahie. La maison du cardinal de Bretagne fut pillée et l'on arrêta ses domestiques pour les mener en prison ; le cardinal se sauva et, sans chapeau ni capuchon, alla se réfugier chez le cardinal de St-Eustache. Tous les membres du sacré collège, saisis de frayeur, se tenaient cachés dans leurs maisons. Les chefs de la populace, encouragés sous main par les autorités romaines, les mirent en demeure d'élire dans les 24 heures un Romain ou un Italien.

Les dépositions, faites par les divers témoins des troubles de Rome pendant le conclave, montrent sous quelle formidable pression et sous quelles menaces terribles, les cardinaux étrangers, cernés par une foule en délire, furent obligés de délibérer. Il n'était question de rien moins que de brûler le conclave, et l'on avait déjà réuni des fagots dans la salle située au dessus. Il eût été sans doute plus héroïque, de la part des cardinaux, de se laisser brûler ou massacrer. Bref, la frayeur fut plus forte chez eux que l'indignation et, le 9 avril, le nom de Barthélemy Prignano, archevêque de Bari, fut proclamé au nom du conclave. Si jamais

---

(1) BALUZE. *Vitœ pap. aven.* t. 1 p. 1002.

élection fut viciée dans son origine, c'est bien celle du nouveau pape qui prit le nom d'Urbain VI, et quand les cardinaux, redevenus libres, la déclarèrent nulle comme accomplie contrairement aux règles canoniques, ils ne firent que proclamer un fait notoire et au dessus de toute discussion.

La déposition d'Artaud, évêque de Grasse, montre combien le cardinal Flandin fut affecté par ces évènements.

Artaud raconte qu'après l'élection d'Urbain, il alla à Saint-Pierre avec l'abbé de Saint-Barthélemy, mais, à cause de la crainte que lui inspiraient les Romains, « parceque le peuple était en fureur », attendu que le jour baissait et que la route était longue, il s'écarta de la voie directe, évita les endroits dangereux et suivit les cardinaux de Saint-Eustache et des Ursins qui s'avançaient entre des groupes de gens armés et furieux. Lorsque nous fûmes, dit-il, dans la maison du seigneur des Ursins et que le seigneur de St-Eustache fut dans la salle de cérémonie (*camera paramenti*), je le vis très affligé, aussi affligé que possible et comme fou de douleur (*vidi ipsum valde afflictum imo afflictissimum et vere fuit mihi visum quod esset quasi alienatus à mente.*) Il me demanda pourquoi j'étais venu. Je lui répondis que c'était pour voir s'il avait quelque chose à m'ordonner, et j'ajoutai en langue vulgaire : Hé ! très-révérend Père, vous êtes très affligé ! Il me dit : C'est vrai ; mais vous, qui avez été dans les rébellions d'Italie, voyez-vous un remède ? — Vraiment non, très-révérend Père, car si le tumulte ne s'apaise pas de lui-même, je ne vois pas ce qu'on peut faire. J'entends dire, il est vrai, que les nôtres, qui sont au château Saint-Ange, sortent contre les Romains. Or, si par malheur ils tuent quelqu'un, nous sommes tous morts. Qu'il plaise donc à Votre Paternité d'envoyer en ce lieu pour engager à ne faire aucun mouvement illicite. Le cardinal me répondit que c'était bien pensé. Et il ajouta : Mais ne croyez pas que ce jeu puisse en rester là ! (1) »

Quelques historiens ont soutenu que le vice originel de l'élection d'Urbain VI avait été effacé par le consentement ultérieur des cardinaux, puisqu'ils traitèrent pendant près de trois mois Urbain VI comme pape ; mais il faudrait pour cela supposer que la contrainte et la pression cessèrent après l'élection, ce qui est nié formellement par les cardinaux, et il est évident que la conduite ultérieure d'Urbain VI, sa cruauté envers quelques uns de ses propres cardinaux, ne sont pas de nature à infirmer cette dénégation.

Urbain VI avait si bien le sentiment de sa fausse situation, qu'il obligea les cardinaux — circonstance tout-à-fait inusitée — à notifier eux-mêmes son élection à leurs gouvernements respectifs, espérant sans doute faire oublier, par cette sorte de confirmation du vote du conclave, les incidents fâcheux qui en avaient altéré la sincérité. Les cardinaux durent encore céder *par crainte de pire*, comme dit l'un d'eux (Malsec). Toutefois, d'après le témoignage du F. Ange, cordelier, Flandin déclara qu'il n'avait annoncé à personne que

(1) Baluze. *Vita pap. aven.* t. 1 p. 1456.

l'archevêque de Bari avait été élu pape. Mais il paraît que tous les autres, même le cardinal de Genève (le futur Clément VII), furent contraints d'écrire dans les termes qui leur furent dictés par Urbain VI et les chefs du peuple romain.

Le fort Saint-Ange, gardé par Pierre Rostaing, refusa seul de se soumettre au nouveau pape et resta fidèle aux cardinaux français. S'il faut en croire un document émané d'Urbain VI, celui-ci aurait fait des offres d'argent au cardinal de Saint-Eustache en vue d'arriver à la soumission de ce fort, mais le cardinal n'aurait pas répondu à ces avances. En attendant, tous les cardinaux étrangers s'étaient échappés de Rome, l'un après l'autre, pour se réunir à Anagni. Là ils firent connaître publiquement que leur vote n'avait pas été libre et proclamèrent l'invalidité de l'élection. Ils se constituèrent en même temps une petite armée de défense contre les entreprises d'Urbain VI. Ce corps était composé précisément des troupes bretonnes et gasconnes, au nombre de 10,000 hommes, qu'Urbain avait appelées en Italie pour les employer contre les Florentins, et c'est le cardinal de Saint-Eustache qui les détermina à quitter le service d'Urbain pour protéger les cardinaux, leurs compatriotes, contre l'intrus. Les cardinaux français avaient, dès le premier jour, invité leurs collègues italiens, restés fidèles à Urbain VI, à venir délibérer avec eux pour l'élection d'un nouveau pape. Il y eut d'assez longs pourparlers entre les deux partis. Les principaux eurent lieu près de Palestrina, au commencement du mois d'août : d'un côté, les trois cardinaux italiens, et de l'autre les cardinaux de Genève, de Saint-Eustache et de Poitiers (Malsec), représentant leurs collègues français. Les Italiens proposèrent la voie d'un concile général pour terminer le différend. Les Français répondirent qu'ils ne pouvaient trancher un point si important sans prendre l'avis de leurs collègues d'Anagni.

Les difficultés au sujet de la composition et du siège du concile étaient nombreuses. On proposait de le composer des prélats de toutes les provinces catholiques, « qui étaient hommes lettrés et de bonne conscience », dans les proportions suivantes : un tiers d'Italiens, un tiers de Français et un tiers d'Espagnols. Quant au siège du concile, les cardinaux italiens proposaient de le convoquer à Pise, Naples ou Venise, mais les autres répondirent qu'ils se garderaient bien de se remettre *in loco suspecto ubi civitas vel locus regebatur per populum*, et ils indiquaient le Piémont comme le siège le plus convenable de la réunion.

Les cardinaux d'Anagni furent unanimes pour rejeter la proposition de concile général. Pierre Flandin, qui paraît avoir été leur porte-parole, reproduit, dans son manuscrit, les raisons qu'il y opposa et qui se réduisent à ceci : qu'on ne pouvait ni convoquer le concile ni le tenir parcequ'il n'y avait pas de pape, « car c'est le pape qui doit convoquer le concile et c'est de l'autorité du pape que les décisions du concile tirent leur force. » Au fond, il ne semble pas que, d'aucun côté, on ait voulu sérieusement le concile. Odoric Raynald (1) dit bien qu'Urbain VI se soumettait

(1) *Annales ecclésiastiques.*

au concile. Mais Baluze (1) lui reproche d'altérer effrontément les faits et lui oppose le témoignage d'Urbain lui-même. Flandin constate qu'Urbain ne voulut jamais consentir au concile général.

Quoi qu'il en soit, les conférences de Palestrina furent suivies de la défection des trois cardinaux italiens qui ne retournèrent plus auprès d'Urbain. Quelques jours après, le conclave de Fondi élisait pape Robert de Genève qui prit le nom de Clément VII et qui naturellement fixa son siège à Avignon tandis qu'Urbain VI siégeait à Rome.

Pierre Flandin composa, à la suite de ces évènements, son *Tractatus de schismate* dont le manuscrit original, conservé dans la bibliothèque du cardinal Sirlet au XVIIe siècle, a été sans doute transporté à la bibliothèque du Vatican, mais dont il existait des copies à l'ancienne bibliothèque Colbert et à celle de Harlay, copies qui ont passé à la Bibliothèque Nationale (2). Le *Tractatus de schismate*, commencé à Fondi en septembre 1378, ne fut terminé qu'en mars ou avril de l'année suivante à Avignon. C'est l'apologie officielle du schisme, le principal traité spécial sur la matière, qui ait été écrit à cette époque. Nous avons eu la patience de lire ce document, où l'abondance des citations prouve l'érudition de l'auteur, au point de vue du droit canonique, mais qui, pour tout lecteur moderne, ne vaut pas le simple exposé des faits contenu dans la protestation des cardinaux, dont nous

(1) *Vitæ paparum aveniensium.*
(2) Voir aux manuscrits latins de la Bibliothèque Nationale n°s 1469, 1470, 1472 et 1479.

avons déjà parlé. Cette protestation a été reproduite par Baluze (1) et Duboullay (2). On trouve, de plus, aux manuscrits latins de la Bibliothèque nationale les objections présentées contre le traité de Flandin par le cardinal de Tolède avec la réponse de Flandin, ainsi qu'une autre réponse de Flandin à une lettre d'un Frère-Prêcheur.

Le cardinal de Saint-Eustache s'était posé, comme on le voit, au premier rang des adversaires du pape de Rome, et il n'est pas étonnant qu'il se soit attiré les foudres de ce dernier. Urbain VI l'excomunia personnellement avec Clément VII et deux autres cardinaux, en les qualifiant tous d'enfants de perdition et, de plus, il inséra, dans les formules de foi qu'il présentait aux nouveaux évêques et abbés de son parti, une clause par laquelle on s'obligeait à ne donner aucun secours ni conseil à ces quatre excommuniés.

Au commencement de janvier 1381, Flandin fut atteint d'une maladie grave. Informé de la gravité de son état, il voulut recevoir le viatique, et la communion lui fut donnée, le 17 janvier, par F. Raymond de Bona, évêque de Vaison.

Voici la traduction de la profession de foi faite par Pierre Flandin à son lit de mort :

« *In nomine Domini. Amen.* Par ce présent instrument public, qu'il apparaisse clairement à tous qu'en l'an 1381 de la Nativité du Seigneur, le 17 janvier, vers l'aurore de ce jour, la troisième année du pontificat de

---

(1) *Vitœ pap. aven.* t. 2. p. 821.

(2) *Historia Universitatis Parisiensis*, t. IV p. 468.

notre très-Saint Père Clément VII, pape par la Providence divine, — Très révérend Père en Christ et Seigneur, messire Pierre Flandrin, cardinal diacre de la Sainte-Eglise Romaine, du titre de Saint-Eustache, en présence de moi notaire et des témoins soussignés, constitué en personne, — sain d'esprit quoique pris d'infirmité corporelle — après la messe célébrée devant lui par le révérend Père en Christ, messire Raymond, évêque de Vaison, a demandé dévotement et humblement que le sacré viatique de notre pérégrination, c'est-à-dire le sacrement de l'Eucharistie, lui fût présenté par ledit évêque.

« En présence du Corps sacré du Christ constitué devant lui et qu'il allait recevoir en bon et fidèle catholique, il adressa, de son propre mouvement et de sa volonté spontanée, les paroles suivantes au seigneur évêque, revêtu de l'étole et du pluvial, et aux autres assistants :

« Je remémore avec une grande amertume de cœur
« le présent schisme que je crois être arrivé par l'effet
« de nos péchés (*nostris peccatis exigentibus*); à
« l'apaisement duquel quelques uns prêtèrent la main
« seulement en parole, et les autres en fait, et les
« premiers sont nombreux ; mais d'autres, par la
« parole et par l'action, par l'exemple de la sainte
« prédication et de la doctrine, comme sont les cardi-
« naux légats ; d'autres, restant chez eux et donnant
« les conseils qu'on leur demandait ; d'autres, mettant
« la main à la plume et, à cause de la nouveauté du
« cas, écrivant des traités sur cette matière, et je fus
« un de ceux là. »

«, Ces paroles dites, il dit, affirma et confessa publiquement en ces termes :

« Moi, qui fus présent dans le fait du schisme et
« touchai du doigt *(palpavi)* les mérites de l'affaire,
« je crois sans aucun doute et j'affirme fermement que
« notre très Saint-Père en Christ et notre Seigneur le
« pape Clément VII, a été canoniquement, légalement
« *(rité)* et saintement élu pape et vrai pontife romain,
« reçu et intronisé et toutes règles observées *(ser-*
« *vatis servandis)* dûment couronné, et que notre
« seigneur Clément est le vrai pape et pontife romain
« comme l'a été Grégoire XI son prédécesseur immé-
« diat, qui me fit cardinal. Et telle est ma foi dans
« laquelle je veux vivre et mourir et je demande qu'il
« m'en soit dressé un acte public. Et de plus je crois
« fermement que, dans le traité que j'ai écrit sur cette
« question du schisme, je n'ai rien posé ni écrit qui
« soit contraire en quelque manière à la vérité de la
« foi catholique ou aux décisions de la Sainte Eglise
« romaine, et là dessus aussi je demande qu'il m'en
« soit dressé un acte public. »

« Après cela, ledit seigneur cardinal demanda avec humilité et dévotion que le seigneur évêque, revêtu pour cela de pleins pouvoirs par le très Saint-Père Clément VII, lui accordât, dans les formes accoutumées de l'Eglise, l'absolution et la rémission de tous ses péchés par l'autorité de Clément VII.

« Et l'évêque, après le *Confiteor* dit en entier, à haute et intelligible voix, par le seigneur cardinal, pour sa confession générale habituelle, lui donna, dans la forme accoutumée, l'absolution et la rémission plénière de tous ses péchés par l'autorité de notre S. P. le pape Clément VII.

« Et cela fait, le seigneur cardinal reçut avec une grande humilité et dévotion, du seigneur évêque de Vaison, le très-saint sacrement de l'Eucharistie.

« Fait à Avignon, dans la maison d'habitation du seigneur cardinal, dans sa chambre particulière, où il avait l'habitude de dormir et où il était alors couché malade, l'an, le mois, le jour, l'heure et le pontificat désignés.

« Témoins :

« Révérends Pères en Christ, messires Gille Belle-mère, docteur en l'un et l'autre droit et auditeur du pape pour les lettres contradictoires; Jean, archevêque d'Auch ; Pierre, évêque *Lanellensis* (?); Raymond, évêque de Vaison; Hugues, évêque de Tortose;

« Et vénérables hommes :

« F. Etienne de Téoule *(Tegula)*, maître en écriture sacrée et pénitentier de N. S. P. le Pape; Gilles Descours (*de Curtibus*), docteur en décrets et auditeur des causes du sacré palais apostolique; Bernard de Brugayrolis, archidiacre de Silva dans l'église de Gérone ; Dominique Pons, précenteur de Lérida; Raymond Chalmel, de Viviers, maître en médecine, doyen de Valence; Bertrand Doladilhe, camérier du seigneur cardinal; André Suffleau, archidiacre du Mans ; Bertrand Vincent, trésorier du Venaissin; Jean de Bossac, Jean Vacheresse et Jean Goupil, cubiculaires; Etienne Major, maître de chapelle et aumônier; J. Jean de

Piquignac, de l'ordre des Augustins, chapelain de la chapelle du seigneur cardinal et plusieurs autres témoins tant clercs que laïques appelés et priés spécialement pour la circonstance ;

« Et moi, Armand Dubois *(de Bosco)*, clerc du diocèse de Viviers, notaire public par l'autorité apostolique, présent à tout ce qui précède, à l'oblation du corps de N. S. J. C., à la réception, à l'assertion, à la confession, à la célébration de la messe, à la rémission des péchés, avec les autres témoins présents, ayant vu et entendu ; et, requis, en ai pris acte, et par conséquent, signant de ma main ce présent instrument public que j'ai fait écrire par un autre, j'y ai apposé mon signe accoutumé, en étant prié et requis par ledit seigneur cardinal en témoignage des faits.

« Et moi Gilles Bellemère, docteur en l'un et l'autre droit, auditeur à l'audience des lettres contradictoires de N. S. le pape, j'ai été présent à tout ce qui précède et j'en affirme, en conscience, la vérité. En témoignage de quoi, j'ai signé de ma main.

« Et moi Jean, archevêque d'Auch, j'ai été présent à tout ce qui précède et j'en affirme, en conscience, la vérité. En témoignage de quoi, j'ai signé de ma main.

Signent également de leur main, avec la même formule, les témoins suivants :

> Pierre, évêque *Lanellensis*,
> Etienne de Téoule,
> F. Raymond de Bona,
> Gilles Descours,
> Bernard de Brugayrolis,

Dominique Pons,
Reymond Chalmel, de Viviers,
André Suffleau.

Un incident curieux, caractéristique des passions du temps, se produisit quelques années après, à l'occasion de cette profession de foi. Le notaire instrumentant, ayant passé dans le parti d'Urbain VI, eut l'audace de fabriquer un nouveau document, tout différent du premier, que Baluze reproduit avec ce titre: *Sequitur tenor testamenti falsati domini cardinalis S^{ti}-Eustachii.*

Les témoins que le faussaire fait figurer dans cette pièce ne sont pas tous les mêmes que dans le document authentique. On n'y retrouve ni l'archevêque d'Auch (Jean Flandin), ni l'évêque *Lanellensis*, ni celui de Vaison, ni Gilles Bellemere. En revanche, on y a ajouté Raymond de Pazolis, archidiacre de Viviers, et Doladilhe y est qualifié prieur de St-Martin de Valgorge (1).

Le chanoine de Banne nous apprend que Pierre Flandin légua à la communauté des prêtres de Viviers douze mille florins d'or, pour faire douze distributions de pain et de vin, une par mois, « à tous messires de l'Eglise de Viviers et à l'aumône du cloître pour le repos de son âme. » Il fut enterré dans l'église cathédrale de Viviers. « Son tombeau, dit de Banne, fut desmoli par les Luthériens et en l'année 1606 qu'on pavoit le chœur de notre église, la cuve dudit tombeau fut ouverte où l'on vit son corps. »

(1) *Vitœ paparum aveniensium* t. 2 p. 928 et 933.

Le sacristain Jacques de Romieu fit l'épitaphe suivante pour honorer la mémoire de ce prélat :

> HIC EST CRYPTA PETRI FLANDINI. SISTE VIATOR.
> NAMQVE SVB HAC RVBEI CARDINIS OSSA LATENT.
> TANTI PLVRA PATRIS SI QVAERIS, SI GENVS VNDE
> SI PATRIAM, VITAE PLVRIMA SCRIPTA LEGE
> DE ROMIEV SACRISTA VIVARII.

On sait que l'auteur de cette épitaphe n'est autre que le chanoine poète Jacques de Romieu, l'auteur d'un volume de vers publié à Lyon en 1584 et l'auteur aussi d'une histoire manuscrite du diocèse de Viviers (1).

Pierre Flandin était l'un des quatre protecteurs que l'ordre militaire de Saint-Jean de Jérusalem avait auprès du pape Clément VII, que cet ordre reconnaissait comme légitime successeur de Grégoire XI (2).

Jean Flandin bénéficia naturellement de la haute position de son frère (ou son oncle), le cardinal de Saint-Eustache, à la cour d'Avignon. Il fut comme lui docteur-ès-lois. Ses premières dignités furent celles de chanoine de Viviers et doyen de Laon. Pierre Flandin chercha à le faire nommer évêque de Marseille. En 1371, il fut élu évêque de Carpentras, à la place de Jean Roger transféré à l'archevêché d'Auch. Il siégea à Carpentras de 1371 à 1374. Plus tard, Philippe d'Alençon, le successeur de Roger à Auch, s'étant déclaré pour Urbain VI, Clément VII le révoqua et

---

(1) Au sujet de Jacques de Romieu, et de sa nièce, la poétesse Marie de Romieu, voir notre *Voyage au pays helvien.*

(2) DUCHESNE. — *Vie des cardinaux françois.*

nomma pour lui succéder Jean Flandin par lettres données à Spolette le 13 juillet, an 1er de son pontificat (1378). Dans l'intervalle, le comte d'Armagnac, ayant connu la vacance du siège d'Auch, écrivit, le 20 octobre 1379, à Clément VII pour qu'il donnât cet archevêché à l'évêque de Lectoure. Clément répondit, le 17 novembre, que l'affaire n'était pas entière, parcequ'il avait déjà disposé de l'archevêché d'Auch « en la personne de Jehan Flandrin, frère germain de nostre amé fils le cardinal de Saint-Eustace. » Il ajoute qu'il a « singulière affection » pour Jean Flandin, pour plusieurs causes, especialement pour les grands mérites de sa personne » (1). Cette affaire dut donner lieu à d'assez longues négociations, car les bulles de Clément VII, qui nomment Flandin à l'archevêché d'Auch, sont seulement de 1379 et l'on voit qu'il ne prit possession de ce poste que le 21 octobre 1380, par procuration. Selon la chronique d'Auch, les évêques et les abbés de la province d'Auch, assemblés au synode convoqué par le chapitre métropolitain à Saint-Sever-Cap-de-Gasgogne, auraient rejeté, en cette même année de 1380, la communion de ce prélat, parce qu'il suivait le parti de Clément VII. Il est certain qu'en 1383, l'archevêque Jean administrait paisiblement son diocèse, puisqu'il fit alors des statuts concernant le service divin dans la métropole : il y ordonnait que chaque chanoine, dans la première année de sa réception, donnerait 20 livres d'or pour une chape à l'usage de cette église. Il accorda trois

(1) BALUZE. *Vit. pap. aven.* t. 2. 876.

jours d'indulgence à ceux qui feraient une inclination de tête quand on prononce *Gloria Patri*, etc., ou le saint nom de Jésus ou de Marie. Il rappela dans les mêmes statuts les indulgences accordées par le pape Jean XXII à ceux qui récitent l'*Angelus*, etc. Il ordonna des punitions pécuniaires contre les chanoines qui porteraient la robe ou le surplis rapiécé ou déchiré et ordonna encore que, quand les chanoines passeraient devant le maître-autel, ils feraient une inclination et se découvriraient la tête en rabattant leur capuchon. C'est du temps de ce prélat que les Jacobins furent établis à Auch. Jean Flandin paraît avoir été attaché spécialement à la personne de Clément VII après la mort du cardinal de Saint-Eustache.

Le 17 octobre 1390, Clément VII le créa cardinal-prêtre. Il était alors absent, mais il arriva quelque temps après à Avignon et entra dans la curie le 17 juin 1391. On lui donna le titre de Saint-Jean et Saint-Paul dit Panmachius. On l'appelait communément le *cardinal d'Auch*.

Le *Gallia Christiana* commet au moins deux erreurs à son sujet : la 1re, en le faisant assister en 1365 au concile d'Apt, ce qui provient sans doute d'une confusion avec Pierre Flandin ; la 2e, en fixant à 1371 sa nomination à Auch, ce qui est notoirement inexact, car Roger y siégea jusqu'en 1374 et y eut même pour successeur Philippe d'Alençon pendant quelques années. D'après la Chronique du diocèse d'Auch, Flandin fut élu par le chapitre d'Auch en 1378, ce qui ne concorde guère avec les faits rapportés.

Après la mort de Clément VII, arrivée le 16 septembre 1394, Jean Flandin prit part à l'élection de Pierre de Lune (Benoit XIII). On avait prié le roi de France d'intervenir pour empêcher l'élection d'un nouveau pape d'Avignon. La Sorbonne fit les plus grands efforts en vue de mettre fin au schisme. Peut-être, sans la mort inopinée de Clément VII, ce résultat eût-il été atteint. Le 2 février suivant, un concile national réuni à Paris décida de faire une démarche pour engager les deux papes à abdiquer. Les ducs d'Orléans et de Berry, frères du Roi, furent envoyés à Avignon pour conférer avec les cardinaux. Jean Flandin, questionné par eux sur la question de savoir s'il approuvait le moyen proposé pour ramener l'unité de l'Eglise, savoir la retraite simultanée des deux papes, répondit qu'il adhérait à l'opinion du cardinal de Pampelune (grand partisan de Benoit XIII), « si l'on juge que par cette voie on peut arriver à l'union. » Toutefois, il ajouta que « si l'honneur et la liberté de l'Eglise, de notre S. P. Benoit, et aussi de la maison de France et de ceux qui ont soutenu notre parti, étaient sauvegardés par la voie de la retraite, et si l'intrus voulait se retirer le premier, il pensait que notre seigneur le pape serait tenu aussi de se retirer, et dans ce cas ce serait la meilleure voie à suivre. »

Après le départ des ducs, quelques personnes essayèrent d'amener les cardinaux à changer d'avis, ce qui émut beaucoup Flandin. Il écrivit alors des lettres dans lesquelles il insistait sur l'iniquité de ceux qui paraissaient vouloir empêcher un accord. Il écrivit au roi, le 8 octobre, pour déclarer qu'il persistait dans l'opinion qu'il avait émise à Villeneuve devant les ducs, qu'il voulait y persister jusqu'à la mort et qu'aucun de ceux que contrarierait un accord n'était assez puissant pour l'entraîner dans un autre sentiment.

En 1381, pendant qu'il était archevêque d'Auch, Jean Flandin était venu à Viviers poser la première pierre de l'église Saint-Laurent, ainsi qu'il résulte d'une inscription qui existait encore du temps du chanoine de Banne. C'est à Viviers qu'il mourut en 1396, deux ans après l'élection de Benoît XIII, et c'est dans cette église qu'il fut enterré, conformément à ses prescriptions testamentaires.

Il est à remarquer qu'il y a eu trois églises Saint-Laurent à Viviers : la première est celle dont il est ici question et qui fut détruite par les protestants ; la seconde est celle qu'on rebâtit après les guerres religieuses et la troisième, enfin, l'église actuelle, a été récemment construite sur l'emplacement des deux autres. Les travaux de cette dernière ont fait retrouver le tombeau de Jean Flandin. On a dit que ce personnage, avant d'être nommé archevêque d'Auch, aurait administré pendant un certain temps l'évêché de Viviers, dont le titulaire Jean de Brogny, retenu par ses hautes fonctions auprès des papes, ne fût jamais que le directeur honoraire, mais nous ne connaissons aucun document qui justifie cette version.

Ce sont les cardinaux Flandin qui ont fait bâtir l'église romane de Saint-Clément-sous-Fay.

Le château de Pourcheyrolles, dont on voit les

ruines près de Montpezat, sur un promontoire basaltique, parait avoir été l'œuvre de Pierre Flandin. On y voyait encore, il n'y a pas bien longtemps, ses armoiries gravées sur une pierre encastrée dans l'un des murs de la grande salle. Pierre Flandin *portait d'argent à la fasce de gueules, accompagnée de trois roses de mesme, deux en chef et une en pointe.* Duchesne, qui donne ces armoiries, ne donne le portrait d'aucun des Flandin.

Pour en finir avec ces deux hauts personnages, nous devons consigner ici les faits suivants qui tendent à indiquer un lien de parenté entre eux et Mgr. Frayssinous, l'illustre évêque d'Hermopolis, qui fut ministre de l'instruction publique sous la Restauration.

D'après une tradition du diocèse d'Auch, l'archevêque Jean Flandin avait amené une nièce avec lui dans cette ville, et il l'avait mariée avec un médecin de la contrée. A la suite de ce mariage, d'autres Flandin ou Flandrin du Vivarais auraient été aussi attirés en Rouergue par l'archevêque ou par sa nièce. Ce qu'il y a de certain, c'est que la grand'mère de Mgr Frayssinous était une Marianne Flandrin. Nous lisons dans la vie de ce prélat, publiée en 1844 par M. Henrion :

« Il y avait même eu des cardinaux dans la famille de l'aïeule paternelle de Frayssinous, et voici à ce sujet une note écrite de sa main: *La tradition de la famille Flandrin de Saint-Chély, d'où est sortie ma grand'mère paternelle, porte qu'elle est originaire du Vivarais et qu'autrefois elle a eu des cardinaux.* »

M. Amable Frayssinous, neveu de l'évêque d'Hermopolis, questionné au sujet de cette parenté par M. Charreyre, ancien curé de Borée, lui répondait par la lettre suivante :

Saint-Côme-sur-Lot (Aveyron),
16 avril 1869,

« .... Ma famille est très ancienne dans ce pays. Il résulte d'un acte authentique de 1347 qu'elle avait son domicile au Puech, paroisse de Curières, où il est encore présentement et qui est encore ma propriété, bien que l'hiver nous habitions Saint-Côme dont le climat est plus tempéré. Non loin de là se trouve la petite ville de Saint-Chély, chef-lieu de canton. Une famille Flandrin y est établie depuis assez longtemps. Ma grand'mère, Marianne Flandrin, en est sortie, il y a plus d'un siècle, vers 1730, si je ne me trompe. La tradition locale était que cette famille était originaire du Vivarais. Il n'y a pas loin de nos montagnes d'Aubrac au département de l'Ardèche. Quoi qu'il en soit, la tradition locale était à St-Chély qu'il y avait eu des cardinaux dans cette famille Flandrin, et cette tradition était appuyée même d'un chapeau cardinalice qui s'est conservé longtemps dans la maison et dont la tradition ne s'est perdue que depuis la Révolution de 1790. Cette famille Flandrin s'est éteinte, quant au nom du moins, faute de descendants mâles. J'ai beaucoup connu le dernier représentant mort il y a 40 ou 50 ans. Je le voyais rarement qu'il ne me parlât des deux cardinaux en question dont il se montrait naturellement fier. Il lui venait quelquefois en pensée que mon oncle, l'évêque d'Hermopolis, déjà monté en dignité, pourrait reconstituer le cardinalat dans la famille. Je peux dire qu'il ne l'a pas voulu.... »

Un aperçu de la vie du cardinal de Brogny, qui fut évêque de Viviers, va maintenant nous fournir l'occasion de terminer l'histoire du grand schisme d'Occident.

Les plus anciens historiens des cardinaux, Ciacconius et Fryzon, ne donnent que peu de détails sur l'origine et les actes du cardinal de Brogny, en constatant, d'ailleurs, tous deux la part considérable qu'il prit au rétablissement de l'unité de l'Eglise. Le premier l'appelle *Johannes de Broniaco* et le second *Johannes Alermet de Embroniaco*. Duchesne dit « Jean Fraczon vulgairement appelé de Brogny, mal nommé de Brogniac et d'Embroniac. » Moreri l'appelle Brognier. Selon la chronique de Jacques Fodéré, cordelier, son père s'appelait Marmet Alermet surnommé *le François*, ce qui peut expliquer la diversité des noms ci-dessus. Quelques auteurs plus modernes, suivis par Soulavie, ont voulu rattacher ce prélat à une noble famille provençale appelée d'Alonzier, qui existait au siècle dernier à Bollène, et qui avait les mêmes armes que le cardinal. Le père du cardinal, disent-ils, était de cette famille, qui, obligée par le délabrement de ses affaires de quitter le pays, se serait retirée en Savoie près d'Annecy. Mais cette version est contredite par toutes les pièces authentiques que l'on

JEAN DE BROGNI, CARDINAL DE VIVIERS

possède, notamment par le testament et le codicille du cardinal et par la procuration qu'il passa pour la fondation des Dominicains d'Annecy. Ces pièces, en effet, loin d'indiquer une origine provençale, montrent que la famille du cardinal était bien de la Savoie. Ce qui est vrai, c'est qu'une petite nièce du cardinal, comme on le verra plus loin, épousa un Rolet d'Alonzier, famille du Genevois, qui alla s'établir plus tard dans le Comtat. Quant à l'argument tiré de l'identité des armes, Besson (1) fait observer que le cardinal se les donna à lui-même avec cette devise : *Christe Crucem cruentasti.*

Parmi les anciennes notices publiées sur Brogny, celle de Duchesne est la plus détaillée ; on y voit le portrait du cardinal avec ses armes : « il portoit d'or à la double croix de gueule à la bordure de mesme. ».

Le futur président du concile de Constance naquit à Annecy-le-Vieux (2), vers 1342, s'il faut s'en rapporter à l'auteur de son oraison funèbre prononcée à Rome en 1426, qui lui donne l'âge de 84 ans (3), ou seulement en 1347 d'après les actes contemporains des autres membres de cette famille. Brogny est un

---

(1) BESSON, curé de Chapeiry, diocèse de Genève, a publié des *Mémoires pour l'histoire ecclésiastique des diocèses de Genève, Tarentaise, Aoste et Maurienne.* Nancy (Annecy) 1759, in 4°. Cet ouvrage, qui est très-rare, est coté à la Bibliothèque Nationale k. 737.

(2) Annecy-le-Vieux est une commune d'environ 1,300 âmes, à quatre kilomètres d'Annecy, sur un côteau qui domine le lac.

(3) *Oratio Francisci Blanchi de Vellate scriptoris apostolici in commendationem vitœ et exitûs bonomeriti domini Iohannis Episcopi Ostiensis ac S. R. Eccl. vice-cancellarii.* Document reproduit dans l'ouvrage de Besson.

ancien pont sur le torrent du Fier, qui a donné son nom à deux hameaux voisins : le Grand-Brogny et le Petit-Brogny. C'est dans ce dernier, distant d'un kilomètre d'Annecy-le-Vieux, qu'était la maison de Jean Fraczon, le père du cardinal, maison dont les restes existaient encore en 1860 au bas du côteau. L'enfant fut baptisé à l'église paroissiale de St-Laurent, qui avait été élevée sur un temple païen, ainsi qu'on l'a constaté lors des fouilles pour l'édification d'une nouvelle église qui lui a succédé depuis environ quarante ans (1).

Jean commença par être gardeur de pourceaux. Des religieux qui le rencontrèrent, l'ayant fait parler, furent frappés de son intelligence et l'emmenèrent avec eux à Genève. Mais le petit bonhomme n'avait pas de souliers. On alla chez un cordonnier qui lui en fournit à crédit. Quand me payerez-vous ? — Quand je serai cardinal, répondit-il. On a raconté la même histoire ou à peu près de Sixte-Quint et de quelques autres, notamment du cardinal Donnet. Mais, outre que la priorité appartient à Brogny, la vérité fondamentale de l'incident est attestée en ce qui le concerne par un monument contemporain, puisque c'est lui-même qui s'était fait représenter gardant les pourceaux dans la chapelle des Macchabées qu'il avait fondée à Genève. Le biographe ajoute que l'enfant accompagna à Rome les religieux ses protecteurs et y étudia les belles-lettres, ce qui lui inspira le désir de revoir sa patrie.

(1) Notes de M. le chanoine Ducis, archiviste du département de la Haute-Savoie.

Mais cette version du voyage à Rome est contredite par la plupart des auteurs qui se sont occupés de Brogny. C'est à Genève qu'il paraît avoir fait ses premières études, et c'est à Avignon qu'il alla ensuite étudier le droit canon et qu'il fut reçu docteur, comme il le dit lui-même dans son testament. Il résulte, d'autre part, des détails contenus dans son oraison funèbre qu'il se fit bientôt à Avignon une grande réputation et que l'archevêque de Vienne le choisit pour son vicaire général à Romans. Plus tard, on le retrouve Chartreux au monastère de la Ste-Trinité près de Dijon, où le duc de Bourgogne, Philippe le Hardi, ayant apprécié ses rares qualités, le pourvut des prieurés de Fleury-sur-Ourches et de St-Marcel-lès-Châlons. Après l'élection de Clément VII (1378), le duc fit choix de Brogny pour aller annoncer au pape d'Avignon que le duché de Bourgogne était de son obédience. Le pape prit Brogny en affection particulière, lui donna le titre de camérier et lui confia l'éducation de « son neveu, le fils de sa sœur, qu'il fit ensuite cardinal de Saluces. »

Grillet (1) dit que ce neveu était Humbert de Thoire-Villars. Or, Marie, sœur de Clément VII, avait bien, en effet, épousé, en secondes noces, Humbert VII de Thoire-Villars, mais leur fils Humbert ne fut jamais cardinal, et l'on sait qu'il épousa Louise de Poitiers. D'ailleurs, ils n'eurent pas d'enfants et leur héritage du comté de Genevois passa à Odon, leur oncle, qui le vendit à Amédée VIII de Savoie en 1401. Clément

(1) *Dictionnaire historique du Mont-Blanc et du Léman.*

VII avait quatre autres sœurs toutes mariées, mais on n'a pu encore trouver, parmi leurs enfants, le neveu authentique, dont l'éducation avait été confiée à Jean Fraczon et qui serait devenu évêque de Saluces (1).

Jean Fraczon fut nommé par Clément VII évêque de Viviers vers 1380.

Quelque temps après, le 12 juillet 1385, il était créé cardinal du titre de Ste-Anastasio. Plus tard, après avoir rempli pendant plusieurs années l'office de directeur de la grande pénitencerie, il fut nommé vice-chancelier de la cour romaine.

Sur son passage à Viviers, on a peu de chose. On sait seulement qu'il ne voulut pas poursuivre un procès commencé contre le chapitre par son prédécesseur, Bernard d'Aigrefeuille, sur des questions de juridiction. Brogny fut depuis lors désigné sous le nom de *cardinal de Viviers* qui avait été porté avant lui par Pierre de Sortenac, mort l'année précédente.

Peu après sa promotion au cardinalat on trouve Brogny mêlé aux négociations politiques qui avaient pour objet le royaume de Naples, que les deux papes se disputaient. La reine Jeanne était pour Clément VII. Urbain VI se vengea en prêchant une croisade contre elle, et Charles de Duras fut l'exécuteur de ses ressentiments. De son côté, Clément VII suscita contre Duras le duc d'Anjou que Jeanne (mise à mort par Duras en 1382) avait institué son héritier. Il existe un traité, signé par neuf cardinaux, dont le cardinal de St-Eustache (Pierre Flandin) et le cardinal de Viviers

(1) Notes de M. le chanoine Ducis.

(c'était alors Pierre de Sortenac), par lequel Clément VII accorde au duc d'Anjou les décimes les plus larges sur les revenus ecclésiastiques, tant en Languedoc qu'en Langue-d'Oïl, le droit d'imposer des subsides, etc., pour faire réussir ses projets en Italie. On sait que le duc d'Anjou, profitant des facilités que lui donnait la mort de Charles V, puisa largement à cet effet dans le Trésor royal. Il partit au commencement de 1382 et, après avoir fait preuve d'une véritable incapacité militaire, mourut à Bari le 30 septembre 1384. La cour d'Avignon n'en poursuivit pas moins ses projets sur le royaume de Naples. Au mois d'août 1386, il était question de mettre à la tête de l'expédition projetée Othon de Brunswick, le quatrième mari de Jeanne, celui que le vicomte de Turenne appelait *le roi sans terre*. L'affaire se traitait secrètement entre Clément VII, la reine Marie, veuve du duc d'Anjou, et Othon. Un document, cité par Baluze, nous montre le secrétaire d'Othon sollicitant le concours de l'évêque de Chartres, chancelier de la Reine. Six cardinaux étaient dans le secret, parmi lesquels Brogny. Le 21 septembre, ils émirent l'avis que la Reine devait solliciter instamment les conseils et le secours du pape. Quatre jours après, on discutait, dans un nouveau conseil de cardinaux, si c'était la Reine ou son fils Louis qui devait aller en Sicile. Le 26 septembre de l'année suivante, la Reine était reçue par le pape à qui elle venait faire connaître la somme dont elle pouvait disposer pour l'affaire de Naples. Il n'y avait de présents à l'audience que les conseillers du pape et ceux de la Reine. Tous promirent le secret. Parmi eux se trouvait encore le cardinal de Viviers.

En 1389, Brogny obtenait du duc de Bourgogne certaines modérations de taxes pour des tenanciers obérés. En 1391, le pape accordait, sur sa demande, aux Chartreux du couvent de Dijon, le privilège de pouvoir être promus aux ordres sacrés, même au sacerdoce, à l'âge de 22 ans.

Clément VII étant mort le 16 septembre 1394, le cardinal de Viviers prit part au conclave qui élut le fameux Aragonais, Pierre de Lune (Benoît XIII). On sait les efforts qui se firent alors de divers côtés pour rétablir l'unité de l'Eglise et la part honorable qu'y prit l'université de Paris. On avait espéré que les cardinaux s'abstiendraient de donner un successeur à Clément VII, ou du moins qu'ils ajourneraient l'élection jusqu'à ce qu'une entente eût pu s'établir entre les divers Etats chrétiens. Tous les cardinaux d'Avignon, sans en excepter Pierre de Lune, avaient signé, avant le conclave, une cédule par laquelle chacun d'eux s'engageait, dans le cas où il serait élu, à se retirer si cela était utile aux intérêts de l'Eglise. Malheureusement Pierre de Lune ne tint pas ses promesses. Dès l'année suivante (1395), un concile national était tenu à Paris pour l'extinction du schisme et nous avons déjà signalé, à propos de Jean Flandin, l'enquête que les ducs d'Orléans et de Berry, oncles du Roi, vinrent eux-mêmes faire à Avignon, cette année-là, en vue d'arriver à ce résultat. Le cardinal de Viviers, interrogé par eux au mois de juin, sur la question de savoir si l'abdication des deux papes lui paraissait convenir pour ramener la concorde dans l'Eglise, répondit qu'en conscience il ne dirait rien sur ce sujet qu'il n'eût dit en présence du pape Clément VII, à qui il avait beaucoup d'obligations, et qu'il ne dirait en présence de notre Saint Père le pape Benoit XIII, s'il était présent. Et il dit qu'en conscience la voie de l'abdication lui paraissait la meilleure et la plus favorable et il croit fermement que celui qui l'aurait offerte du temps du pape Clément VII, celui-là l'aurait obtenue contre son adversaire (1).

Brogny, comme Jean Flandin, résista aux manœuvres qui tendaient à faire abandonner cette manière de voir aux cardinaux. Il maintint fermement l'avis qu'il avait émis, en ajoutant que c'était au fond l'avis du pape défunt (Clément VII), lequel l'avait communiqué au prieur de la Grande Chartreuse et à quelques cardinaux.

Le mouvement occasionné par les tergiversations de Benoit XIII ne tarda pas à s'accentuer. En 1398, un deuxième concile national fut tenu à Paris (de mai à juillet) et il y fut décidé que la France devait se retirer de l'obédience de Benoit XIII. Des lettres de Charles VI, en date du 28 juillet, défendent de reconnaître pour pape le cardinal Pierre de Lune, à qui la collation des bénéfices est retirée.

Ce fut le signal de l'isolement du pape d'Avignon. Brogny et les autres cardinaux se séparèrent de lui et

(1) BIBLIOTHÈQUE NATIONALE. — Manuscrits latins, n° 1469 à 1480. — BALUZE, Vitæ paparum aveniensium.

quittèrent Avignon au mois de septembre, à la suite de la sommation présentée inutilement à Benoit XIII par Pierre d'Ailly. Benoit ayant refusé d'obtempérer aux désirs de la cour de France et des catholiques du royaume, le célèbre archevêque de Cambray se retira à Villeneuve-lès-Avignon. Le lendemain, il était à Bourg-Saint-Andéol où il communiquait au maréchal de Boucicaut la réponse du pape. Le chef de l'armée française allait alors établir son quartier-général au Pont-Saint-Esprit, où il convoquait les chevaliers du Velay, du Vivarais, de l'Auvergne et du Languedoc pour le blocus d'Avignon. Parmi les seigneurs accourus sous ses drapeaux, on nomme Raymond de Turenne, le sire de la Voulte et le baron de Tournon. Boucicaut quitta le Pont-Saint-Esprit au milieu de septembre, entra dans le Comtat et alla se poster à Saint-Verain près d'Avignon, tandis que le sénéchal de Beaucaire, campé à Villeneuve, empêchait de ce côté toute communication avec la rive droite du Rhône. Boucicaut ayant sommé la ville d'Avignon, les habitants effrayés appelèrent à leur conseil les cardinaux d'Amiens, de Poitiers, de Neufchâteau et de Viviers, et, de concert avec eux, déclarèrent qu'ils se soumettaient au roi de France et abandonnaient la cause du pape. Celci-ci se retira dans le château et continua sa résistance. Boucicaut n'avait pas l'ordre de pousser l'affaire plus loin. Tandis que Benoit XIII était bloqué dans le château d'Avignon, les négociations continuaient pour obtenir l'abdication des deux papes, c'est-à-dire de Benoit XIII d'une part, et de Boniface IX, que les cardinaux romains, sourds aux conseils des puissances, s'étaient hâtés d'élire après la mort d'Urbain VI (octobre 1389). L'Empereur d'Allemagne avait promis d'agir à l'égard de la cour de Rome comme le roi de France agissait à l'égard de celle d'Avignon. En 1399, le sénéchal de Beaucaire était encore occupé au blocus d'Avignon et il eut à repousser un corps d'Aragonais qui venaient secourir leur compatriote, Pierre de Lune.

Entre temps, les faits et gestes de la cour de Rome qui, pour subvenir aux nécessités de sa politique, faisait un trafic scandaleux des bénéfices, avaient ramené quelques sympathies au pape prisonnier d'Avignon. Beaucoup trouvaient qu'on avait été trop vite en se retirant de son obédience. Charles VI ordonna à Boucicaut de se contenter d'entretenir une simple garde autour du palais pontifical.

Le 18 octobre 1400, le roi commettait la garde de Benoit XIII au duc d'Orléans, qui était son protecteur notoire. Par d'autres lettres, en date du 1er août 1401, Charles VI expliquait que, loin de tenir Benoit XIII prisonnier, il l'avait pris sous sa sauvegarde et avait chargé le duc d'Orléans de veiller à la sûreté de sa personne et de ses biens (1). Le 7 juillet 1402, l'université d'Angers demandait la protection du roi pour Benoit XIII.

En 1403, le roi, cédant de plus en plus au mouvement, convoquait une nouvelle assemblée qui se réunissait le 10 mai, et le duc d'Orléans y faisait décider

(1) Arch. Nat. — K. 55 n° 14 et n° 10.

que l'obédience serait rendue à Benoit XIII. Mais, dans l'intervalle, celui-ci s'était échappé d'Avignon. Le pape de Rome, Boniface IX, mourut la même année au mois d'octobre et les cardinaux romains, au lieu de seconder les efforts des cours catholiques pour la suppression du schisme, se hâtèrent de lui donner un successeur dans la personne d'Innocent VII. Ce dernier mourut subitement le 6 novembre 1406. Les cardinaux de Rome, sous la pression de la population romaine, élurent encore un pape, Grégoire XII, qui, d'ailleurs, manifesta, au moins au début, des intentions conciliantes. Des lettres de Charles VI, du 18 février 1407, rendent compte des tentatives faites par la cour de France pour profiter des bonnes dispositions dont « paraissent animés » Benoit XIII et Grégoire XII, et faire cesser le schisme (1).

Des lettres de Charles VI, du 22 mai 1408, furent adressées aux cardinaux français en vue de la double abdication de Grégoire XII et de Benoit XIII. La Sorbonne se prononçait dans le même sens le 29 mai. En même temps, le roi ordonnait au maréchal de Boucicaut d'arrêter Benoit XIII. Le tenace Aragonais s'enfuit dans son pays, après avoir jeté l'interdit sur le royaume de France. Ses cardinaux allèrent alors se réunir aux cardinaux romains qui, mécontents de ce que Grégoire XII avait nommé de nouveaux cardinaux, contrairement à ses promesses, s'étaient retirés à Pise. Mais les deux compétiteurs ne se découragèrent pas. Il y eut un moment trois conciles généraux

(1) Archives Nationales. K. 55 n° 38.

et trois papes car le concile de Pise (1409), après avoir déposé les deux papes de Rome et d'Avignon, élut l'archevêque de Milan, sous le nom d'Alexandre V.

Le cardinal de Brogny est un de ceux qui avaient le plus contribué à la réunion du concile de Pise. Pour faire cesser le schisme, il se rendit à Rome malgré tous les périls d'une pareille entreprise. « Il arrive sain et et sauf, se glisse chez les différents cardinaux, leur expose leur vie errante et précaire, les exhorte à s'assembler en concile pour travailler à l'union... (1). » On sait qu'au concile de Pise, tout en nommant le troisième pape, Alexandre V, il fut décidé que les deux autres garderaient le titre de pape, savoir, Grégoire XII pendant cinq ans, et Benoit XIII jusqu'à sa mort. (Ce dernier ne mourut qu'en 1424).

Le cardinal de Viviers avait été nommé évêque d'Ostie, à la fin de 1398, selon les uns, par Benoit XIII, à la suite de la mort du cardinal évêque d'Ostie tué à la brêche au siège d'Avignon, et selon d'autres, par Boniface IX, après que les cardinaux d'Avignon eurent abandonné Benoit XIII. Gams (2) indique Brogny comme évêque d'Ostie en 1405 et en 1409 avec l'indication *resign. et restituit*. Il est à supposer que ces dates indiquent seulement la confirmation romaine du cardinal à une dignité réputée jusques là d'origine vicieuse, comme ayant été conférée par Pierre de Lune. Peut-être Brogny s'était-il démis lui-même de ce titre.

(1) SOULAVIE. *Histoire du Vivarais* (manuscrite).
(2) *Series episcoporum*, Ratisbonne 1873.

D'après la *Gallia Christiana*, il aurait même résigné sa dignité de cardinal, qui lui aurait été rendue seulement en 1409 au concile de Pise ; mais Baluze trouve le fait (qui, d'ailleurs, n'est appuyé par aucune preuve) très invraisemblable, puisque le concile se tenait en dehors des deux papes et qu'Alexandre V n'était pas encore élu.

Le cardinal de Brogny, que nous avons vu évêque de Viviers en 1380, a probablement gardé ce siège jusqu'à sa nomination d'évêque d'Ostie. Le P. Columbi indique, comme ayant « gouverné » l'Eglise de Viviers, après Brogny : Olivier de Poitiers en 1386, Pile de Prate en 1387, Pierre d'Ailly, en 1388 et Guillaume de Poitiers en 1392 ; mais il fait observer que les deux premiers sont qualifiés *administrateurs* et non pas évêques, ce qui permet de voir en eux les coadjuteurs de l'évêque retenu ailleurs et non pas ses successeurs. Quant à Pierre d'Ailly il suffit de constater qu'il était archidiacre de Cambrai en 1391 et qu'il ne fut nommé que quelques années après évêque du Puy, avant de devenir archevêque de Cambrai, pour que sa présence sur le siège de Viviers en 1388 soit reconnue inadmissible. Peut-être le mot de l'énigme se trouve-t-il dans une nomination provisoire et sans effet, comme il s'en faisait tant en ces temps de schisme, ayant eu pour objet un autre Pierre d'Ailly, qui existait à peu près dans le même temps à l'Université de Paris (1).

Soulavie raconte qu'à la suite des refus d'abdication

(1) LAUNOY. *Hist. gymnas. Navarr.* t. 1 p. 99 et 100.

de Benoit XIII, Brogny, mécontent, « se retira dans son évêché de Viviers, bâtit des églises, fonda des bénéfices, augmenta les revenus de l'évêché. Il y reçut l'hommage de noble Hélion d'Ayzac. Il allait passer une partie de l'année dans sa maison de plaisance d'Entraignes près Avignon. C'est dans ce palais qu'il reçut la visite des ducs d'Orléans et de Berry... »

Soulavie n'est guère d'accord en ceci avec lui-même, puisqu'il dit, au chapitre suivant, que le successeur de Jean de Brogny sur le siège de Viviers, était en 1386 Olivier de Poitiers qui reçut, cette année-là, à Largentière, l'hommage d'Aymard Fabre. Ne peut-on voir dans cette contradiction même la preuve qu'Olivier de Poitiers ne fut en réalité que l'administrateur du diocèse, en l'absence du titulaire, et que celui-ci ne résigna réellement ce titre que plus tard ?

En 1410, l'administration du diocèse d'Arles fut confiée au cardinal de Brogny, mais c'est à tort qu'on l'a désigné comme ayant été archevêque de Vienne. Vers la même époque, le pape Jean XXIII, qui avait succédé à Alexandre V, lui donna l'abbaye de Montmajour. Besson dit que Brogny fut administrateur perpétuel de près de quarante églises, tant évêchés, qu'abbayes et prieurés. Cette situation, qui prouve la haute confiance qu'on avait en lui, explique aussi les sacrifices considérables qu'il put faire pour la cause de l'Eglise dans les moments critiques. C'est ainsi qu'il prêta 27.000 ducats d'or à Jean XXIII, quand ce pape, de concert avec Louis II, roi de Sicile, entreprit d'expulser de Rome Ladislas, roi de Naples, ce qu'il fit grâce à l'argent que lui avait fourni Brogny, pour lever des troupes. Peu après, Bologne s'étant révoltée contre le pape, celui-ci fit un nouvel emprunt au cardinal de Viviers, à qui les papes d'Avignon devaient déjà une forte somme qui avait été employée au recouvrement du pont de Sorgues. La chambre apostolique reconnut toutes ces dettes qui furent garanties par des bulles de Jean XXIII.

Un autre gros débiteur de Brogny fut Louis II, roi de Sicile. Le cardinal de Viviers lui prêta, à Bologne, 3.000 florins d'or, et paya pour lui comme caution 4,000 florins, sommes qui ne furent jamais remboursées. Un indice du désintéressement de Brogny se trouve dans le testament du cardinal de Murol (1397). Ce cardinal recommande de payer à Jean, cardinal de Viviers, 200 florins d'or que celui-ci lui prêta « libéralement et gracieusement, dans un moment de grande nécessité, c'est-à-dire le jour où l'on entra au conclave après la mort de Clément VII » ; il ignore si Jean a un billet de lui.

Le concile de Pise n'ayant pas réussi à rétablir la paix dans l'Eglise, un nouveau concile fut décidé. Il s'ouvrit à Constance, pendant l'automne de 1414, après de longues et laborieuses négociations dans lesquelles Brogny joua un rôle très-important. Ici encore, parait-il, il fallut recourir à son concours financier pour organiser la réunion et en assurer la sécurité. C'est alors que le pape lui donna la faculté de tester comme il l'entendrait (autorisation nécessaire à ceux dont la fortune provenait de biens ecclésiastiques) et lui accorda même la disposition du revenu de ses bénéfices l'année d'après sa mort. La bulle est datée de Bologne 6 avril 1414.

Brogny fut envoyé à Constance pour préparer l'ouverture de ce congrès solennel où la France fut représentée par Pierre d'Ailly et Gerson, l'illustre chancelier de l'Université de Paris, et auquel prirent part, d'après Von der Hardt, environ 18,000 prélats, docteurs ou ecclésiastiques (1).

Il y arriva le 12 août dans un train magnifique consistant en deux carosses avec une escorte de 83 chevaux. Il prit son logement dans la maison de Bickelpasch, doyen de la cathédrale. Comme ce dernier était impotent, il se fit porter dans la cour pour recevoir le cardinal, qui le pria de vouloir bien le recevoir chez lui et déclara qu'il espérait bien ne pas sortir de sa maison que la chrétienté ne fût réunie sous un seul chef. A quoi le doyen répondit ce que J. C. dit à Zaccharie : *Salus huic domi facta est hodie.* (Le salut est entré aujourd'hui dans cette maison). Brogny fit de grandes aumônes à Constance (2).

Jean XXIII présida les six premières sessions (3) du concile, mais il fut bientôt déposé, et Brogny qui l'avait soutenu jusques là, dut reconnaître l'indignité de ce pontife à la suite des tristes découvertes qui

(1) *Vita Johannis XXIII.* t. V, p. 51.

(2) Chronique d'Ulrich Reichenthal, chanoine de Constance, qui assista à tous les actes du concile.

(3) Il faut entendre par ce mot les séances plénières, dans lesquelles avaient lieu les grandes discussions et les décisions définitives sur les rapports et autres travaux élaborés par les commissions.

furent faites sur sa conduite et confirmées en partie par ses propres aveux. Le cardinal de Viviers présida les autres sessions comme doyen d'âge jusqu'à la 41ᵉ (11 novembre 1417) où le cardinal Colonne fut élu sous le nom de Martin V. Le cardinal de Brogny, en sa qualité d'évêque d'Ostie, consacra le nouveau pape diacre le 12 novembre, prêtre le 13, évêque de Rome le 14 et pape le 21. Notons ici qu'il existait à Aubenas, avant la Révolution, une famille noble de Colonne, qui se disait une branche des Colonne d'Italie, auxquels appartenait l'élu de Constance. On a dit que Brogny aurait pu facilement obtenir les suffrages du sacré-collège s'il l'avait voulu. C'est assez probable, et le désintéressement dont il fit preuve, ne peut qu'ajouter à sa gloire.

Avant cette élection qui termina le schisme, le concile avait procédé au jugement des doctrines et de la personne du célèbre hérésiarque Jean Huss qui, obtempérant à la citation du concile, était venu à Constance, avec un sauf conduit de l'empereur Sigismond, daté du 10 octobre 1414. La plupart des auteurs, même protestants, font un grand éloge de l'attitude que Brogny aurait tenue en cette circonstance. Ils célèbrent son esprit d'humanité et disent qu'il visita plusieurs fois Jean Huss dans sa prison, en vue d'obtenir une rétractation qui aurait sauvé ses jours. On ajoute que les exhortations pleines de mansuétude du digne prélat ne purent triompher de l'inflexibilité du sectaire et que le cardinal, comme président du concile, fut enfin obligé de prononcer la sentence qui condamnait Jean Huss à la dégradation et le livrait au bras séculier. Rien ne serait plus beau, certes, que ce rôle de haute tolérance philosophique ; malheureusement il n'entrait guère dans l'esprit du temps, et nous ne voyons pas que, même parmi les personnages les plus éminents par leur savoir et par leur vertu, personne en ait eu l'idée. L'amour de la vérité nous oblige donc à exprimer la crainte que toute cette légende, acceptée par Senebier (un ministre protestant de Genève) et par Soulavie, et développée dans les Biographies générales (1), ne soit basée sur une supposition dont l'auteur de l'*Histoire du Concile de Constance* nous paraît avoir démontré l'erreur (2).

Les *Œuvres de Jean Huss* t. 1, p. 70 de l'édition de Nuremberg en 1558, contiennent une formule de rétractation proposée à Jean Huss, qui est précédée de ce titre :

Consilium Patris, hoc est Cardinalis Ostiensis, quem sic nominat, ne cum in periculum conjiciat; videbatur enim Cardinalis dictus minimé malé velle Hussio;

Ce qui signifie : *Conseil du Père, c'est-à-dire du cardinal d'Ostie, que Jean Huss nomme ainsi, de peur de l'exposer à quelque danger, car ce cardinal ne paraissait pas mal disposé pour lui.*

(1) Voir : Senebier, *Histoire littéraire de Genève* ; — Soulavie, *Histoire du Vivarais*, et les articles *Brogny* dans la *Biographie universelle* de Michaud et dans la nouvelle *Biographie générale*, de Hœfer. (Didot).

(2) Jacques Lenfant, *Histoire du concile de Constance*, t. 1 p. 341 et suivantes.

Or, Lenfant fait remarquer que ce titre n'est pas de Jean Huss lui-même, mais apparemment de Luther qui fit imprimer ces lettres avec une préface en 1537, et que cela ne suffit pas pour prouver que le *Père*, qui a écrit à Jean Huss et auquel celui-ci répondit, est le cardinal de Viviers, « puisque Luther n'a pu le dire que par conjecture, ou sur quelque tradition, n'y ayant pas d'auteur avant lui qui en témoigne. » On fait de plus observer que le style des lettres n'indique nullement que l'un soit cardinal et que Jean Huss parle à un cardinal. Lenfant cite enfin divers extraits des actes du concile tendant à montrer que le président du concile n'était pas plus favorable à Jean Huss que les autres. L'erreur commise par l'auteur du titre de la formule peut s'expliquer par le fait que, dans sa 54e lettre, Jean Huss parle d'un certain Jean Cardinal comme d'un homme entièrement dans ses intérêts; mais il est évident, pour peu qu'on veuille lire attentivement la lettre, qu'il s'agit ici non d'un Jean ayant la qualité de cardinal, mais d'un nommé Jean Cardinal.

C'est ici le lieu de signaler un acte du notaire Philipon, de Viviers, où figure le nom de Jean de Brogny, et d'où il résulte que l'évêque d'alors, Jean de Liviers, qui occupa le siège épiscopal de 1406 à 1433, alla au concile de Constance. Cet acte a pour objet une transaction entre l'évêque et le chapitre au sujet de l'union de quelques bénéfices au chapitre, union obtenue par ce dernier sous le pontificat de Jean XXIII et à laquelle s'opposait l'évêque. Le chapitre reprochait à l'évêque des abus de juridiction. On voit dans l'exposé de ses griefs que l'évêque avait exigé ce qu'on appelait alors « un don grâcieux », pour les frais de son voyage au concile de Constance. L'évêque répondait, tant en son nom qu'au nom de son clergé, des barons et aussi des paroissiens des lieux ou des églises dont le chapitre et l'université de Viviers demandaient l'union, que cette union était préjudiciable à la dignité épiscopale et aux intérêts du clergé et des paroisses, qu'elle avait été obtenue d'une façon illicite et sans motif suffisant, etc. Enfin, le 22 août 1416, les deux parties, voulant arriver à un accord, choisirent des arbitres, qui furent Jean évêque d'Ostie, cardinal et vice-chancelier de la cour romaine, pour le chapitre, et le cardinal de Saint-Marc pour l'évêque, avec le sénéchal de Beaucaire, comme sur-arbitre. Or, il est aisé de comprendre que les cardinaux, et surtout le président du concile de Constance, avaient alors à s'occuper de toute autre chose que des querelles intérieures de l'église de Viviers. Aussi voit-on, moins de trois mois après (le 10 novembre 1416), les deux parties nommer d'autres arbitres pour régler leurs difficultés, dont le registre de Philipon, que nous avons parcouru, ne donne pas, d'ailleurs, la solution finale.

Le concile de Constance prolongea ses travaux, sous la présidence du nouveau pape, jusqu'en 1418. Le 11 juillet de cette année, Martin V, reconnu par l'Eglise universelle, sauf une petite seigneurie de l'Aragon appartenant à Pierre de Lune, faisait son entrée solennelle à Genève avec la plupart des cardinaux, parmi lesquels Jean de Brogny. Un manuscrit de la Bibliothèque Nationale nous permet de suivre pour ainsi dire pas à pas le cardinal ds Viviers après le concile de Constance (1).

Le 16 septembre, il était à Seyssel se rendant à Avignon où nous le trouvons, dès le 1ᵉʳ octobre et où il reste jusqu'au milieu de janvier 1419. Il semble qu'il ait employé ce temps à régler diverses affaires personnelles. Le cardinal tenait en location à Avignon, des chartreux de Valbénit, deux maisons, une grande et une petite, avec cours, jardins et divers bâtiments. On appelait cette habitation *librata Vivariensis* (c'est-à-dire la terre du cardinal de Viviers). Jean de Brogny l'avait occupée longtemps en personne ou par ses domestiques et il y avait fait dans les derniers temps de grandes réparations. Ces faits résultent d'un acte du 24 décembre 1418, par lequel Lambert, prieur du couvent de Valbénit, reconnaît avoir reçu du cardinal cent florins pour solde de tout compte. Le cardinal passe à Salon, dont il était prince temporel, en sa qualité d'administrateur perpétuel du diocèse d'Arles, les mois de février et mars 1419 et il s'y occupe d'une façon spéciale des intérêts de ses sujets. Le 20 mars, faisant

(1) Bibliothèque Nationale. Manuscrits latins, n° 1461. Ce registre, qui porte au dos le titre de *Concile de Pise*, etc. contient, outre le compte-rendu de ce concile, une foule de formules d'actes de la chancellerie romaine, et diverses pièces concernant personnellement le cardinal d'Ostie. Il résulte des annotations particulières de la fin qu'il a appartenu à Jean Montan, chanoine et sacristain de Viviers, qui le fit faire à Rome en 1425, et qu'en 1579 il fut donné à Perrinet Desaubers, chanoine et sacristain de Viviers, l'oncle de Jacques et Marie de Romieu. Voir sur ces divers personnages les détails que contient notre *Voyage au pays Helvien*.

droit à leurs plaintes, il lève la défense, que leur avaient faite les autorités du lieu, d'acheter des raisins hors de leur territoire. Il autorise en même temps l'établissement d'un marché hebdomadaire. Enfin, le 23 mars, il rend en faveur des Juifs de Salon, le décret suivant qui mérite particulièrement l'attention :

« Jean, etc., administrateur perpétuel du diocèse d'Arles et prince et seigneur du château et de la ville de Salon — A nos amés Officier, Viguier, Juge, Clavaire et autres officiers de nos dits château et ville — Salut dans le Seigneur. Quelques Juifs du lieu de Salon sont venus en notre présence et, tant en leur nom qu'au nom des autres habitants, nous ont supplié humblement de confirmer et approuver les privilèges, libertés et franchises qui leur ont été accordés par nos prédécesseurs et dont ils ont joui en paix depuis un temps immémorial. Ne voulant pas laisser déchoir ces privilèges, nous vous ordonnons par les présentes de laisser jouir pleinement et librement lesdits Juifs, de l'un et de l'autre sexe, des libertés et franchises accordées par mes prédécesseurs et dont il constera qu'ils ont usé en paix — sans rien permettre de contraire à ce qui précède — jusqu'à ce que nous ayons examiné mûrement ces privilèges, libertés et franchises, ou que vous ayez reçu à cet égard d'autres ordres de nous. Et si, dans l'intervalle, il avait été fait quelque chose de contraire, nous le déclarons nul et sans valeur — de telle sorte que, tenant compte des présentes, vous ne puissiez être taxés de désobéissance à notre égard. En témoignage de quoi, nous avons apposé notre sceau aux présentes lettres. Fait en notre château de Salon, le 23 mars, l'an de la Nativité de notre Seigneur 1419. »

A partir du mois de mai 1419, le cardinal est à Florence et paraît y avoir séjourné jusqu'au mois de mai de l'année suivante (1420),

Le 2 janvier 1421, il est à Rome. C'est alors qu'il donne aux Célestins d'Avignon des biens qui lui ont été légués par Pierre Fabre, évêque de Riez, savoir une maison à Avignon, et diverses terres, vignes, bois et prairies dans les villes et territoires d'Entraignes, Monteil et dans le reste du Comtat.

Le 23 juin de la même année, il est encore à Rome, et donne quittance à Thedalin, son vicaire général et administrateur pour ses diocèses d'Ostie et de Velletri.

En 1422, les chanoines de Genève, après le départ de l'évêque Jean de Courte-Cuisse, qui avait joué aussi un grand rôle au concile de Constance, « élurent un évêque que le pape refusa d'approuver, et il nomma à sa place Jean de Brogny, comme ce dernier le fit savoir au chapitre dans la lettre qu'il lui écrivit. Il lui dit, avec une bonté qui intéresse, que le pape l'avait transféré du siège d'Arles à celui de Genève, dont le revenu était bien inférieur à celui du premier, parce que le Sacré-Collège l'avait souhaité pour de très-fortes raisons ; il ajoute qu'il avait aisément consenti à cette translation, qui le plaçait dans le collège où il était né, et où il espérait faire plus de plaisir au peuple qu'un étranger. Il nomma l'abbé de St-Claude pour prendre possession de l'évêché (1) ».

(1) SENEBIER. *Histoire littéraire de Genève*, t. 1 p. 108.

Le même auteur nous apprend que Brogny avait toujours aimé Genève, le chef-lieu ecclésiastique de son pays natal, et qu'il lui donna souvent des preuves de son attachement. En 1405, il fit présent d'une cloche au couvent des Dominicains de Palais, où on lit l'inscription suivante :

Reverendissimus Dominus Iohannes de Brogniaco Episcopus Ostiensis et S. Roman. Eccl. Cardinalis Et vice-cancellarius me fieri fecit anno MCCCC quint. Die xx mensis Decembris. Ave Maria.

Cette cloche, au siècle dernier, avait passé à l'horloge de la Monnaie.

En 1406, il fonda la chapelle des Macchabées, sous le vocable de la Vierge Marie, avec douze prêtres et un archiprêtre ; il destina 5000 florins d'or pour le service de cette chapelle qui était contigüe à l'église de St-Pierre et dont il avait acheté l'emplacement au chapitre de la cathédrale. (En 1535, la collégiale des Macchabées alla, comme le chapitre cathédral, se réfugier à Rumilly et l'année suivante à Annecy).

Brogny avait une maison d'habitation à Genève. C'est de cette maison (*domus habitationis nostræ*) qu'est daté le concordat (16 juillet 1418) qu'il fit avec les Anglais, lors de son passage dans cette ville avec Martin V (1).

Le cardinal voulait établir à Genève une université ; mais le peuple en refusa l'offre, par la crainte des désordres que les étudiants occasionnent aux citoyens.

(1) Voir les actes du concile de Constance. t. 1 p. 1079.

L'éminent prélat mourut à Rome en 1426. Soulavie raconte ainsi les circonstances de sa mort :

« Le 1er février 1426, il se mit au lit et dès lors il eut toujours un des cardinaux à ses côtés. Martin V le visitait tous les jours et, le 12, lui administra les sacrements de l'Eglise. Le 15, sa faiblesse augmenta; on le croyait même expiré, lorsque tout à coup il reprit l'usage de ses sens. Le pape et le sacré-collège étant venus lui faire les dernières prières de l'Eglise, il les reconnut tous, se plut à les nommer et à rappeler les quelques services qu'il en avait reçus. Il fit ouvrir les fenêtres pour voir le ciel; il admira la divinité qui préside à cet univers et lui fit le sacrifice de sa vie. Il tira ensuite son anneau et le mit au doigt de Martin V et, comme il voulait encore parler, il expira sans effort et sans aucune souffrance entre les bras du pontife.... »

Duchesne dit que, d'après une inscription placée au dessous de son portrait chez les Dominicains d'Annecy, Brogny serait mort à Avignon. Mais c'est là évidemment une erreur. Besson reproduit deux extraits du livre des fondations de la collégiale des Macchabées, constatant que le cardinal mourut à Rome le 15 février 1426 et que, conformément à ses dernières volontés, son corps fut apporté à Genève et inhumé, le 8 décembre 1428, dans la chapelle qu'il avait fondée. Cette cérémonie eut lieu en grande pompe par les soins de François de Metz, son neveu et son successeur à l'évêché de Genève, qui fut ensuite cardinal du titre de St-Marcel.

La chapelle des Macchabées portait aussi le nom de

chapelle du *cardinal d'Ostie*. « Au dehors, dit Duchesne, le fondateur fit graver la représentation de toute sa fortune ; il s'y fit peindre jeune et pieds nuds gardant les pourceaux sous un arbre, et tout autour de la muraille des figures de souliers, pour marque de la faveur que lui fit le cordonnier qui les lui avoit vendus et qui fut comme le premier auteur de son advancement et de son progrès. » Duchesne tenait cette histoire de Guichenon qui avait vu cette peinture. Beaucoup d'autres personnes aussi l'avaient vue, mais « depuis huit ou neuf ans Messieurs de Genève, par je ne sais quel mouvement, ont fait effacer toute cette histoire et enduire de plâtre la chapelle... »

Duchesne s'est trompé, car Pictet, professeur de théologie, écrivait, le 6 juin 1711, à l'auteur de l'*Histoire du concile de Constance* :

1°....

2° On voit encore sur les murs de l'auditoire de philosophie, qui était la chapelle du cardinal d'Ostie, un homme qui garde des pourceaux sous un arbre, et on n'y a rien ôté.

3° On voit des figures de gland et de feuilles de chênes.

4° Il y a quelques figures autour des murailles, qui effectivement ressemblent à des souliers.

6° On a trouvé dans le même auditoire deux formes de liège, où l'on voit un homme qui conduit un pourceau ; l'une est à présent dans la Bibliothèque, et l'autre est dans une église de la campagne.

Besson, qui écrivait vers 1755, parlant du même

monument, constate que « le corps du jeune garçon a été mutilé et emporté de la ceinture en haut, mais le reste parait distinctement et un pourceau à côté; comme cette figure est petite et assez élevée, il faut le secours d'une lunette pour la bien distinguer. Ce cardinal, ajoute le chroniqueur genevois, avait fait mettre la même représentation en bois sur deux formes ou stalles des chanoines; on y voit en bas-relief un jeune homme conduisant un pourceau; l'une est conservée en la Bibliothèque de Genève, et l'autre a été transportée dans le temple de Jussy. » D'après Senebier, le cardinal avait encore fait graver ce souvenir de son humble origine sur la maison qu'il habita à Genève en 1418.

C'est sans doute la reproduction d'un de ces morceaux de sculpture qui figure dans la vignette placée au dessous du portrait de Brogny dans l'*Histoire du concile de Constance* (1). Quant au portrait, il est exactement semblable à celui que contient l'ouvrage de Duchesne, et l'air d'inspiration mystique donné à la figure du cardinal répond complétement aux sentiments de haute piété dont témoigne sa vie tout entière.

Soulavie dit que Genève voulut élever à son évêque une statue avec inscription, mais que Brogny s'y opposa et fit élever à la place une croix magnifique.

Senebier, célébrant l'esprit de bienfaisance du cardinal de Brogny, dit qu'il mariait souvent des jeunes garçons et des jeunes filles qu'il dotait. Il bâtissait des maisons aux pauvres; il avait des manufactures pour

---

(1) LENFANT. t. 1 p. 15. C'est la vignette et le portrait que nous reproduisons dans ce volume.

habiller les indigents ; il voulut même dîner un jour à Brogny avec tous les vieillards du lieu.

Parmi ses fondations pieuses, il faut citer, outre la chapelle des Macchabées de Genève :

L'hôpital d'Annecy,

Le couvent des Dominicains d'Annecy,

Le couvent des Dominicains de Tivoli (1),

Et enfin le collège Saint-Nicolas d'Avignon.

Brogny contribua aussi à la construction de l'église des Célestins d'Avignon où l'on voyait ses armes. et Soulavie dit qu'il fit bâtir dix ponts pour la commodité des voyageurs.

Mais la plus belle de ses fondations est le collège de Saint-Nicolas, et nous allons en donner un aperçu, d'après Soulavie qui avait fait ses études dans cet établissement.

Ce collège comprenait 24 étudiants en droit canonique et civil qui devaient être pris, savoir un tiers dans le diocèse de Genève et de préférence dans le mandement d'Annecy, un tiers en Savoie, et un tiers dans le ressort des archevêchés de Vienne et d'Arles. Les sujets étaient désignés par les évêques de ces régions conformément à un roulement qu'indique Soulavie et où nous voyons figurer le diocèse de Viviers pour les années 1784, 1796, 1808 et 1820.

L'administration de ce collège formait une petite démocratie, comme nous l'avons vu pour le collège d'Autun fondé à Paris en 1339 par le cardinal Ber-

---

(1) MORERI. Il est à noter que l'abbé Besson dit Ostie au lieu de Tivoli.

trand. Le corps des collégiés nommait tous les ans un doyen qui le représentait. Celui-ci avait droit de remontrance. Il devait rappeler au recteur et à l'économe pour quelle fin la fondation avait eu lieu, dans le cas où ceux-ci se seraient écartés des intentions du fondateur; il avait le droit de contrôler les livres de recette et de dépense, conjointement avec un autre délégué du corps. Quatre prêtres, collégiés perpétuels, dirigeaient les 24 collégiés étudiants. Parmi ces quatre prêtres, les collégiés en choisissaient trois pour être, l'un recteur, le second vice-recteur et le troisième économe. Toutes les affaires étaient sanctionnées par deux commissaires de l'Université et par l'archevêque d'Avignon qui en était chancelier.

La puissance législative appartenait aux prélats nominateurs. L'archevêque d'Avignon pouvait proposer de nouveaux règlements et le corps des prélats intéressés les approuvait ou les rejetait. Le roi de France, le duc de Savoie et le Parlement étaient déclarés protecteurs et même propriétaires du collège, dont la prospérité tenait si fort au cœur de Brogny, qu'il avait ordonné à ses collégiés de se retirer à Montpellier, sous la protection du roi de France et du Parlement, si les officiers du pape les inquiétaient à Avignon ou entravaient l'accomplissement de ses volontés.

Ce collège avait été doté très-richement et Soulavie évalue à 40,000 livres les revenus dont il jouissait à la fin du siècle dernier. Il avait reçu, depuis le XVe siècle, de notables développements. Outre les places roulantes, la ville d'Annecy jouissait de huit places permanentes, la ville de Chambéry de deux et Saint-Jean de Maurienne d'une. Le collège du Roure, qui avait été réuni à Saint-Nicolas, possédait aussi douze places fixes et permanentes. Soulavie raconte diverses tentatives d'usurpation dont cet établissement fut l'objet, mais dont les collégiés eurent raison, en faisant intervenir, selon la recommandation du fondateur, le duc de Savoie et le Parlement de Toulouse.

La fondation du collège de Saint-Nicolas, dit aussi de Savoie ou d'Annecy, est du 23 juin 1424. Elle fut confirmée par une bulle du pape Eugène donnée à Florence en 1446. On peut lire le texte des deux actes dans les Pièces Justificatives de l'*Histoire des Cardinaux* de Duchesne. Cet auteur donne aussi le testament du cardinal en date du 12 août 1422. Brogny recommande qu'on lui fasse des funérailles convenables mais pas trop pompeuses. Il institue pour héritiers l'archiprêtre et les chapelains de la chapelle des Macchabées pour une moitié, et le couvent des Dominicains d'Annecy pour l'autre moitié. Mais il y a tant de legs particuliers qu'on se demande si ses biens pouvaient suffire à y faire face. Il laisse pour une quantité innombrable de messes à dire, lors de son décès et pendant bien longtemps après, en deçà et au delà des Alpes. « Je veux, dit-il (entr'autres recommandations), qu'aussitôt après ma mort, dans l'église d'Arles et dans les abbayes ou lieux où j'ai fondé ou fonderai des anniversaires, une messe solennelle des morts soit célébrée pendant toute la neuvaine qui suivra le jour où l'on aura appris ma mort, et qu'on donne à chaque chanoine, choriste ou célébrant, ce que jugeront mes exécuteurs testamentaires. Je veux que dans l'église on achète, au moyen des mille florins qui me sont dûs par le roi Louis et que je lègue à cette église, douze anniversaires pour le premier jour du mois, comme on le fait dans les églises de Genève, de Lausanne, de Vienne, de Viviers et de Romans, et si on ne peut avoir cet argent du roi, mes exécuteurs testamentaires s'entendront avec le chapitre pour une certaine somme qui sera placée en achat de rentes pour faire ledit anniversaire. »

Il lègue aux Célestins d'Avignon divers immeubles ; on en estimera le revenu, et pour chaque trente florins de revenu, on fondera une cellule pour un frère et on mettra sur la porte : *Cella Cardinalis Ostiensis dicti Vivariensis ;* les Frères qui l'occuperont seront tenus de prier pour son âme. Il lègue encore aux Célestins d'Avignon tout ce qui lui est dû par la Chambre apostolique, du temps de Clément VII et Pierre de Lune, tant pour le recouvrement du pont de Sorgue que pour prêts.

Il fait des legs aux jeunes filles à marier du comté de Genève, au choix de la duchesse de Savoie (1). S'il y a, dans la paroisse d'Annecy le Vieux ou ailleurs, des jeunes filles de dix ans et plus, à marier ou veuves, de sa famille, jusqu'au 5ᵉ degré, il veut qu'on leur donne, savoir : aux filles 25 florins, et aux veuves 10. Il veut être confrère pendant trois ans dans toutes les

(1) Les legs de ce genre étaient d'un usage fort répandu au moyen-âge.

paroisses de Genève, et en cette qualité faire son offrande de blé. Il lègue la moitié des 27,000 florins que lui doit la Chambre apostolique, au chapitre des Macchabées et aux monastères ou abbés des couvents de Saint-Antoine de Viennois et de Saint-Eugende, par portions égales, l'autre moitié restant à ses héritiers.

Il semble que le cardinal pressentit la difficulté que ses héritiers trouveraient à recouvrer les sommes prêtées au roi Louis, et même la créance des 27,000 ducats, car il prie les ducs de Bourgogne et de Savoie, qu'il a toujours fidèlement servis, d'écrire *ad hoc* au roi Louis et à sa mère, s'ils ne payent pas ou s'ils tardent à payer, et d'écrire aussi, au besoin, au pape et au sacré-collège pour les 27,000 ducats.

Il donne une somme d'argent à ses deux neveux, Hugues, évêque de Vaison, et François, abbé de Saint-Eugende. Il désigne pour ses exécuteurs testamentaires les cardinaux des Ursins, de Venise et de Foix. Parmi les témoins de ce testament figure M⁰ Philippe Hugon, du diocèse de Viviers, maitre-ès-arts et licencié en médecine.

Dans un codicille, du 24 septembre 1425 (1), on lit :

« Je veux que pendant un an, ici à Rome et à Annecy, dans le couvent des F. Prédicateurs que j'ai construit, et à Genève dans ma chapelle, et à Avignon dans mon domaine (*in librata mea*) (2), ou dans la

(1) Cité par Besson. Duchesne donne un autre codicille daté du 23 juin 1424.

(2) Une *livrée* de terre (*librata*). C'était une terre produisant un revenu d'un certain nombre de livres.

maison des exécuteurs testamentaires qui y résideront, dans chacun de ces endroits, les aumônes et autres biens, que j'ai l'habitude de faire pour les vivants et pour les morts, continuent d'être faits pendant toute cette année (après son décès), c'est-à-dire que chaque jour de cette année, on reçoive et on défraye trente pauvres, selon mon habitude... » Il veut avant tout que ses biens soient employés à exécuter ses volontés au sujet du collège de Saint-Nicolas et du couvent des Dominicains d'Annecy. Mais, comme beaucoup de monastères de Citeaux ont été détruits en France par la guerre, on emploiera le reste de ses biens à construire un couvent de Cisterciens pour douze religieux, à Annecy-le-Vieux, dans l'endroit où il a été baptisé, c'est-à-dire dans la partie où se trouve la chapelle de son père, ou bien dans la maison paternelle où il est né. Besson nous apprend que cette dernière fondation n'eut pas lieu, « l'hoirie de ce cardinal perdit considérablement. » Il avait aussi entrepris la construction d'une église à Annecy-le-Vieux, et il en commença le chœur adossé au clocher, qui a toujours été séparé de l'église paroissiale, et qui est très-ancien, comme le témoignent son style et les colonnettes de ses fenêtres géminées. Il y voulait installer une collégiale en l'honneur de Notre Dame. L'établissement n'eut pas lieu. Le bâtiment sert aujourd'hui de mairie. On voyait autrefois au clocher une cloche donnée par le cardinal et où ses armes étaient gravées. Quant à l'église des Dominicains d'Annecy, elle sert depuis 1802 d'église paroissiale, à la place de l'église Saint-Maurice du Château qui est détruite (1).

Le cardinal de Brogny avait trois sœurs. L'une d'elles épousa le seigneur du Tremblay: il y a plusieurs maisons fortes de ce nom dans l'ancien diocèse de Genève. L'autre épousa le seigneur de Ressy, château à trois kilomètres de Brogny. La troisième épousa le seigneur de Metz, château à deux kilomètres et demi de Brogny ; leur fils François fut abbé de St-Eugende, plus tard évêque de Genève, enfin cardinal du titre de Saint-Marcel. La sœur de ce dernier épousa Berthier Humbert dont la fille s'allia aux Rolet d'Alonzier, château situé à huit kilomètres au nord de Brogny sur l'ancienne route de Genève (2). Evidemment ces alliances seigneuriales étaient dues à l'élévation du cardinal de Brogny, qui dut payer les dots de ses sœurs. Il est question dans son testament d'une de ses nièces appelée Perrinette qui s'était mariée trois fois et qu'il avait chaque fois dotée.

Dans un acte passé à Rome, le 17 mars 1422, il cède à une autre nièce, appelée Jeannette, veuve de feu Guillaume de Novels, tout ce qui lui revient de l'héritage paternel, à la condition de ne pas l'aliéner tant que lui vivra, et de ne l'employer qu'en bonnes œuvres après sa mort. Si elle meurt *ab intestat*, il révoque la donation et stipule que ces biens seront dévolus à la chapelle fondée par ses père et mère à l'église d'Annecy-le-Vieux et où est leur tombeau.

(1) Notes de M. le chanoine Ducis.
(2) Idem.

Parmi les témoins de cette donation figure son neveu François, alors abbé du monastère de St-Eugende (1).

Le panégyrique de François Blanchi, en confirmant tout ce qu'on savait de l'inépuisable générosité du cardinal et du zèle infatigable qu'il avait mis à poursuivre le rétablissement de l'unité de l'Eglise, ajoute à sa physionomie quelques traits qu'on ne trouve pas ailleurs. L'orateur nous apprend qu'à Constance le cardinal était en conférences continuelles, jour et nuit, tantôt avec l'Empereur, les ducs et les comtes, et tantôt avec les prélats et les docteurs. Il le loue d'avoir mené un grand train de maison, d'avoir eu beaucoup de chevaux et de mules pour soutenir sa dignité et d'autres animaux pour les besoins de la maison, et, répudiant toute avarice, d'avoir, pour faire honneur au St-Siège, donné de nombreux et somptueux dîners aux Empereurs, aux Rois, aux ambassadeurs et autres grands personnages.

Il ne faut pas oublier que pendant près de deux ans, c'est-à-dire pendant tout le temps qui s'écoula entre la déposition de Jean XXIII et l'élection de Martin V, le cardinal de Viviers fut la plus haute autorité du monde chrétien. Mais l'éclat et le faste obligés de sa vie ne nuisaient en rien à la charité du prêtre. « Quant à ses aumônes cachées, pour marier les filles, secourir les malheureux, aider les prélats pauvres et tous les couvents d'hommes et de femmes, comme chacun le sait, ni la parole ni la plume ne sauraient l'exprimer. » Sa haute position n'avait pas davantage changé

(1) Bibl. Nat. Manuscrits latins n° 1461.

ses habitudes d'austérité. Depuis sa nomination de cardinal, dit Blanchi, il n'avait jamais dormi dans des draps de fil *(in pannis lineis)*. Enfin, l'auteur de l'oraison funèbre tenait de Thadée, le médecin du cardinal, que son vénérable malade, avait persisté, malgré son grand âge et ses infirmités, à pratiquer les rigueurs du carême, et qu'en réponse à l'insistance de son médecin pour l'amener à manger de la viande, il répondait qu'il « aimait mieux que ses yeux fussent clos par la mort que de ne pas observer la loi et le précepte de Dieu. »

Un aussi saint personnage ne devait guère s'attendre à figurer un jour sur nos théâtres profanes pour l'amusement des générations futures. C'est ce qui a eu lieu cependant, et l'on nous permettra de relever en finissant, sans vouloir, d'ailleurs, y attacher plus d'importance qu'il ne convient, l'inconvenance, commise par l'auteur de la *Juive* qui met nominalement en scène le cardinal de Brogny dans le petit roman qui constitue l'élément dramatique de son libretto. Pour lui, Brogny a été autrefois marié sa fille a disparu dans un incendie et c'est elle qu'il reconnaît, quand il est trop tard, dans la victime que son fanatisme vient d'envoyer au bûcher. Nous ne voulons certes pas contester aux poètes des licences qui n'ont aucune prétention historique et dont l'unique but est d'impressionner et d'intéresser le public. On peut excuser M. Scribe par le fait qu'il ne connaissait sans doute que d'une façon très-vague la vie du président du concile de Constance et qu'il n'y voyait qu'un de ces personnages presque légendaires, dont le nom seul a survécu au naufrage du temps et avec lesquels l'imagination de chacun peut se donner libre carrière. Nous sommes convaincu que, dans le cas contraire, l'ingénieux écrivain se serait borné à désigner dans son œuvre le représentant de l'autorité religieuse par son titre ou ses fonctions, sans y ajouter un nom propre qui jure avec toutes les données de l'histoire et particulièrement avec le document que nous avons signalé plus haut sur les juifs de Salon.

LES PREMIÈRES ANNÉES DU XVe SIÈCLE EN VIVARAIS.

(1400 à 1412)

On sait que le Roi Charles VI resta, pendant les trente dernières années de son règne (1392-1422), atteint d'aliénation mentale. Ses oncles, les ducs de Bourgogne et de Berry, exercèrent le pouvoir de 1392 à 1402. En 1402, le duc d'Orléans, frère du Roi, dont la conduite légère avec la Reine avait scandalisé le royaume, fut mis à la tête du gouvernement, mais la réprobation publique l'empêcha d'y rester, et le roi rappela peu après le duc de Bourgogne. Celui-ci mourut malheureusement en avril 1404 et eut pour successeur le fameux Jean-sans-Peur dont le nom évoque une des époques les plus tristes de notre histoire.

Le 23 novembre 1407, Jean-sans-Peur faisait assassiner, dans la rue Vieille-du-Temple à Paris, son cousin, le duc d'Orléans, qui sortait de dîner chez la Reine. Le duc de Bourgogne, loin de nier son crime, chercha hautement à le justifier ; il soutint que le duc d'Orléans avait formé le projet de priver le Roi et ses enfants de la couronne et qu'il était en droit de tuer un traitre, et cette thèse appuyée par la présence à Paris d'un millier d'hommes d'armes bourguignons, parut convaincre le roi faible d'esprit et son entourage épouvanté. Un traité de réconciliation fut conclu à Chartres en 1409. Mais les ressentiments excités par l'assassinat du duc d'Orléans n'étaient qu'assoupis, et quand plus tard le fils aîné du duc d'Orléans, devenu veuf de la fille du roi, épousa Bonne d'Armagnac, le parti vaincu, ayant trouvé un chef puissant dans Bernard d'Armagnac, prit sa revanche et l'on vit alors le royaume divisé en deux camps hostiles, celui des Armagnacs et celui des Bourguignons, s'entre-déchirer avec acharnement jusqu'à la paix de 1435.

Pendant les premières années du XVe siècle, qui précédèrent cette affreuse guerre civile, l'ordre et la tranquillité furent loin sans doute d'être parfaits en Vivarais, comme le témoignent un certain nombre de faits fâcheux ; toutefois, jusque vers 1418, notre région jouit d'un calme relatif fort appréciable dans ces époques troublées.

Une affaire, à laquelle se trouvèrent mêlés les Thoire-Villars, seigneurs d'Annonay, et qui amena même la saisie momentanée de leurs biens, montre que, malgré les agitations politiques du temps, la justice royale savait parfois faire sentir ses effets jusqu'au fond des provinces.

Vers la fin de l'année 1403, une information était commencée par la cour de la châtellenie de Crémieux en Dauphiné, sur la plainte de Guillaume Arnaud, drapier de Bourges, demeurant à Marcigny-les-Nonnains, et de son compagnon, lesquels, se rendant de la foire de Morestel à celle de Crémieux, avec leurs marchandises, avaient été arrêtés par des hommes de Rougemont et emmenés en Savoie.

En 1404, Guillaume Arnaud remet toute offense à Jean de Buenc et à Louis de Lanthenay qui l'avaient mis en prison, mais, le 31 décembre de la même année, une ordonnance royale prescrit de continuer les poursuites contre ceux qui ont arrêté Arnaud, l'ont tenu huit ou dix jours prisonnier au Châtelard et ont obtenu quittance de lui en le menaçant de mort.

Le 5 juin 1405, Geoffroy-le-Meingre, dit Boucicaut, gouverneur du Dauphiné, mande au bailli de Vienne de poursuivre les mêmes coupables. Il paraît qu'ils avaient quitté la Savoie pour se réfugier sur les terres du sire de Villars (qui était aussi seigneur d'Annonay). Humbert de Villars, sommé de comparaître pour donner satisfaction au plaignant, invite Liatot, son bailli des baronnies de Bresse et de la montagne, de prendre les mesures nécessaires. Presqu'en même temps (août), les biens des deux coupables désignés ci-dessus sont saisis et on continue les poursuites contre les autres. Le 18 août 1405, un arrêt du Parlement ordonne une information au sujet de violences commises, au nom d'Isabelle d'Harcourt, dame d'Annonay, contre des sergents du Roi, et ajourne les parties au prochain Parlement ; ce qui indique un conflit occasionné probablement par la même affaire.

Le 4 novembre, Guillaume Arnaud fait la déclaration officielle des dommages qu'il a subis.

Les données sur cette affaire font ensuite défaut pendant un an et demi. Mais il résulte de documents ultérieurs, que les sergents royaux avaient saisi plusieurs domaines d'Isabelle d'Harcourt, dame de Villars, parmi lesquels le château d'Annonay, à la requête d'Arnaud lequel se plaignait d'avoir été volé par Louis de Lentenay, Henri Gollet et autres agents du seigneur de Villars et du comte de Savoie.

L'affaire avait dû être l'objet de communications diplomatiques, car, le 15 septembre 1407, les commissaires de Savoie et du Dauphiné constatent qu'il a été offert à Guillaume Armand de se présenter devant le comte de Savoie pour en obtenir justice.

Le 1er décembre 1407, le roi lève la saisie des biens d'Isabelle d'Harcourt, mais dès le lendemain une autre ordonnance royale déclare subreptices les lettres de mainlevée obtenues par Isabelle d'Harcourt et remet les terres précédemment saisies sous la garde d'officiers non suspects, jusqu'à ce qu'il ait été donné satisfaction au plaignant. Le jugement devait être rendu aux prochaines assises de Mâcon. Or, il parait que les terres et seigneuries d'Annonay, de Riverie et quelques autres appartenaient à Isabelle en propre et [avaient été indûment comprises dans la saisie des biens de son mari, Humbert de Villars. Aussi la saisie était-elle levée dès le 7 décembre.

Quelques jours après, le roi donnait main levée des biens saisis sur Humbert de Villars lui-même, moyen- la promesse de ce seigneur d'indemniser le marchand lésé.

L'affaire était enfin terminée au mois de février suivant. Le 7 de ce mois, Arnaud reconnaissait avoir reçu des gens d'Isabelle d'Harcourt deux écus d'or à titre d'indemnité pour les marchandises dont il avait été dépouillé et se déclarait satisfait. De son côté, Humbert de Villars payait les frais de la procédure, soit 45 sols tournois pour prix des copies de pièces, qui étaient remis au clerc-juré du bailliage de Mâcon. (1).

Le fait suivant, qui se passait, vers la même époque, à l'autre extrémité du Vivarais, indique un des motifs de conflit les plus fréquents à cette époque :

Le 20 juin 1405, à Villeneuve de Berg, le lieutenant de Gastonet Gasté, bailli royal de Vivarais et de Valentinois, rendait une sentence d'absolution en faveur de Pierre de Jaujac *(de Gaudiaco)*, de Valentin du Pin *(de Pinu)* et autres nobles accusés d'avoir arrêté et maltraité des marchands sur les chemins du

(1) HUILLARD-BREHOLLES. *Inventaire des titres de la maison ducale de Bourbon.*

Roi, les intimés ayant établi, par l'organe de leur procureur, qu'ils avaient simplement cherché à obtenir le payement des péages dûs, soit à eux-mêmes, soit au sire de Roche (en Rénier), leur seigneur (1).

Le P. Grasset dit qu'en 1405, Simeonis, prieur des Célestins du Colombier, eut beaucoup de peine pour la conservation du temporel, « à cause des grandes guerres civiles cruellement causées par Jean duc de Bourgogne qui vouloit usurper la régence du royaume » (2), mais peut-être fait-il erreur de date, car l'influence des troubles bourguignons paraît ne s'être fait sentir qu'un peu plus tard en Vivarais.

Une lettre royale, datée de Lyon février 1406, montre tout au moins les craintes de l'église de Viviers à cette époque.

Dans ce document, le roi exprime sa sollicitude pour le maintien de la tranquillité dans les églises, dont les desservants sont occupés nuit et jour au service divin. Il veut les défendre contre tous, afin qu'ils puissent vaquer plus librement à leurs fonctions. Le prévôt, le chapitre, tous les chanoines et clercs de Viviers l'ont supplié de les prendre sous sa protection avec tous leurs serviteurs et leurs biens. Le roi accepte et donne l'ordre au sénéchal de Beaucaire et à ses officiers de prendre l'église de Viviers sous sa sauvegarde spéciale, de la préserver de toutes injures, violences, oppressions, charges effectuées par la force des armes et de

(1) Idem.
(2) P. GRASSET, folio 335.

toutes innovations injustes tentées par la puissance des laïques (1).

D'après l'histoire du diocèse de Viviers, de l'abbé Baracand (2), les bandes dites des Compagnons auraient, à cette époque, saccagé Viviers et y auraient commis toutes sortes d'excès. La ville ne leur aurait été reprise qu'en 1407. Pour prévenir de nouvelles tentatives des bandes qui infestaient encore les environs, l'évêque, Jean de Liviers, proposa, en 1409, au municipe, de démolir les faubourgs qui leur servaient de repaire, c'est-à-dire les quartiers de la Joannade, des Sautelles et de Scoutay. Un enquête de *commodo et incommodo* eut lieu le 5 août. L'évêque et son chapitre, de même que les consuls et le conseil supérieur de la ville, comptant 152 membres, se rendirent à l'hôtel du Cheval Blanc, au quartier de Niquet, où les attendait Guillaume de Sanilhac, délégué par le sénéchal de Beaucaire pour présider l'enquête. L'audition eut lieu le lendemain. Vincent de Chandolas, juge mage de la ville, interrogea successivement tous les conseillers dont les réponses étaient recueillies par quatre notaires royaux (Guillaume Morel, Pierre le Batailleur, Gaillard Ebles et Pierre Mallemote). 138 conseillers se prononcèrent pour la démolition et 14 contre. Baracand donne les noms de tous les opinants et il a la bonhomie de croire que les 152 personnages

(1) Archives Nationales JJ. 101. Document reproduit par la *Gallia christiana*.

(2) Voir dans notre *Voyage au pays helvien* notre appréciation de l'ouvrage (manuscrit) de l'abbé Baracand, qui fait partie de la bibliothèque de M. Dubois, ancien juge de paix de Thueytz.

désignés représentaient 152 familles nobles, d'où il conclut que la population de Viviers devait s'élever alors à 15.000 âmes, en comptant une moyenne de six habitants par famille et en calculant que la population ouvrière ou bourgeoise devait être dix ou quinze fois plus considérable que la noblesse. Quoi qu'il en soit, le délégué du sénéchal prononça la démolition immédiate des faubourgs. La délibération porte les sceaux de Jean d'Alonso, chancelier de Guillaume de Sanilhac, de Jacques de Vic, chancelier de l'évêque et de Jean de Simony, chancelier de la municipalité de Viviers. En reproduisant ces détails, nous devons noter que la démolition des faubourgs de Viviers est indiquée par Columbi et le chanoine de Banne comme ayant eu lieu à la suite de la terrible peste de 1348. Il est vrai que, dans un autre endroit, de Banne, parlant de la démolition de deux faubourgs de Viviers, un supérieur qui tenait depuis la sortie de la porte Niquet jusqu'au grand portail du côté de l'hôpital, et un inférieur qui était vers la fontaine de la Trau, en constatant que ces faubourgs furent rasés et quantité de bois brûlés par arrêt du Parlement de Toulouse « parceque ces lieux estant inhabités, les larrons et mauvaises gens s'y retiroient pour voler le peuple », ajoute : « Il y a *plus de deux cents ans* que l'exécution fut faite. » Or, le chanoine de Banne étant né en 1591 et mort en 1657, l'époque approximative indiquée par ces paroles concorde beaucoup mieux avec la date de 1409 qu'avec celle de 1348. Il est possible aussi qu'il ait fallu recourir à cette mesure, à deux époques différentes.

La Chartreuse de Bonnefoy paraît avoir été plusieurs fois pillée et dévastée par les routiers. Un indice de la crainte inspirée par les compagnies nous est révélée par un acte du 3 septembre 1442, par lequel Hélix de Vendat, dame du Béage, confirme et ratifie le don fait par ses prédécesseurs aux moines de Bonnefoy, d'une tour du château du Béage, pour s'y réfugier en temps de guerre, avec leurs meubles et autres biens.

Cette confirmation vise probablement un acte de 1412 par lequel l'Hermite, seigneur d'Argental, de Fay et du Mézenc, donnait aux moines de Bonnefoy le quatrième étage de la tour de son château du Mézenc pour s'y réfugier avec leurs meubles et joyaux en temps de guerre, à la charge que lesdits religieux ne pourraient vendre, permuter ni acenser l'étage donné (1).

Le rapprochement de ces deux pièces et l'absence de toute ruine connue du château du Mézenc qui cependant, d'après l'acte de 1412, existait à cette époque, fait présumer qu'il n'est pas autre que le château du Béage. Il est probable toutefois que le château en question n'est pas celui qui existe encore, mais un autre qui se trouvait sur un rocher au dessous du village et dont on voyait les ruines au milieu du siècle dernier (2).

---

(1) H. VASCHALDE. *Notes sur le Vivarais* p. 125 et 130.

(2) *Collection du Languedoc* t. 26. Lettre du curé du Béage à dom Bourotte.

LA GUERRE DES BOURGUIGNONS,
ET LA FIN DU RÈGNE DES ROUTIERS (1412-1453)

Les premières luttes entre les d'Armagnacs et les Bourguignons eurent plutôt pour théâtre le nord et le centre de la France, mais on n'était pas sans craindre l'extension de l'incendie dans nos contrées, puisqu'un document du 19 mai 1413 nous montre Jean, duc de Bourbonnais, envoyant le seigneur de la Fayette dans les pays d'Auvergne, du Velay, du Gevaudan et du Vivarais, pour conclure une ligue avec les barons et les nobles de ces pays contre les ennemis du Roi et de l'Etat (1). Deux paix boiteuses, (Auxerre 1412 et Arras 1414) furent conclues entre les deux partis, sans amener autre chose que des trèves passagères.

La situation devint encore plus critique par l'avènement d'un roi jeune, actif et ambitieux, au trône d'Angleterre. Henri V, à peine couronné, fit revivre toutes les prétentions de ses prédécesseurs sur le royaume de France, et sa victoire à Azincourt (25 octobre 1415), triste répétition des batailles de Crécy et de Poitiers, montra que la chevalerie française n'avait encore rien compris aux causes de ses précédentes défaites. Henri V ne tarda pas à conquérir toute la Normandie et vint s'installer à Pontoise, mais il ne put s'entendre avec

(1) HUILLARD-BRÉHOLLES.

Jean-sans-Peur qui, d'ailleurs, fut assassiné peu après par Tanneguy-Duchâtel dans l'entrevue du pont de Montereau (10 septembre 1419). Les Bourguignons marchèrent désormais avec les Anglais. Un spectacle encore plus monstrueux fut celui que donna la reine, la fameuse Isabeau de Bavière, que l'on vit alors se ranger parmi les ennemis de son fils (le futur Charles VII) et faire cause commune avec les Bourguignons et les Anglais.

La plupart des villes du Languedoc étaient restées fidèles au parti national, représenté par le Dauphin ; toutefois quelques unes se laissèrent gagner par des émissaires bourguignons. En 1418, la reine avait chargé Louis de Châlons, fils aîné du prince d'Orange, de soumettre le Languedoc. Celui-ci fit une campagne dans le pays à la tête des troupes bourguignonnes et soumit presque entièrement la province, mais les bailliages du Velay, du Vivarais et du Gévaudan restèrent avec le Dauphin, grâce surtout à l'influence exercée dans le Velay par la famille de Polignac et à celle qu'exerçait en Vivarais le comte Louis de Montlaur, qui avait épousé Marguerite de Polignac.

Parmi les familles du Vivarais qui prirent une part glorieuse aux évènements de cette époque, il faut encore citer celles de Lévis et d'Apchier.

En 1418, le Dauphin « voulant remettre le Languedoc sous son obéissance, nomma Renaud de Chartres, archevêque de Reims, son lieutenant dans cette province, et lui associa le sire de Villars et de la Roche-en-Regnier, de la maison de Lévis, qui leva et entretint pendant six mois, à ses dépens, 200 hommes d'armes et 100 hommes de trait pour la défense du pays. Ce seigneur vendit pour l'entretien de ses troupes sa vaisselle d'or et d'argent, mais le roi Charles VII le dédommagea dans la suite (1). »

Antoine de Lévis se distingua dans cette guerre et c'est pour le récompenser que son père, Philippe de Lévis, lui donna, le 6 novembre 1419, les terres d'Annonay, la Ribeyre et Roussillon.

Le comte d'Apchier, l'un des lieutenants les plus actifs du vicomte de Polignac, était le mari d'Anne de la Gorce. Celle-ci engagea tous ses bijoux pour subvenir aux frais de la guerre (2).

En 1419, le seigneur de Rochebaron en Forez essaya, avec l'aide des Bourguignons, de s'emparer du Velay, mais le vicomte de Polignac fit échouer cette entreprise.

Héracle, seigneur de Rochebaron, qui fut l'agent principal de Jean-sans-Peur dans le Velay, tandis que le prince d'Orange opérait dans le bas Languedoc, avait épousé une bâtarde du duc de Bourgogne. Voici comment sa tentative de 1419 est racontée dans la *Chronique de la Pucelle :*

« Il y avoit en Auvergne un grand seigneur terrien, nommé le seigneur de Rochebaron, qui possédoit plusieurs belles terres et seigneuries, et tenoit le party du duc de Bourgogne et par conséquent du roy d'Angleterre, lequel eut en sa compagnie un Savoisien

(1) *Histoire du Languedoc*, t. IV p. 446.
(2) *Tablettes du Velay*, 1875.

nommé le seigneur de Salnove, et se mirent sus accompagnez de bien huist cents hommes d'armes et les archers ; et tenoient les champs et fesoient beaucoup de maux et endommageoient le pays en diverses manières. La chose vint à la connaissance du comte de Pardiac, fils du feu comte d'Armagnac, du mareschal de France nommé la Fayète et du seigneur de Groslée, séneschal de Lyon et bailly de Mascon, lesquels assemblèrent gens le plus diligemment qu'ils peurent et se mirent en les champs en intention de rencontrer lesdits de Rochebaron et de Salnove : et de fait les trouvèrent et cuidèrent frapper sur eux, mais ils n'attendirent pas et s'enfuirent très laschement et deshonestement et se retirèrent en une place nommée *Bousos* (sans doute Bouzols). Tout au plus près d'icelle place avoit un moulin auquel un arbalestrier mist le feu, et fut si fort et véhément qu'il entra dans la ville, dont on ne se donnoit de garde ; tellement que les Bourguignons et Savoisiens en furent surpris, et les capitaines trouvèrent moyens d'uelx la sauver et s'en allèrent. Aucuns de leurs gens se vinrent rendre prisonniers et les autres furent tués et après ce lesdits seigneurs de Pardiac, le mareschal et Grolée, allèrent devant la place de Rochebaron et fut prinse avec toutes les autres de ce seigneur ; et ceux de leurs gens qui s'en peurent fuir furent tuez en montagne en divers lieux par les gens du plat pays que on nommoit brigans ; et tout ce pays fut lors réduit en l'obéissance du Roy. »

Les détails suivants empruntés par la plupart à une remarquable étude publiée dans les *Tablettes du Velay*, complètent le récit qui précède :

Le 4 février 1419, à Bourges, le Dauphin, régent du royaume, nommait Armand VII, vicomte de Polignac, son lieutenant-général en Velay, Gévaudan, Vivarais et Valentinois.

La faction bourguignonne irritée se préparant à marcher contre ces quatre pays, les seigneurs de la contrée s'organisèrent activement pour résister. Avec Polignac étaient les sires de Montlaur, de la Roche en Regnier, de Chalancon (Velay), les seigneurs de Pierre, de Tournel et beaucoup d'autres. Il y eut un accord provisoire à Saugues, sur les limites du Velay et du Gévaudan, mais les Bourguignons le rompirent en s'emparant de Pradelles. Le régent envoya le comte d'Auvergne et l'archevêque de Reims. Rochebaron émit des prétentions excessives: il voulait son pardon, l'entière restitution de ses biens et 3,000 francs. En même temps, il continuait ses préparatifs. On envoya alors le cadet d'Armagnac, comte de Pardiac, au Puy pour en prendre le commandement. Les Bourguignons vinrent jusques devant le Puy et essayèrent d'attirer la milice bourgeoise hors des murs. Celle-ci n'ayant pas donné dans le piège, l'ennemi se retira. Les miliciens du Puy le poursuivirent. Les Bourguignons allèrent se retrancher à Serverette où un incendie fortuit les surprit désagréablement et acheva leur déroute. On leur prit les châteaux de Montauroux, de Prades et d'autres points. Les vainqueurs allèrent enfin assiéger le château de Rochebaron. Celui-ci fut sauvé par le traité conclu, le 11 juillet, entre le Dauphin et les Bourguignons. Ces événements causèrent une grande joie au Puy où l'on apprit seulement quelque temps après le drame de Montereau (l'assassinat du duc de Bourgogne).

L'année suivante, tandis qu'à Troyes, la reine Isabeau signait l'odieux traité par lequel elle donnait au roi d'Angleterre la main de sa fille Catherine et lui assurait la couronne de France après la mort de Charles VI, le Dauphin venait en Languedoc, où le comte de Foix s'était déclaré pour lui. Il convoquait les Etats généraux à Carcassonne le 9 mars, prenait Nîmes le 4 avril et occupait aussi le Pont-St-Esprit.

En même temps, le sénéchal de Beaucaire, à la tête des milices, s'emparait d'Aiguemortes dont le gouverneur et plusieurs officiers furent décapités. On montre encore à Aiguemortes la tour des *Bourguignons*, du haut de laquelle ceux-ci furent précipités et ensevelis sous un tas de sel. De là le proverbe de *bourguignon salé* et sans doute l'habitude conservée dans beaucoup de villages d'appeler les porcs du nom de *Bourguignons*.

Le Dauphin vint en pèlerinage à N. D. d'Anis le 15 mai. Le chroniqueur Medicis raconte l'enthousiasme de la population du Puy qui était alors, non seulement un centre religieux, mais un foyer du patriotisme national. Le prince repartit, le 17, avant de connaître le traité de Troyes qui fut signé le 21 mai. Il allait essayer de reprendre son royaume.

Dès que le traité fut connu, Rochebaron se remit en campagne. Il pénétra dans le Velay et s'empara des châteaux de Fay, Bouzols et Servissas. Les bourgeois du Puy reprirent ces places au mois de novembre 1421.

C'est peut-être à cette série d'événements que se rapporte la destruction du château de Mahun, près de Satillieu, qui est ainsi racontée par l'abbé Filhol :

« S'il faut en croire une tradition qui s'est conservée dans le pays, le château de Mahun aurait été détruit, vers l'an 1420, par une bande de routiers, vulgairement nommés Anglais, qui venaient du côté d'Angoulême. Après avoir profité des ténèbres de la nuit pour saccager et incendier le vieux manoir, cette horde de pillards, ivre de sang et chargée de butin, se dirigeait vers Saint-Symphorien, lorsque les habitants du village, conduits par leur syndic ou par le châtelain lui-même, l'attaquèrent à l'improviste, dès l'aube du jour, non loin du Cros-d'Afforty. Ils lui portèrent des coups si sûrs et si vigoureux, que pas un seul de ceux qui en faisaient partie ne put échapper à leur juste fureur. Le sang y fut répandu en telle abondance, que le ruisseau 'en fut gonflé, et que la rivière où il se jette, en resta rougie jusqu'au pont de Noyas près de Satillieu. Aussi, depuis lors, appelle-t-on ce ruisseau le *Cros du Bourreau* (1).

En 1421, tout le Languedoc était soumis au Dauphin dont l'autorité s'étendait encore sur le Dauphiné, l'Auvergne, le Bourbonnais, le Berry, le Poitou, la Saintonge et l'Orléanais. Les Anglais occupaient tout le reste de ce qu'on appelait la France, excepté la Bretagne qui avait son souverain particulier et ne

(1) *Histoire d'Annonay*, t. 1 p. 572.

s'était déclarée encore pour aucun parti. Le duc de Bourgogne, allié d'Henri V, disposait en sa faveur de toutes les forces de la Bourgogne, de la Franche-Comté et des Flandres.

L'année 1422 fut marquée par deux évènements qui améliorèrent singulièrement la situation du Dauphin. Le 31 août, le roi d'Angleterre mourait à Vincennes. Le 21 octobre suivant, Charles VI le suivait dans la tombe. Le Dauphin était alors à Espaly en Auvergne et c'est là qu'il prit le titre de roi.

En 1424, les Etats du Vivarais se réunissaient à Soion avec ceux du Gévaudan et du Velay, pour aviser aux moyens de résister aux troupes bourguignonnes. (1). C'est la première fois, croyons-nous, que les Etats du Vivarais se trouvent mentionnés dans l'histoire du Languedoc.

En 1425, les consuls de Donzère, sur la nouvelle apportée par des messagers de Pierrelatte de l'arrivée de gens d'armes, mettaient les portes et les remparts en état de défense. Mais c'était une fausse alerte ; les cavaliers signalés n'étaient autres que ceux de la compagnie du marquis de Saluces, gouverneur de la province. Le fait n'en est pas moins l'indice d'une situation peu sûre.

Il est certain que l'année suivante (1426) les routiers menaçaient le pays. « Plusieurs avaient déjà pénétré dans le Velay et le Vivarais où ils faisaient des maux infinis; ils se proposaient même de descendre de là jusques dans le plat pays et de passer à Alais et à

(1) *Histoire du Languedoc* t. IV p. 462.

Nîmes. Les consuls du Puy, de Mende et des autres villes du Velay et du Vivarais en donnèrent aussitôt avis à ceux de Nîmes. On écrivit au sénéchal Guillaume de Menillon qui se trouvait à Montboissier en Dauphiné. L'exprès qu'on lui envoya partit de Nîmes le 8 novembre 1426. Le sénéchal était à Nîmes le 20. Ses premiers soins furent de convoquer la noblesse de la sénéchaussée. Malgré les soins et l'attention de cet officier à se tenir sur ses gardes, les routiers ne laissèrent pas d'étendre de plus en plus leurs courses dans le pays et de commettre de très grands ravages jusqu'aux environs d'Alais et de Nîmes. Ils avaient à leur tête Jean Raolet, un de leurs capitaines. » (1).

D'après Poncer, ce Raolet ou Rollet aurait détruit, cette année-là, le bourg de St-Victor près de St-Félicien, et mis au pillage tous les environs ; mais cette information ne semble guère s'accorder avec un document authentique que publie le même écrivain dans un autre ouvrage (2). Le document en question est du 14 décembre 1427 ; il a pour objet d'autoriser les habitants de St-Victor, au nom d'Eléonore de Grolée, dame de Tournon, à construire un fort, « vu que le lieu de St-Victor fut de beaucoup exposé, *aux temps passés*, au pillage des gens de guerre. » Il nous semble que si le bourg de St-Victor avait été détruit cette année-là ou l'année précédente, le scribe aurait employé une autre expression que celle que nous venons de souligner.

(1) MÉNARD. *Histoire de Nîmes*, t. 3 p. 161.
(2) *Mémoires historiques sur le Vivarais*, t. 1 p. 340.

Chomel (1) raconte qu'en 1426 et les années suivantes, Annonay fit de grandes dépenses pour réparer ses fortifications ruinées par les compagnies d'Anglais. « On trouve encore, dit-il, une reconnaissance de ce temps-là, qui énonce toutes les maisons brûlées par eux, et, comme on craignait leur approche, on pourvut la ville d'armes et de munitions. *Quatre pieds* de mur qu'on appelait alors la *canne*, ne se payaient que trois deniers ; un tiers devait être payé par les particuliers, un tiers par l'église et le troisième tiers par la communauté. »

Le registre du notaire Antoine Brion, de Privas (1427-28), le même où se trouve l'acte de mariage de Bérenger de Surville, contient une pièce où l'on peut voir l'expression de l'opinion de la contrée vis-à-vis des belligérants de cette époque.

Le 1ᵉʳ mars 1428, Antoine Vallat, marchand de Privas, se présente devant le notaire, avec Jean Aurel, marchand de Chalancon. Vallat expose qu'Aurel a dit à noble Philibert de Buord, châtelain de Chalancon, que lui Vallat, dans une *stablita* de Chalancon, aurait qualifié le châtelain et ses compagnons de *Bourguignons* et d'*Anglais* ; ce que Vallat nie formellement, en invitant Aurel à dire la vérité sous peines de poursuites judiciaires.

Aurel répond qu'il n'a jamais entendu Vallat tenir les propos en question et qu'il n'a jamais rapporté de tels propos au châtelain, en ajoutant que, s'il a offensé Vallat en quelque chose, il lui en demande pardon.

(1) Manuscrit de la bibliothèque d'Annonay.

Vallat, sur l'intervention de quelques amis, fait grâce à Aurel, et les témoins, Guillaume Gouvernat et Pons Lacoste, de Chalancon, promettent de rester à ses ordres.

Cet acte fut passé à Privas dans la boutique de Vallat et porte les signatures d'Antoine Duprat, Guillaume Gouvernat et Perrinet Arnoul. Il prouve, d'une façon caractéristique, combien le sentiment populaire à Privas et dans la région était peu favorable aux Anglais et aux Bourguignons.

Un autre acte, du même registre, en date du 11 juin 1427, nous montre Jean de Prelles, prieur de Charay, et les autres chanoines de ce prieuré conventuel, abandonnant tous les droits qu'ils avaient et pouvaient avoir dans les mandements de Brion et du Cheylard, du chef d'un de leurs confrères décédés, à Guillaume de Geys, seigneur de Prelles, du mandement de Chalancon, pour le récompenser des services rendus au couvent « qu'il avait occupé et défendu par ses hommes d'armes. » Les Anglais ou routiers avaient donc poussé leurs agressions jusques dans les environs de Privas au commencement du XVᵉ siècle, ou tout au moins ils s'en étaient assez approchés, pour qu'on eût jugé nécessaire de prendre des précautions sur la montagne de Charay.

Il résulte d'un acte du notaire Rochette, d'Aubenas, qu'en 1428, le baron de Montlaur et un autre seigneur de la contrée, Raymond du Serres, coseigneur d'Ucel, étaient allés combattre les Anglais.

C'est ici qu'il faut placer l'apparition d'un personnage qui, d'après M. de Valgorge, répété par l'abbé Filhol, se serait adjugé par droit de conquête le Vivarais, le Velay et le Gévaudan et aurait fait d'Annonay, pendant un certain temps, sa capitale et sa place d'armes : il s'agit du capitaine Rodrigo de Villandrando, appelé *Villandras* ou *Villandraut* dans l'*Histoire du Languedoc*. Or, celle-ci ne mentionne nulle part qu'il ait occupé Annonay ou rançonné toute autre région du Vivarais. Au reste, l'assertion de M. de Valgorge ayant excité notre curiosité, nous avons voulu savoir ce qu'il pouvait y avoir de vrai dans un fait aussi intéressant pour l'histoire de notre pays et nous allons donner, d'après les divers écrivains qui ont parlé de cet aventurier, mais surtout d'après un récent ouvrage de M. Quicherat (1), un bref aperçu de sa vie, aussi curieuse qu'accidentée.

Rodrigo était issu d'une noble famille de Valladolid, mais sa grand'mère était française. Comme beaucoup d'autres de ses compatriotes, il était venu chercher fortune en France dans le métier des armes, et servit d'abord sous Villiers de l'Isle-Adam vers 1420, puis sous le maréchal Amaury de Sévérac en Languedoc. Plus tard, il parvint à réunir autour de lui quelques compagnons, et alors il opéra pour son compte.

Les chroniqueurs commencent à parler de lui à la date de 1425.

Les Archives de la ville de Lyon constatent, pour les années 1425 à 1428, des « excès de toutes sortes

(1) *Rodrigo de Villandrando*, capitaine de compagnies au XVe siècle, par Quicherat, 2e édition. Hachette 1879.

commis dans le Lyonnais par les aventuriers sous les ordres des capitaines Rodrigue Villandras et Valette, qui persistaient à occuper le pays, bien que le consulat leur eût offert 400 écus d'or pour les éloigner. »

Quicherat dit que Rodrigo, en 1428, « avait son quartier-général entre le mont Lozère et la chaine du Vivarais. »

Ménard nous apprend qu'en décembre 1428, on fut dans les craintes à Nîmes : « les capitaines Valette et Rodrigo ne cessaient de rouler au voisinage ; mais comme ils ne s'arrêtaient nulle part, il était difficile de les découvrir. »

En 1429, pendant les mois de juin et juillet, Rodrigo courut le Velay et le Gévaudan avec sa bande et commit partout une infinité de désordres. Il ne semble pas qu'il soit alors entré dans notre pays, car l'*Histoire du Languedoc* ajoute :

« Le Vivarais était aussi dans la désolation, soit pour les différends du seigneur de la Roche et du seigneur de Saint-Remezi qui continuaient de se faire la guerre, quoique le roi le leur eût défendu, soit par la guerre que Louis de Châlons, prince d'Orange, partisan du duc de Bourgogne, porta sur les frontières de ce pays au mois de mars suivant. »

La guerre entre le seigneur de la Roche (Antoine de Lévis) et le seigneur de Saint-Remezi (Guillaume de Randon), dont il s'agit ici, se prolongea jusqu'en 1431. Le 4 mars de cette année, à Revel, le seigneur de Mauléon, chambellan du Roi, ordonnait au sénéchal de Toulouse « d'assembler incessamment le ban et l'arrière-ban de la sénéchaussée, et après s'être mis à la tête de ces troupes, de venir le rejoindre en Albigeois dans quatre jours pour combattre les brigands qui se disaient du parti de l'Angleterre et du duc de Bourgogne. Le seigneur de Saint-Remezy en Vivarais, qui avait embrassé le même parti pour se soutenir contre le seigneur de Roche, son ennemi, avait introduit des troupes anglaises et bourguignonnes dans ses châteaux. Le seigneur de la Roche ayant reçu commission du Roi, de soumettre ces places, y réussit, et le roi lui donna, le 8 février 1431, en reconnaissance, 1000 francs de gratification sur l'ayde de 200,000 francs à luy accordés par les gens des trois Etats du pays de Languedoc (1). »

Le P. Anselme précise encore mieux les faits :

« Guillaume de Randon, s'étant saisi de Châteauneuf de Randon dont il n'avait que le quart et de quelques autres places, les remit ensuite à Adrien de Ribes, à Chandon et à d'autres Anglais. Après, il courut avec eux le Gévaudan et le Velay, mit le feu aux faubourgs de Pradelles appartenant à Philippe de Lévis et au château de Moulin-Neuf, prit la forteresse de Saint-Paul appartenant à l'abbé de la Chaise-Dieu et courut jusqu'aux portes du Puy. Cela fut cause que Charles VII donna toutes ses places à Philippe de

---

(1) *Histoire du Languedoc*, t. IV pages 474 et 477. Bien que les auteurs de l'Histoire du Languedoc écrivent partout *Sain'-Remezy*, il s'agit bien ici de Saint-Remèze, dans le canton du Bourg-Saint-Andéol dont les Châteauneuf-Randon étaient seigneurs au XVe siècle. Voir notre *Voyage le long de la rivière d'Ardèche*, p. 295.

Lévis, dont le fils Antoine, seigneur de Vauvert, les avait remises en l'obéissance du Roi (1).

Les bandes de routiers, sous les ordres de Rodrigo et des deux Valette, paraissent avoir tenu tout le pays entre Lyon et le Puy. L'une d'elles était postée sous les murs d'Anse, et la ville de Lyon elle même était obligée, comme on l'a vu, de compter avec leurs chefs. Ce qui prouve, d'ailleurs, que ces brigandages se faisaient avec une sorte de régularité, c'est qu'il existe une lettre du 14 septembre 1433 où l'on voit que la ville de Lyon faisait à Rodrigo un cadeau de cire et de confitures.

Les évènements fournirent à Rodrigo et consorts une occasion de jouer un rôle plus honorable. Le prince d'Orange, comme partisan du duc de Bourgogne, et le duc de Savoie, comme prétendant à la succession du Dauphiné, faisant tous deux la guerre à Charles VII, avaient projeté l'envahissement du Dauphiné. Pour assurer le succès de leur entreprise, ils cherchaient à s'assurer la coopération des compagnies. Raoul de Gaucourt, gouverneur du Dauphiné, et Imbert de Grolée, commandant à Valence, informés du fait, prirent les devants et partirent secrètement pour Annonay, afin de s'aboucher avec Rodrigo et autres chefs, entr'autres Valette, « qui tenaient pour le moment leurs quartiers autour de cette ville. »

La négociation eut un plein succès. Les compagnies furent enrolées pour la défense du Dauphiné, et Qui-

(1) *Histoire des grands officiers de la couronne*, t. IX p. 421. Addition au 3e vol. t. IV p, 27 de l'édit. Didot.

cherat constate qu'elles s'éloignèrent d'Annonay, le jour même où Jeanne d'Arc était faite prisonnière devant Compiègne (24 mai 1430). Occupaient-elles la ville d'Annonay ou seulement les environs? L'absence de toute indication positive et le fait des fortifications d'Annonay autorisent à préférer la seconde hypothèse, ce qui n'exclut pas, d'ailleurs, l'idée que la ville d'Annonay ait eu à payer une indemnité aux bandes pour conjurer toute tentative de leur part.

Quoi qu'il en soit, les compagnies passèrent le Rhône le 26 mai. Réunies aux troupes dauphinoises, elles prirent successivement Auberive, les châteaux d'Azieu, de Puzignan et le Colombier. Le prince d'Orange, venant de la Bresse, entra sur ces entrefaites en Dauphiné et passa le Rhône au bac d'Anthon le 9 juin. Rodrigo demanda l'honneur de commencer l'attaque et contribua beaucoup au succès de la bataille. Il en fut récompensé par le titre d'écuyer de l'écurie du Roi et ensuite par la donation de la seigneurie de Puzignan, donation proposée par les Etats du Dauphiné et ensuite confirmée par le Roi, ce qui était sans doute un moyen indirect de payer les frais de la guerre.

A cette époque (1431-32), quatre guerres civiles étaient engagées ou en perspective dans ce malheureux pays de France, sans compter la guerre des Anglais:

Guerre pour la possession du pouvoir entre le duc de la Trémoille et les princes de la maison d'Anjou;

Guerre pour des intérêts de famille entre les ducs d'Alençon et de Bretagne;

Guerre de voisins rivaux, entre les comtes de Foix et les comtes d'Armagnac ;

Enfin, guerre entre les prélats et la noblesse dans les diocèses du Puy et de Mende.

On conçoit le maintien de l'existence des compagnies entre tant de compétiteurs qui sollicitaient à l'envi le concours des aventuriers.

Rodrigo qui, en 1431, avait obtenu du roi de Castille le titre de comte de Ribadeo revendiqué depuis longtemps par sa famille, persévéra dans la bonne voie, puisqu'on le trouve, le 10 août 1432, se distinguant à l'affaire du ravitaillement de Lamy, qu'assiégeait le duc de Bedford. Mais il paraît qu'il était avant tout l'homme du duc de la Trémoille; c'est pourquoi on le voit peu après ravager les terres des ennemis du premier ministre, c'est-à-dire la province d'Anjou. Vers cette époque, il recevait le titre de conseiller et chambellan du roi, avec la seigneurie de Talmont-sur-Gironde.

A défaut de Rodrigo, les routiers ne manquaient pas, dans cette période, en Languedoc, tout au moins aux abords du Vivarais. En effet, le 29 septembre 1432, le sénéchal de Beaucaire faisait partir de Nimes un messager chargé d'aller en Gévaudan avertir les seigneurs de Peyre, d'Apchier, de Tournel, de Joyeuse et les habitants des villes d'Alais, d'Anduze, de Meyrueis, du Vigan, de Marvéjols et de Mende, de se mettre en armes et de s'opposer aux routiers. Le 13 avril de l'année suivante, les consuls de Nimes envoyaient un autre exprès à St-Ambroix pour savoir si les routiers étaient encore à Genolhac et Villefort où ils avaient pénétré (1).

En mai 1433, Rodrigo épousait une bâtarde de Jacques de Bourbon, comte de Forez. Le métier d'homme de guerre, surtout de chef de bande, était fort lucratif, et pas plus qu'au siècle précédent, n'impliquait de déshonneur. Dans les idées du temps, on trouvait naturel que les chefs se vendissent au plus offrant. Les seigneurs les ménageaient, s'en servaient à l'occasion, et mettaient leurs bâtards à la tête des compagnies. Jean, premier duc de Bourbon, le beau-père de Rodrigo, eut, entre autres enfants naturels :

Alexandre, qui de chanoine devint routier, prit et quitta le service de Charles VII, servit la Praguerie et, finalement arrêté, fut cousu dans un sac et noyé ;

Guy, routier aussi, qui opéra longtemps de concert avec son beau-frère Rodrigo, puis rentra en grâce comme lui et fut nommé capitaine du Roannais ;

Jean, qui devint évêque du Puy ;

Enfin Marguerite, mariée à Rodrigo.

Le mariage quasi-princier de ce dernier ne l'empêcha pas naturellement de continuer son métier de routier. L'année même de son mariage (1433), on le voit faire de nouvelles courses ; mais cette fois encore, d'après Quicherat, il était l'agent d'autres puissants personnages. Outre que le comte de Foix était l'ennemi de la Trémoille, Rodrigo, en lui faisant la guerre, agissait pour le compte de Carillo, agent des Pères du

(1) MÉNARD, *Histoire de Nîmes*, t. 3, livre 8.

concile de Bâle, qui l'avaient chargé de défendre Avignon.

En 1434, les contributions imposées en Languedoc furent très lourdes, mais la rentrée en fut retardée en Vivarais, Velay et Gévaudan, par les dissensions survenues dans ces pays entre les prélats et les barons qui eurent recours aux armes.

Ces troubles avaient pour cause la question des biens d'Eglise, sur lequels les nobles mettaient volontiers la main, afin, disaient-ils, de se dédommager des frais de la guerre contre les Anglo-Bourguignons. Pour se défendre, les prélats firent appel aux chefs de bande notamment à Rodrigo et à son beau-frère Guy. Charles VII envoya le sénéchal de Beaucaire pour concilier les deux parties. Le sénéchal vint pour cela au Puy en 1432 et parvint à amener un accord. Mais les difficultés ne tardèrent pas à renaître, car Ménard constate que les bandes de Rodrigo occupaient en 1434 toute la partie nord de la sénéchaussée de Beaucaire, et Mandet parle d'un retour de Rodrigo et Guy en 1435 qui eut un effet décisif et à la suite duquel on laissa le clergé tranquille. Cette intervention de Rodrigo et de Guy de Bourbon explique sans doute la conduite du clergé du Velay qui, en 1443, après la mort de l'évêque Guillaume de Chalancon, alla chercher à Avignon Jean de Bourbon, frère de Guy, pour le placer sur le siège épiscopal du Puy (1).

Peu après son mariage, Rodrigo assistait à la cour plénière que Charles VII tint à Vienne, et Quicherat

(1) FRANCISQUE MANDET. *Histoire du Velay.*

produit des pièces qui nous le montrent prêtant de l'argent à divers personnages, et notamment à son beau-frère, le comte de Forez.

Les années suivantes, Rodrigo, toujours assisté de Guy de Bourbon, joue un rôle équivoque du côté de Tours et Limoges.

Après la paix d'Arras, les bandes se maintiennent et continuent leurs exactions, et c'est alors qu'on leur donne le nom *d'Ecorcheurs*, parce que les bandits enlevaient à leurs victimes jusqu'à la chemise, pour être bien sûrs de ne rien laisser de caché dans les vêtements. On dit que Rodrigo avait alors sous ses ordres 10,000 chevaux, ce qui suppose au moins 15.000 hommes, c'est-à-dire une véritable armée pour l'époque.

En 1436, on le trouve mêlé aux affaires de l'Albigeois où il va rétablir un archevêque, évincé par son rival.

Est-ce de Rodrigo qu'il s'agit, en 1437, dans le registre consulaire de Montélimar, rapportant que le 15 juillet de cette année, on paya huit gros à Arnaud Rémusat, envoyé au delà du Rhône pour connaître l'intention des gens d'armes de *Rodigon*, qui étaient à Saint-Péray et à Cornas, et pour savoir s'ils voulaient passer le Rhône ? Le 22 juillet, on paya six gros à Pierre de Genève, envoyé à Loriol et sur les bords du Rhône pour s'informer si les bandes qu'on redoutait étaient à Saint-Péray. Le 25 juillet on remit huit gros à Pierre de Lojas qui se rendit à Valence et à Soion, parce qu'on disait que ces troupes étaient à Charmes et à St-Péray et devaient traverser le Rhône. Enfin, le 20 mars 1438, on prit de nouvelles précautions contre les gens d'armes du bâtard de Bourbon (beau-frère de Rodrigo), qui occupaient plusieurs ports et qu'on supposait vouloir passer le fleuve. Bref, ces bandes de routiers n'allèrent pas en Dauphiné (1).

Or, l'autorité royale, de plus en plus consolidée, commençait à comprendre la nécessité d'opposer un remède radical aux brigandages des gens de guerre. C'est alors que Charles VII promulgua un décret contre Rodrigo et ses hommes d'armes, les déclarant bannis du royaume et ordonnant de leur courir sus partout où ils seraient. Mais un tel ordre, en ce temps-là, était plus facile à émettre qu'à exécuter. Aussi voit-on, vers la fin de 1437, les gens de Rodrigo et les bandes des Ecorcheurs continuer, malgré l'édit royal, leurs exactions à la frontière champenoise de la Bourgogne. Rodrigo, de concert avec le bâtard de Bourbon et le comte de Pardiac (un d'Armagnac), préparait même une irruption en Bourgogne, ce qui eût été une grave offense à Charles VII, car la paix avait été conclue avec la Bourgogne en 1435, quand, revenant à de meilleures résolutions, il consentit à se remettre au service du Roi et alla combattre, plus ou moins régulièrement, les Anglais en Guyenne. Il prit même part aux opérations du siège de Bordeaux.

En novembre 1438, il entra en Roussillon, dans un but hostile au royaume d'Aragon, mais son expédition ne paraît pas avoir eu beaucoup de succès.

(1) BARON DE COSTON. *Histoire de Montélimar*, t. 1 p. 507.

L'année suivante le trouve rançonnant le haut Languedoc, et la ville de Toulouse fut obligée de financer pour le faire partir (1).

Les affaires d'Espagne vinrent heureusement fournir à Charles VII (comme autrefois à Charles V et Duguesclin) le moyen de débarrasser le royaume de ces malandrins. Alvarez de Luna, le puissant ministre du roi de Castille, qui avait rendu des services à Rodrigo, fit appel au concours de son compatriote et de ses hommes. Le Dauphin (Louis XI) participa fort habilement, quoique fort jeune, à la négociation et Rodrigo partit en juin 1439 pour l'Espagne, où la présence de troupes aguerries suffit pour pacifier le pays et consolider le pouvoir chancelant d'Alvarez.

Le 2 novembre de la même année, on publia en France la *Pragmatique Sanction*, qui était l'arrêt de mort des Compagnies et la fin du régime des gens de guerre. Le fameux capitaine anglais Talbot avait l'habitude de dire, quand il recevait des plaintes, que Dieu lui-même, s'il était homme de guerre, ne pourrait s'empêcher d'être pillard. C'est qu'en effet l'ancienne organisation militaire laissait à l'arbitraire des seigneurs ou des chefs improvisés les levées de troupes et admettait leur entretien aux dépens des populations. En vertu de la Pragmatique Sanction, il ne devait plus y avoir désormais que des corps militaires avec des garnisons fixes et des capitaines institués par lettres royales. Les courses, incendies et pillages étaient punis de mort. Tel fut le prélude du système des

(1) *Histoire du Languedoc*, t. IV p. 492.

armées régulières et permanentes qui ne tarda pas à prendre un corps et se dessina nettement en 1445, c'est-à-dire six ans après le départ de Rodrigo. On suppose que celui-ci avait pressenti ce grand changement et que c'est un des motifs qui le retinrent en Espagne. Il paraît, du reste, avoir conservé, au moins pendant quelque temps, une part dans le commandement de ses hommes qui rentrèrent sans lui en France, sous les ordres de Salazar, son principal lieutenant. Charles VII les employa contre la Praguerie. Plus tard, ce corps, après un soigneux triage des éléments divers qui le composaient, fut le noyau de la première armée permanente et l'on cite Tristan l'Hermite, le fameux conseiller de Louis XI, comme ayant contribué spécialement à cette grande réforme militaire que Philippe de Valois avait projetée, à la suite des Etats généraux tenus à Paris en 1346, mais que les embarras de la guerre avec l'Angleterre et la crainte de mécontenter des vassaux puissants, avaient empêché de réaliser. Pour la réunion et l'entretien régulier des forces militaires éparses qui désolaient le pays, Charles VII fit préparer en 1439, aux Etats d'Orléans, une ordonnance royale qui obligeait les seigneurs à laisser lever sur leurs domaines une taille perpétuelle de 1,200,000 francs. En même temps, il était interdit aux seigneurs de percevoir aucun impôt sans autorisation spéciale du Roi. La féodalité, battue par la monarchie avec l'assistance du tiers-état, essaya en 1440 la révolte dite de la Praguerie, mais elle fut promptement battue.

La cause nationale ne pouvait que profiter des

succès de la royauté. En 1449, Charles VII reprenait la Normandie aux Anglais et cette brillante conquête était couronnée, le 12 août 1450, par la reprise de Cherbourg. Les Anglais perdaient la Guyenne l'année suivante et, en 1453, il ne leur restait plus que Calais qu'ils devaient conserver encore plus d'un siècle. La capitulation de Bordeaux termina la guerre de Cent Ans. Charles VII vécut encore dix ans.

Quant à Rodrigo, l'histoire ne parle plus de lui à partir de 1446, mais il ne mourut qu'en 1457 ou 1458, après avoir, dit-on, consacré les dernières années de sa vie à faire pénitence de ses péchés.

QUESTIONS A ÉCLAIRCIR.

Voici encore quelques traditions, la plupart sans date précise, qui se rapportent probablement à l'époque de la guerre de Cent Ans.

Les habitants de la Voulte jouissaient de très-anciens privilèges, qu'ils avaient obtenus en repoussant une attaque contre leur ville. On a dit — et nous nous sommes fait nous-même l'écho de ce bruit — que ce fait d'armes remontait à 1295, époque où cette place fut remise à Philippe le Bel (1). Ne se rattacherait-il

(1) En 1294, le roi d'Angleterre ayant déclaré la guerre à Phi-

pas plutôt à quelque vigoureuse résistance opposée aux Anglais ou aux routiers pendant le XIV® siècle ? C'est l'avis de M. de Valgorge qui, d'ailleurs, n'est rien moins qu'une autorité historique. L'auteur des *Souvenirs de l'Ardèche* fait attaquer la Voulte par le fameux prince de Galles, le *Prince Noir*, qui fut investi du gouvernement de la Guyenne après la bataille de Crécy. Ce prince, n'ayant pu emporter la Voulte et obligé de lever le siège, aurait dit à ceux qui l'entouraient « qu'il n'y avait pas de honte à se retirer devant des hommes à qui l'amour du pays inspirait un si grand dévouement et un si grand courage. » M. de Valgorge conseille aux gens de la Voulte de faire graver ces paroles en lettres d'or au fronton de tous leurs monuments. Peut-être eut-il bien fait de s'assurer préalablement de leur authencité. L'évènement en question, si le prince Noir y était pour quelque chose, ne pourrait se rattacher qu'à la « grande chevauchée » faite en Languedoc pendant l'été de 1355 et d'où le prince revint avec force butin à Bordeaux au mois de novembre ; mais les historiens

---

lippe le Bel, engagea Adolphe, roi des Romains, avec qui il s'était ligué, à agir de son côté et à faire diversion vers les frontières de l'empire. Comme le Rhône lui servait alors de limite, le Roi prit ses sûretés de ce côté là ; il nomma Robert, duc de Bourgogne, pour commander dans la sénéchaussée de Beaucaire. Robert se rendit dans le pays et et il conclut au Puy, la veille de l'Assomption de la Vierge de l'an 1294, un traité avec Roger d'Anduze, qui possédait de grands domaines dans le Vivarais. Ce seigneur s'obligea de remettre au roi son château de la Voulte sur le Rhône, à condition qu'il lui serait rendu après la fête de tous les Saints de l'an 1295. *Histoire du Languedoc* t. IV p. 82. Le texte du traité, donné par Baluze, se trouve dans le même volume, aux *Preuves*, p. 102.

constatent qu'il n'alla pas plus loin que Narbonne, et l'on est en droit par conséquent de considérer son attaque de la Voulte comme une pure fantaisie.

La destruction du château d'Ucel près d'Aubenas, de Ventadour au Pont de la Beaume, de Cornillon près des Vans, de Revirand près de Sarras, de Beauchastel et de bien d'autres châteaux ou bourgs fortifiés, déjà en ruines à l'époque des guerres religieuses du XVIe siècle, paraît être généralement l'œuvre des Compagnies du XIVe siècle, surtout en dehors des routes précèdemment suivies par les Sarrasins et autres envahisseurs.

L'absence de toute sécurité pour les populations rurales ressort du grand nombre de bourgs ou villages clos qui leur servaient de refuge.

Il résulte d'une statistique présentée aux Etats du Vivarais en 1541 qu'outre les villes closes de Viviers, Aubenas, Bourg-Saint-Andéol, Privas, Largentière, Joyeuse et Villeneuve-de-Berg, la partie méridionale du Vivarais comprenait encore les bourgs ou villages clos suivants :

Aps, la Roche d'Aps, Saint-Thomé, Valvignère, le Cheylard, Gras, Saint-Montan, Saint-Just, Saint-Marcel-d'Ardèche, Vallon, la Gorce, la Chapelle, Mirabel, Vendrias, Rochessauve, Chomérac, Bays-sur-Bays, le Pouzin, la Voulte, Albignac (Aubignas), Saint-Jean-le-Centenier, Saint-Pons-sous-Coiron, Saint-Vincent-de-Barrès, Ruoms, la Villedieu, Vals et Vesseaux.

Tous ces petits centres de population avaient dû être fortifiés du temps des routiers, car depuis lors, c'est-à-dire depuis un siècle environ, la tranquillité n'avait jamais été sérieusement troublée dans notre région.

La plupart des grandes cavernes, creusées ou aménagées de main d'homme et postérieusement utilisées dans un but de retraite ou de défense, par exemple, les Beaumes de Viviers, à Largentière, et cette foule de grottes du bas Vivarais, qu'on trouve encore munies d'un mur de clôture, se rapportent aussi sans doute aux évènements du XIV° siècle, tout en ayant pu servir aux habitants du pays à des époques antérieures.

La lettre du curé de S. int-Alban-en-Montagne à dom Bourotte (1) constate qu'il existe à proximité du village, dans un endroit de l'accès le plus difficile, une caverne taillée dans le roc, pouvant contenir environ 300 personnes. « On croit, dit-il, que les habitants de Saint-Alban et des paroisses voisines ont fait cet ouvrage, dans le temps des *Guerres civiles*, pour y mettre en sûreté leurs effets les plus précieux. » Il est probable que par guerres civiles, le curé a voulu dire les guerres du 14° et du 15 siècle, qui ont sévi dans cette région bien plus que les guerres religieuses du siècle suivant ; dans tous les cas, vu l'ignorance où l'on était, au siècle dernier, de l'origine d'un pareil refuge, il semble plus raisonnable de la reculer au temps des Compagnies.

Les vieilles tours du bas Vivarais, ces massives constructions carrées, toutes perchées sur des hau-

(1) BIBL. NAT. *Collection du Languedoc*, t. 26.

teurs, à la fois observatoires et œuvres de défense, accessibles seulement par une ouverture placée à la hauteur d'un premier étage, paraissent remonter à l'époque des invasions sarrasines, c'est-à-dire au VIII⁰ siècle, mais il est évident qu'elles ont servi plus tard contre les routiers. Ces tours sont le type du château au début de la période féodale : elles ont constitué d'abord le château tout entier, pour n'en rester plus tard que le donjon, c'est-à-dire le cœur de la défense et le dernier refuge, quand la nécessité s'est imposée aux seigneurs d'y adosser d'autres constructions pour loger leur famille et leurs hommes d'armes. C'est dans les environs de Largentière qu'on peut voir le mieux les développements successifs de cette architecture militaire du moyen-âge. Le château lui-même de Largentière, qui est devenu un édifice des plus élégants sous les marquis de Brison, avait commencé par n'être qu'une simple tour semblable à toutes celles qui surmontent les montagnes voisines, et il est encore facile d'en retrouver la physionomie primitive au milieu des bâtisses postérieures qui n'en laissent plus émerger que le sommet.

La lettre du curé de Gourdon (1762) dans la Collection du Languedoc, parle d'une tour élevée sur le pic de Suzon, à l'Escrinet, qui donnait le signal du Vivarais aux Boutières, du temps des *reystres*.

Dans le bas Vivarais (et probablement aussi dans le haut Vivarais), les vieilles tours seigneuriales forment un système de points fortifiés entre lesquels les communications étaient faciles par signaux, surtout au moyen de feux allumés pendant la nuit, en sorte que leurs possesseurs pouvaient se prévenir et s'aider mutuellement toutes les fois qu'il s'agissait de repousser un ennemi commun.

La tour du Luc dans la haute vallée de l'Allier, celle de Loubaresse au sommet de la vallée de Valgorge, et celles de Brison et de Sampzon dans le bas Vivarais, paraissent avoir joué à cet égard un rôle des plus importants. Les Gaulois avaient, d'ailleurs, inventé bien avant Chappe la télégraphie militaire, puisque du temps de César, un fait de guerre, survenu à Orléans au lever du soleil, était parfois connu le même jour avant la nuit à l'extrémité de l'Auvergne, ce que le conquérant romain attribuait à tort à la voix des sentinelles gauloises échelonnées de distance en distance et se transmettant la nouvelle de l'une à l'autre, tandis qu'il s'agissait d'une vraie télégraphie, que nous n'avons fait que perfectionner, fonctionnant par des signes pendant le jour et par des feux pendant la nuit (1).

Ménard (2) reproduit une ordonnance en langue vulgaire d'Aimeri VII, vicomte de Narbonne et capitaine général de Languedoc, en date de 1358, pour faire des signaux avec du feu la nuit et de la fumée le jour, dans tous les lieux nécessaires de la province, pour prévenir de l'approche de l'ennemi. Il y avait pour cela deux hommes de garde la nuit sur les points nécessaires, dont l'un veillait quand l'autre dormait, et le jour un homme était constamment de garde sur les tours ou sur les points les plus élevés.

(1) VÉGÈCE. *De re militari*, livres III et VI.
(2) *Histoire de Nîmes*, t. 2. Preuves, p. 231.

Nos montagnards du Vivarais furent relativement favorisés, au XIV⁰ siècle, parce qu'ils étaient défendus à la fois par les difficultés topographiques et par leur pauvreté même, tandis que les paysans des plaines du nord et des riches vallées du centre, hors d'état de résister à des troupes organisées, étaient obligés d'abandonner aux brigands tout ce qu'il convenait à ceux-ci de prendre. Et ce qu'on ne croirait pas, s'il n'en était resté des preuves certaines, c'est que, par un point d'honneur au moins excessif, les Français eux-mêmes punissaient rigoureusement les personnes qui tentaient de se soustraire aux engagements contractés, le couteau sur la gorge, avec les compagnies anglo-navarraises. En novembre 1358, des soudoyers, licenciés par le prince de Galles, qui s'étaient emparés, malgré la trêve, d'une forteresse du comté d'Anjou, mirent en liberté provisoire un de leurs captifs. Celui-ci ne parvint point à payer sa rançon dans le délai convenu, et pourtant il refusa de retourner en captivité. Furieux de ce manque de parole, le sénéchal Jean de Saintré donna l'ordre d'enfumer le débiteur des Anglais dans une caverne où il avait essayé de se dérober à leurs poursuites (1).

---

(1) *Histoire de Duguesclin*, par Siméon Luce, p. 205.

LA LÉGENDE DE CLOTILDE DE SURVILLE

L'auteur de la légende de Clotilde de Surville, ayant placé l'existence de son héroïne dans la période que nous étudions, et un assez grand nombre de personnes prenant encore aux sérieux le petit roman poétique qu'a imaginé Vanderbourg, force nous est de revenir sur cette question. Nous allons le faire très-brièvement.

Il existe entre le roman et l'histoire une région intermédiaire qui a toujours été affectionnée par une classe d'esprits : ceux qui sont trop sérieux pour un de ces genres et pas assez pour l'autre. Au fond, c'est du roman qu'ils élaboront, mais un roman bâti sur quelque ombre ou quelque bribe de vérité et qu'ils ont, par suite, la prétention de faire accepter au bon public comme une chose sérieuse. Le type du genre se trouve dans les chroniques relatives aux anciens troubadours et, si l'on veut avoir une idée de la naïveté de certaines gens, et du degré auquel peut être poussée l'absence de tout esprit critique, il n'y a qu'à lire l'ouvrage de l'abbé Millot, ou, sans aller si loin, celui qu'a publié récemment M. Vaschalde.

La légende de Clotilde de Surville procède du même esprit qui a engendré les troubadours, ou tout au moins embelli le peu que l'on savait d'eux, en brodant à perte de vue sur leurs faits, gestes et chansons. Quel en est l'auteur? Qui a composé le charmant volume de vers, soi-disant du XVe siècle, que Vanderbourg édita au commencement de ce siècle, et qui eut un succès si prodigieux auprès de nos pères? Bien peu de personnes doutèrent alors de la réalité du conte qu'on leur contait si bien, et les autres surent assez mauvais gré aux grands écrivains d'alors, les Villemain et les Sainte-Beuve, de vouloir leur enlever une si gracieuse illusion?

Il est probable que l'auteur des vers et de la légende est le marquis de Surville, qui fut fusillé au Puy en 1798 comme agent de la contre-révolution. Toutefois, la lumière est loin d'être faite à cet égard, et nous ne donnons cette hypothèse qu'avec les réserves de droit.

Ce qui est bien certain, par exemple, c'est que la légende ne tient pas debout devant la critique littéraire comme devant les documents authentiques qui ont été exhumés depuis.

Les vers de Clotilde de Surville sont pleins de grâce et de sentiment, mais ils ne sont pas du XVe siècle, quelques modifications ou retouches postérieures qu'on veuille alléguer, pour atténuer l'invraisemblance. Comme l'a fort bien démontré M. Jules Baissac, dans la lettre qu'il voulut bien nous adresser à ce sujet en 1875 (1), ces vers ne sont pas conformes aux règles grammaticales du XVe siècle, règles qu'ignorait l'auteur du pastiche et qu'on a découvertes de notre temps.

(1) *Marguerite Chalis et la légende de Clotilde de Surville.* Paris, Lemerre 1875.

Pour toucher du doigt la supercherie, il y a une expérience bien simple à faire : c'est de prendre une pièce quelconque de Clotilde de Surville et d'en remplacer les mots vieillis. Que trouve-t-on alors? La pensée suivie, la phrase coulante, abondante et imagée du XVIII° siècle, aussi différente par le fond que par la forme des pensées et des phrases, plus ou moins incohérentes et abruptes d'un temps où l'on avait plus le souci de vivre et de se défendre, que de faire des vers et même de la prose.

Aussi, lorsqu'un jour, en 1877 (le 17 janvier), voulant avoir l'avis de l'homme le plus compétent de tous en pareille matière, nous allâmes voir le savant Littré, à qui nous demandâmes pourquoi, dans son Dictionnaire si riche en citations d'anciens auteurs, il n'avait jamais mentionné les poésies de Clotilde, entendîmes-nous sans étonnement l'illustre Bénédictin laïque nous déclarer, non sans une nuance d'ironie sur les lèvres à l'adresse de notre crédulité supposée, que ces poésies étaient notoirement apocryphes, que son opinion sur ce sujet était faite depuis longtemps, et que c'est pour cela qu'il n'avait pu y prendre des exemples du langage du XV° siècle.

Des actes de notaire, dont les principaux ont déjà paru dans notre opuscule de 1875, sont venus confirmer le jugement de la critique littéraire, en démontrant que le personnage de Clotilde est de tout point imaginaire, du moins tel qu'il résulte des données des poésies et de la préface de Vanderbourg.

En effet, d'après la légende, la femme de Bérenger

de Surville s'appelle Marguerite Clotilde Eléonore de Vallon-Chalis ; elle est dame de Vallon ; elle a été mariée à Bérenger de Surville dont elle a eu le *cher petit enfantelet* qui lui rappelle les traits de son père mort au siège d'Orléans.

On sait que Jeanne d'Arc fit lever le siège d'Orléans en mai 1429.

Or, il résulte du *Manuale Notarum* d'Antoine Brion, de Privas, que Béranger de Surville, du diocèse de Nîmes, épousa, à Privas, le 4 janvier 1428 (c'est-à-dire 1429, car l'année commençait alors à Pâques), Marguerite Chalin, fille de feu Pierre Chalin, licencié-ès-lois, et veuve d'un premier mari (Raymond du Bois, de Barrès).

On sait, d'autre part, que les deux époux n'ont rien à voir à la seigneurie de Vallon, qui appartenait alors à la famille d'Apchier, et que les Surville n'ont possédée en aucun temps.

Enfin, d'autres actes nous montrent le prétendu mort au siège d'Orléans, celui que la poétesse a tant pleuré, vivant encore le 27 janvier 1430, puisqu'il assistait ce jour là, à Aubenas, comme témoin, à un acte passé chez le notaire Pierre Rochette, acte par lequel son oncle, Antoine Jourdan, affermait son prieuré de Vesseaux à messire Gonet Goy, prieur de Mariac, au prix de deux cents florins par an. Parmi les autres témoins de l'acte, il y en a deux, messire Humbert Mote, et messire Hébrard du Cheylard, qui avaient assisté deux ans auparavant au mariage de Bérenger de Surville.

Nouvelle apparition de notre revenant, le 26 juin 1434, dans l'étude de Pierre Rochette à Aubenas. Il figure comme témoin dans un acte par lequel son oncle, le prieur de Vesseaux, donne l'investiture aux héritiers de M⁰ Jean Sanglier, d'Aubenas, de prés achetés par ce dernier aux enchères, à la cour royale de Villeneuve-de-Berg, prés qui relèvent du prieuré de Vesseaux. Enfin, ce personnage vivait encore, le 29 novembre 1459, puisqu'il achetait ce jour là une maison à Antoine Bouchet, de Vessaux. L'acte de vente qui a pour titre : *Pro nobili Berengono de Supervillá*, se trouve au folio 214 du registre coté 162 aux archives départementales de l'Ardèche (1).

La légende reçoit un nouveau démenti d'autres actes de notaires, qui nous font connaître le personnel des Bénédictines de la Villedieu en 1456 et en 1480, et où ne figure ni Clotilde ni aucune de ses compagnes fantastiques.

En 1456, les religieuses de la Villedieu, mentionnées dans l'acte, sont Gabrielle de Rochemure, Françoise de Serre, Louise et Antonie Nogier.

En 1480, Gabrielle de Rochemure est désignée comme abbesse. Les autres religieuses sont : Jeanne Rochette ; — Mascarone des Serres ; — Marguerite de Taulignan, sacristaine ; Delphine Maurelle, dite du Rocher ; Antoinette de Chambaron, Alix de Chambaron, Antoinette de Beaumont (2).

Ces faits suffisent pour montrer de quelles moqueries

(1) *Voyage dans le midi de l'Ardèche*, p. 397.
(2) Minutes de Robert, notaire à Aubenas.

l'Ardèche pouvait être l'objet dans le monde lettré, si la tentative faite en 1872 pour élever parmi nous une statue à Clotilde de Surville, avait été couronnée de succès. Nous combattîmes alors le projet, tout en rendant hommage aux bonnes intentions de ses auteurs, et nous aimons à croire que personne aujourd'hui ne nous sait mauvais gré d'avoir contribué à son échec.

L'ORIGINE DES ÉTATS DU VIVARAIS

Notre intention était d'esquisser ici un tableau des mœurs du Vivarais aux XIVe et XVe siècles, en complétant les traits qui ressortent de cette étude historique, par certains détails de la vie sociale du temps, que les registres de notaires nous ont conservés. Mais ce serait peut-être étendre outre mesure la tâche que nous nous sommes marquée au début, et nous nous bornerons à relever les deux faits principaux qui, dans l'existence de nos pères ou prédécesseurs en Vivarais, paraissent dominer tous les autres.

Le premier est l'ardeur du sentiment religieux, qui se manifeste surtout dans les testaments. Il n'est pas un de ces actes qui, sans parler de la profession de foi placée au début, ne contienne des legs, plus ou moins considérables, selon les fortunes, en faveur des églises, des couvents ou des établissements de bienfaisance. La charité des particuliers suppléait alors à l'absence de toute assistance officielle. Les hôpitaux étaient plus nombreux qu'aujourd'hui et il y a lieu de croire que, toute proportion gardée, les pauvres et les malades étaient aussi efficacement secourus qu'à notre époque.

Le second est le sentiment des droits de l'individu, qui tend de plus en plus à se dégager des ignorances et des oppressions du moyen-âge. Après la conquête, tous les actes du seigneur procèdent d'une même pensée et ont un but primordial : le peuplement de ses terres. Chaque charte de franchises et de privilèges qu'il octroie tend à attirer des hommes dans ses domaines, afin d'augmenter le chiffre de ses revenus et le nombre de ses soldats. De là le nom de *manants* qui revient dans tous les documents, et dont nous avons fait un terme de mépris, mais qui désigne simplement les nouveaux venus qui *restent* désormais dans le pays. Le seigneur leur accorde ainsi qu'aux habitants primitifs certains droits : paccage, lignage, etc. Les droits politiques ne viennent que beaucoup plus tard, et ce sont naturellement les villes, formées en communautés, qui donnent le mouvement. L'établissement des deux bailliages royaux de Villeneuve-de-Berg et de Boucieu avait été, sous ce rapport, un évènement capital en Vivarais. L'autorité royale s'était substituée à l'anarchie féodale, au grand avantage des populations, et l'esprit de liberté en avait reçu un notable encouragement.

Mais ce qui détermina un changement complet de régime, ce fut précisément la longue et cruelle crise que traversa la France, avec l'invasion étrangère et les ravages des compagnies, pendant la guerre de Cent Ans. Les nécessités de la défense nationale rapprochèrent toutes les classes dans un effort commun, qui devait nécessairement amener entre elles des concessions et des égards mutuels. Le clergé et les communes avaient besoin de l'homme de guerre, c'est-à-dire du baron, que sa naissance, son éducation et ses traditions, faisaient le capitaine naturel de la défense du pays, mais celui-ci comprenait aussi que ce n'était pas en continuant les tyrannies et les exactions anciennes, qu'il pouvait obtenir les sacrifices d'hommes et d'argent nécessaires pour le triomphe national. Il avait, d'ailleurs, devant lui des communes affranchies depuis un temps plus ou moins long, ou même dont les libertés remontaient à une époque *immémoriale* — ce qui est l'expression usitée dans une foule de chartes — et qu'il eût été d'autant plus imprudent de ne pas ménager, qu'elles avaient l'appui déclaré du pouvoir royal. Et puis, comment opérer la répartition des subsides sans l'intervention des représentants des communes ? Il ne faut pas oublier enfin que le Vivarais, placé au sommet du Languedoc, faisait partie de cette terre méridionale qui, selon le mot d'Augustin Thierry, vit d'un grand souffle de droit romain, que la féodalité ne parvint jamais à éteindre entièrement. Telles furent les causes des changements d'organisation politique et financière qui amenèrent la participation de la bourgeoisie à l'administration du pays et aboutirent finalement à la constitution de l'Assemblée provinciale connue sous le nom d'*Etats du Vivarais*.

A l'époque qui nous occupe, le sentiment du droit individuel, base des revendications politiques, se traduit, dans les actes de notaire, par une accentuation significative des garanties pour les propriétés et les personnes, et par une invocation permanente de l'autorité du roi et des Parlements. On peut voir, dans ces mêmes actes, la preuve des progrès continus de la classe moyenne dans le fait que les transactions les plus nombreuses et les plus importantes sont effectuées par les marchands ou hommes de métier des petites villes, bourgs ou villages, et que ce sont eux qui achètent presque toujours les terres, cens ou autres revenus dont le noble est obligé de se défaire pour subvenir à ses dépenses de luxe ou de guerre.

Le mouvement économique conduisait donc tout seul à l'émancipation graduelle de la classe moyenne, de ce qu'on commençait déjà à appeler le tiers-état, puisqu'on voit, dès Philippe-le-Bel, ses représentants admis dans les assemblées qui prirent plus tard le nom d'Etats généraux. Les épreuves du XIVe siècle ne firent que hâter la marche des évènements.

Le président Challamel a longuement développé l'idée que les Etats du Vivarais n'étaient que le prolongement et la transformation de l'ancien Sénat helvien (1), mais, tout en admettant que cette thèse a une part

(1) Voir dans notre *Voyage au pays Helvien* le chapitre consacré à l'œuvre du président Challamel.

de vérité probable, il faut bien reconnaître qu'on n'a trouvé jusqu'ici aucun document positif à l'appui. Si le régime administratif des Romains s'est perpétué parmi nous en se modifiant graduellement, selon la théorie de Challamel, développée ultérieurement par l'école historique de M. Guizot et d'Augustin Thierry, il est au moins assez difficile de saisir un lien direct entre lui et les douze barons du Vivarais, et nous trouvons beaucoup plus rationnelle l'explication de Mandet, qui, du reste, rentre complètement dans l'ordre d'idées que nous venons d'exposer :

« Les barons du Velay, ceux du moins qui portèrent ce titre héréditairement dans leur maison, et qui prirent, durant plusieurs siècles, une part directe aux affaires locales, nous semblent devoir leur existence à la nécessité qu'il y eut pour le pays, rempli d'épouvante, de s'armer contre les déprédations des grandes compagnies. Le Velay, le Vivarais et le Gévaudan, placés aux extrémités de la province, étaient, moins que les autres diocèses, en état d'obtenir de prompts secours, et se trouvaient, par conséquent plus contraints de pourvoir eux-mêmes à leur propre défense. Dès lors, on se rend facilement compte de cette sorte de coalition chevaleresque née d'un grand péril commun, et comment il arriva, par la force même des événements, que ces capitaines des districts diocésains devinrent les représentants naturels des territoires placés sous leur dépendance. Ici le fait dut constituer le droit (1). »

(1) *Histoire générale du Velay*, t. 4 p. 273.

La nécessité de se procurer de l'argent, voilà le point de départ de toutes les assemblées représentatives. Les nobles et le clergé étant exempts d'impôts et le troisième ordre, constitué par les communautés plus ou moins riches et populeuses, fournissant à peu près seul les ressources nécessaires pour l'armée et l'administration, il était impossible de ne pas lui demander, au moins pour la forme, son assentiment. Les premières assemblées, assez irrégulièrement composées sans doute, remontent certainement très-haut, puisqu'il est question de réunions des *trois ordres* sous St-Louis. Selon Mandet, les assemblées locales commencèrent à avoir lieu dans notre région pour se défendre contre les exigences fiscales de Philippe-le-Bel. Elles se développèrent naturellement pendant la guerre de Cent Ans. Toutefois, ce n'est qu'au commencement du XVe siècle qu'on trouve une trace des Etats du Vivarais. Ils sont mentionnés, pour la première fois, croyons-nous, par les historiens du Languedoc comme s'étant réunis à Soion en 1424, avec les Etats du Gévaudan et du Velay, « afin de se mettre en mesure de résister aux troupes du duc de Bourgogne » qui s'avançaient de ce côté (1).

A partir de cette époque, des représentants du Vivarais figurent aux Etats du Languedoc et même aux Etats Généraux du royaume.

En 1425, parmi les personnages convoqués aux Etats du Languedoc, les historiens nomment l'évêque et les consuls de Viviers, les seigneurs de Montlaur,

---

(1) *Histoire du Languedoc*, t. IV p. 462.

de Joyeuse, de Chalancon et de la Gorce. Ce sont les premiers Etats du Languedoc, dit le président Challamel, où l'on ait vu des représentants du Vivarais.

En 1427, Charles VII convoque les Etats Généraux à Chinon. L'évêque, le chapitre et les consuls de Viviers, les barons de Montlaur, de Joyeuse, de Tournon, de Crussol et de Lamotte-Brion sont expressément nommés dans les lettres de convocation. Le Vivarais eut neuf représentants à cette assemblée nationale.

En 1431, le Roi, pour gagner les populations du Vivarais, eut soin, en faisant entrer aux Etats du Languedoc tenus à Montpellier l'évêque de Viviers et les seigneurs de Tournon et de Crussol, de leur adjoindre le consul d'Annonay et celui de Viviers (1).

En 1434, l'évêque et le chapitre de Viviers, les seigneurs de Montlaur, Crussol, Brion, Barrès, Joyeuse, Chalancon et Tournon, sont appelés par le Roi aux Etats convoqués à Montferrand en Auvergne.

En 1436, les Etats du Languedoc se réunissent à Vienne en Dauphiné. L'évêque de Viviers, les seigneurs de Montlaur, Crussol, Tournon, Chalancon et Brion, y sont appelés par le Roi, de même que les consuls de Valence, Viviers, Villeneuve-de-Berg, Aubenas, Tournon et Annonay. (Le consul de Valence figure ici probablement à raison des communes du Vivarais qui faisaient partie de l'ancien diocèse de Valence).

Aux Etats du Languedoc tenus au Puy en 1439, le

(1) *Histoire du Languedoc*, t. IV. pages 467, 471 et 478.

roi convoque l'évêque et le chapitre de Viviers, les seigneurs de Tournon, Montlaur, Crussol, Chalancon, ainsi que les consuls de Valence, Viviers, Villeneuve-de-Berg et Annonay (1).

La même année, le roi appelle aux Etats généraux du royaume convoqués à Orléans l'évêque de Viviers et le seigneur de Tournon, avec les consuls de Viviers, de Villeneuve-de-Berg et d'Aubenas.

En 1440, les Etats du Languedoc se réunissent à Narbonne puis à Béziers. Les seigneurs de Crussol, Joyeuse, Tournon, Chalancon et Montlaur y sont appelés avec les consuls de Viviers, Villeneuve-de-Berg et Aubenas (2).

Aux Etats du Languedoc tenus à Montpellier en 1445 sont appelés l'évêque, le chapitre et les consuls de Villeneuve-de-Berg, d'Aubenas, de Tournon et d'Annonay, de même que les seigneurs de Lamotte-Brion, Crussol, Chalancon et Joyeuse (3).

Nous ne connaissons pas d'étude plus intéressante pour notre pays que celle des Etats du Vivarais e nous avons souvent regretté que notre âge et nos occupations ne nous permissent pas d'aborder ce travail.

Les actes des Etats du Vivarais, qui sont aux Archives du département de l'Ardèche, comprenent trois séries :

1° Procès-verbaux des Etats particuliers, en 13 re-

(1) *Histoire du Languedoc*, t. IV pages 483, 484 et 490.
(2) *Histoire du Languedoc*, t. IV pages 492 et 493.
(3) Idem t. V p. 6.

gistres, le reste en cahiers ou volumes. Le 1er registre renferme les actes de 1505 à 1533. Tout cela est manuscrit jusqu'à 1700. Les volumes imprimés vont de 1700 à 1789 ;

2° Extraits collationnés des procès-verbaux (de 1508 à 1775) ;

3° Etats de répartition des sommes imposées en Vivarais (1479 à 1790).

Le premier soin de celui qui voudra faire une étude sérieuse des Etats du Vivarais, devra donc consister à lire très attentivement toute cette volumineuse collection. Mais il devra, de plus, chercher dans les documents antérieurs à 1505 l'origine des Etats, dont le germe, s'il ne remonte pas aux Romains, comme l'a supposé Challamel, doit au moins dater du mouvement d'affranchissement des communes qui caractérisa le XIIe siècle. Il faudra sans doute un œil exercé pour en reconnaître, à cette lointaine époque, les indices rudimentaires, mais, vu le rapide avancement des études historiques, nous ne doutons pas que ce but soit prochainement atteint. D'autres faits plus significatifs pourront être relevés dans les deux siècles suivants. On y verra les communes se concerter, d'abord entre elles, pour résister, sous la protection royale, à la tyrannie des barons, ensuite se rapprocher des barons pour repousser, sous la direction de la royauté, les envahisseurs étrangers. Du besoin de se réunir pour s'entendre, soit sur les mesures militaires à prendre, soit sur la répartition des subsides à demander au pays, devait naturellement sortir l'organisation régulière des Etats, c'est-à-dire un réglement de leur élection et de leurs sessions. Les mêmes raisons amenèrent plus tard la fusion de ces Etats dans ceux de la province de Languedoc.

Pour s'éclairer dans ses recherches, le futur historien des Etats du Vivarais devra aussi étudier à fond les Etats des pays voisins, notamment du Velay et du Gévaudan, qui avaient comme le Vivarais leurs barons de tour, mais dont les représentants prenaient place aux Etats du Languedoc après les nôtres, ce qui semble indiquer une antiquité plus grande des Etats du Vivarais.

Au moyen de tous ces éléments soigneusement triés et judicieusement employés, l'histoire des Etats du Vivarais, dont nous venons en quelque sorte d'écrire la préface, éclairera d'un grand jour non seulement le passé de notre pays, mais celui des provinces voisines. Parmi les enseignements que le philosophe et l'homme politique pourront en tirer figurera, certainement, en première ligne, celui-ci, que les progrès et les libertés dont nous sommes si fiers, n'ont pas été l'œuvre d'un jour ou d'une époque, mais le résultat des longs et patients efforts des générations qui nous ont précédés, ce qui devrait bien à la fin nous apprendre à juger plus équitablement le passé, en même temps qu'à nous conduire plus sagement dans le présent.

NOTES COMPLÉMENTAIRES

Ce volume, dont l'impression a commencé en 1888 par le tirage à part d'articles publiés dans le *Journal de Tournon*, n'a été terminé qu'au mois de mars 1890. Nous le complétons par quelques données nouvelles qui ne sont venues à notre connaissance que lorsqu'il était trop tard pour les insérer dans le corps de l'ouvrage.

LE CARDINAL PASTEUR

Nous avions à choisir, pour le portrait du cardinal Pasteur, entre quatre sources différentes :

1° Une vieille gravure, sans caractère, coupée dans une Histoire de Cardinaux, où la figure de Pasteur, coiffé d'un grand chapeau cardinalice, est accompagnée, au bas, de ses armoiries de la seconde manière (le coq becquetant le scorpion), gravure que nous avons vue au cabinet d'estampes de la Bibliothèque Nationale ;

2° Un vieux portrait, existant chez M. Chéron, à Saint-Etienne de Fontbellon, et provenant, dit-on, du château de Vogué ; mais rien dans le costume du personnage ne prouve qu'il s'agisse d'un cardinal et l'on dirait plutôt un évêque ou un simple abbé de monastère ; des personnes compétentes, à qui nous en avons soumis la reproduction photographique, n'ont pas hésité à y reconnaître le portrait de Saint-François de Sales ;

3° Un tableau de l'église de l'hôpital d'Aubenas où l'on voit un cardinal à genoux avec une grande barbe, les yeux tournés vers le ciel. La tête est très belle bien que se présentant seulement de profil, et les quelques points de ressemblance qu'on peut y trouver avec le portrait que nous donnons, non moins que le fait de sa présence dans l'ancien couvent des Cordeliers d'Aubenas, expliquent et justifient peut-être la tradition que l'artiste a voulu représenter le cardinal Pasteur ;

4° Enfin le portrait du réfectoire des Cordeliers qui, ainsi que nous l'avons dit, fut donné par Delichères au notaire Serret, portrait qui, par l'énergie et la noblesse des traits, répond infiniment mieux que tous les autres à ce que nous savons du cardinal, et dont la provenance bien constatée devait suffire, d'ailleurs, à fixer notre choix.

Il existe, paraît-il, quelques monnaies en argent ou en cuivre à l'effigie du cardinal Pasteur. M. Longpérier a donné dans la *Revue Numismatique*, 1837, p. 365 pl. XII n° 5, le dessin et la notice d'un gros frappé à Embrun avec l'image et le nom de Pasteur. D'un côté, un personnage mitré debout et vu de face, revêtu du pallium chargé de cinq croix, tenant une crosse de la main gauche et élevant la droite pour bénir, avec la légende PASTOR ARCHIEPS (*archiepiscopus*). De l'autre, la croix feuillée à triple nervure chargée au centre d'un quatre feuilles évidé, entourée du mot EBREDVNENSIS. Monnaie de billon. Double. Poids 2 gr. 36. Cabinet de France.

LE CARDINAL DE BROGNY

Le chapitre sur les cardinaux du Vivarais et le schisme, était imprimé, quand on nous a communiqué un opuscule sur le cardinal de Brogny, publié à Annecy en 1889, par M. l'abbé J. F. Gonthier.

L'auteur constate qu'il existait à Annecy-le-Vieux, au XIVe siècle, une famille de Fraczon, et il cite même un Mermet Fraczòn, mentionné dans une reconnaissance de 1384, comme possédant un bois aux Combes, sur les bords du Fier ; ce qui est une présomption sérieuse en faveur de la version qui assigne ce nom au père du cardinal.

Peut-être l'abbé Gonthier, insiste-t-il outre mesure sur le caractère bourgeois de cette famille, et il nous est impossible de ne pas trouver un peu forcées les conséquences qu'il prétend tirer, au point de vue de la condition sociale, des expressions d'*honorables* et d'*honestissimi* employées par Besson et Blanchi pour qualifier les parents du cardinal. Il se peut fort bien sans doute que Fraczon père fût un bon propriétaire, estimé dans la région et par conséquent que son fils ne fût pas un vulgaire gardeur de pourceaux, mais nous ne voyons pas que cela constitue une contradiction essentielle avec la version de l'humble origine de Brogny, surtout en présence du souvenir qu'il a voulu en consacrer lui-même dans les sculptures de la chapelle des Macchabées. On voit encore dans nos montagnes de bons propriétaires dont les enfants gardent les troupeaux, et il y a lieu de penser que cela se voyait beaucoup plus souvent au XIV* siècle. Mettons, si l'on veut, petit paysan au lieu de gardeur de pourceaux, et le débat n'aura plus de raison d'être. Quant à l'idée que les sculptures en question représenteraient simplement la parabole de l'Enfant prodigue, nous ne pouvons voir là qu'une supposition des plus hasardées. En admettant — ce que la tradition et la lettre de Pictet rendent fort probable — que la vignette placée au bas de notre portrait reproduise les sculptures de la chapelle des Macchabées, on trouvera difficile d'admettre la présence de deux moines dans une représentation sur pierre ou sur bois de la parabole de l'Enfant prodigue.

L'opuscule nous apprend que le futur cardinal de Saluces, « le neveu ou plutôt le cousin » de Clément

VII, dont l'éducation fut confiée à Brogny, était Amédée, fils de Frédéric de Saluces et de Marguerite de Genève, qui fut nommé en 1383 évêque de Die et Valence et cardinal du titre de Sainte-Marie-la-Neuve, et qui, après avoir assisté aux conciles de Pise et de Constance, mourut en 1419 et fut inhumé dans l'église Saint-Jean à Lyon.

L'opuscule fixe à 1383 la promotion de Jean de Brogny à l'évêché de Viviers.

Brogny, nommé administrateur perpétuel du diocèse d'Arles en 1410, prit possession de ce poste par l'intermédiaire de Pierre Fabre, doyen de Gap, qui devait être son parent, et il choisit pour vicaire général, son neveu, Hugues de Tessy, évêque de Vaison. Nous devons noter à ce sujet, d'après l'ouvrage d'Albi, quelques détails sur les difficultés que Brogny eut à surmonter au début de son élévation à ce nouveau poste. « Beaucoup de seigneurs s'étoient emparés des revenus de l'Eglise comme delaissés. Ils s'étoient jettez dessus au pillage comme font les païsans à la couppe d'une forest commune. Mais luy, sans s'estonner du nombre ny de la puissance de ces violents usurpateurs, obtint une Bulle d'excommunication pour les contraindre au dessaisissement du domaine de l'Eglise qu'ils avoient envahy, intenta procès à Louis, comte de Provence et seigneur d'Arles, pour les salines de la ville des Maries et ne relascha d'aucunes poursuites jusqu'à l'entier recouvrement de ses droicts, quelques difficultés qui se missent à la traverse... » (1).

(1) ALBI. *Eloges historiques des cardinaux illustres et estrangers mis en parallele avec leurs pourtraits au naturel.* Paris 1644, in-4°.

Revenons à l'opuscule de l'abbé Gonthier. Son principal intérêt consiste dans les détails qu'il donne sur la parenté du cardinal, d'après les documents qu'il a consultés aux archives de l'évêché d'Annecy.

Il en résulte que la sœur de Brogny, mariée au seigneur de Tremblay, était la mère de cette Perrinette, dont nous avons mentionné le triple mariage. Perrinette avait épousé en premières noces, un Alberti de Thoire, au diocèse de Cavaillon, ensuite un seigneur de Rochefort, et finalement un noble Jean de Pontverre, chevalier.

Une autre de ses sœurs épousa noble Jean de Tessy, d'un hameau de ce nom près de Brogny, et fut la mère d'Hugues de Tessy qui, grâce à la protection de son oncle, devint évêque de Vaison et administrateur de Saint-Paul-Trois-Châteaux (1411); il mourut en 1445 dans le château de Crest, où il fut inhumé.

La troisième, qui épousa un noble de Mez, près de Tessy, fut la mère de François, abbé de St-Eugende, et plus tard évêque de Genève et cardinal (1440).

Une nièce de ce prélat, Jacquemette, épousa noble Rolet d'Alonzier. Ce Rolet était le seul membre de cette famille que les généalogistes eussent mentionné jusqu'ici. L'opuscule dont nous parlons en fait connaître quelques autres. L'un deux, messire Aymon d'Alonzier, était en 1469 recteur d'une chapelle à Annecy-le-Vieux et curé d'Alby. « L'année précédente, un noble Aymon d'Alonzier, bachelier en droit et grand chantre de l'église Saint-Paul-Trois-Châteaux, échangeait une chapellenie en l'église d'Arles. C'est évidemment le même, et c'est sans doute à sa suite que la famille d'Alonzier alla s'établir dans le Comtat Vénaissin où son nom subsiste encore. »

On voit que l'étude de l'abbé Gonthier confirme entièrement la version de Besson sur les relations éloignées de la famille d'Alonzier avec Jean de Brogny.

Aux Archives Nationales, on nous avait indiqué deux pièces, sans grand intérêt, d'ailleurs, comme se rapportant au cardinal de Brogny (cote XIc 52). De la première, en françois, datée du 29 mai 1385, il résulte que M⁰ Jehan Dent, juge, agissant au nom du prieur et du couvent de Saint-Pourcain en Auvergne, avait fait saisir indûment les biens d'un nommé André Tixer pour raison de certains crimes, délits et maléfices. Tixer en avait appelé du sénéchal d'Auvergne au Parlement, en déclarant qu'il était sujet et justiciable du duc de Berry et non du couvent de Saint-Pourcain, et la cause était restée pendante. La seconde pièce, écrite en latin, est une lettre royale datée du 15 mai 1386, dans laquelle, à propos de l'appel au Parlement d'une affaire « entre notre très-cher et fidèle ami le cardinal d'Arles, à raison de son prieuré de Saint-Pourcain », il est dit qu'il n'y a pas eu de pièces de procès écrites, que les parties désirent s'entendre, et qu'elles doivent être renvoyées sans amende et sans frais. Mais le cardinal d'Arles, dont il est ici question, ne peut être Jean de Brogny qui ne fut nommé qu'en 1385 cardinal, du titre de Sainte-Anastasie et ne devint admnistrateur du diocèse d'Arles qu'après le concile de Pise (1409).

Broghy fut le dernier prieur commendataire du prieuré de Saint-Martin de Bollène (Vaucluse) dont il se démit en faveur de son collège d'Avignon, où deux enfants natifs de cette ville devaient être élevés à l'avenir. L'union du prieuré fut prononcée par Martin V en 1427 et confirmée par Calixte III en 1458. Quant au prieuré, il relevait de l'abbaye de l'Ile Barbe dont les moines avaient établi à Bollène un monastère que Clovis II leur avait donné.

Le cardinal Jean, évêque d'Ostie, figure comme négociateur dans un acte de 1418 pour la pacification du Languedoc.

Nous devons à l'obligeance de M. Gimon, notaire à Salon, la communication de la note suivante extraite des Mémoires de Bertrand Boisset, citoyen de la ville d'Arles, écrits en langue provençale de l'époque :

Fema presa per forsa. L'an MCCCCXIII et XIII de mars que fou dimar al vespre fou presa una frema juxta son mari en lo castel de Salon et fou menado o portado per cinq homes din lo fort. Era din lo fort monsur lo protonotari et cinq servidors sieous. (Bibl. d'Aix. Catalogue Mouan. n° 809.)

Traduction : L'an 1413 et le 13 mars qui fut mardi au soir, fut prise une femme près son mari en le château de Salon et fut menée ou portée par cinq hommes dans le fort. Etait dans le fort M. le protonotaire et cinq serviteurs siens.

Le fort (*fortalicium*) était le château seigneurial.

Nous reproduisons ce fait parcequ'on peut y voir un de ces incidents fâcheux contre lesquels fut dirigée précisément la lettre de Brogny en faveur des Juifs de Salon, que nos lecteurs connaissent. M. Gimon, qui a fait, dans les archives communales de son pays et à la bibliothèque d'Aix, beaucoup de recherches au point de vue de l'histoire locale, n'a pu découvrir, à la charge de Brogny, aucun acte de persécution contre les juifs et constate, d'ailleurs, que les prédécesseurs de ce prélat sur le siège d'Arles ont, comme lui, plutôt protégé les juifs contre les persécutions de la populace ignorante et fanatique de leur temps.

ERRATA

P. 208. 11me ligne, au lieu de *frères du Roi*, lire : le frère et l'oncle du Roi.

P. 218. Même rectification.

P. 245. Lire *Tessy* au lieu de Ressy.

TABLE DES MATIÈRES

	Pages
Les débuts d'une grande guerre	5
Les guerres privées entre seigneurs	10
Les deux seigneurs de Roussillon et la destruction du château de Peyraud	14
Le sire d'Annonay	19
L'anarchie fiscale au XIVe siècle	24
Les taillables et corvéables à merci du prieur de Macheville	32
Les compagnies	38
Le cardinal Pierre Bertrand d'Annonay	58
Le cardinal d'Aubenas	86
Le cardinal Pierre Bertrand de Colombier	97
Aymar de Roussillon et les Célestins de Colombier	108
Les Anglais à Jaujac	123
Le Vivarais sous le règne de Charles V	132
La révolte des Tuchins et l'administration du duc de Berry en Languedoc	157
La guerre du vicomte de Turenne contre le pape et la maison d'Anjou	174
Les cardinaux du Vivarais et le grand schisme d'Occident. (Les cardinaux Pierre et Jean Flandin, Pierre de Sortenac et Jean de Brogny)	184
Les premières années du XVe siècle en Vivarais	248

	Pages
La guerre des Bourguignons et la fin du règne des routiers	257
Questions à éclaircir	280
La légende de Clotilde de Surville	287
L'origine des Etats du Vivarais	292
Notes complémentaires sur les cardinaux Pasteur et de Brogny	303